한국어로 내려온
New Bible

새로운
성 경

제33권

3부 | 총10부

하얀마음

하나님 말씀 중에서

1. 사랑의 하나님

- 세상을 창조하신 하나님은 모두를 사랑하신다. 인간만 특별히 더 사랑하지 않고, 우주 만물을 다 똑같이 사랑하신다. 그러니 하나님이 창조하신 전시 만물과 화친하고, 미물까지도 소중히 대하라.

- 하나님은 특정 종파나 민족만을 더 사랑하지 않으신다. 자기 자신만 구원받겠다는 욕심을 버리고, 자기 종파만 구원받는다는 편협한 교리에서 벗어나야 한다. 종파를 초월해서, 모두를 사랑하라.

- 원수까지 사랑하라 했으니, 이 세상에 사랑하지 못할 자가 누가 있겠는가? 종파가 다르다고 해서 부모 형제와 원수처럼 지내는 자는 인간의 근본을 모르는 자다. 가장 가까운 가족부터 사랑할 때 남도 진심으로 사랑할 수 있다.

- 한 사람을 원수같이 생각하던 마음에서 사랑하는 마음으로 돌리면, 자기 자신의 마음이 가장 기쁘고 행복하다. 하나님께서는 인간의 마음속에 무거움이 없이 기쁘고 행복한 삶을 살기를 바라신다.

- 이웃을 "내 몸처럼" 사랑하라 했으니, 마지막 한 장 남은 천국의 티켓도 이웃에게 양보하라. 자기 중심적인 신앙에서 벗어나서 남을 위해 살아야 한다.

- 독초도, 약초도, 이단도 사탄도 천사도 다 필요하기에 존재한다. 독초일지라도 극소량을 사용해서 생명을 살릴 수 있고, 약초라 하더라도 남용하면 생명을 잃을 수 있다.

- 세상 모든 것을 명약으로 활용하는 것은 인간의 지혜에 달렸다. 어떤 것이든 어떤 사람이든 적재적소에 꼭 필요한 명약으로 승화시키라.

- 사탄도 이단도 천사도 모두 하나님의 주관하에 존재한다. 진정한 하나님의 백성은 사탄과 마귀까지도 감화시켜서 천사로 거듭나게 한다.

2. 기도

- 하나님은 인간의 생각까지 모두를 다 알고 계신다. 우리의 소원도 이미 알고 계시기에, 소원의 기도를 할 필요가 없다. 우리가 받을 자격이 되면 내려 주신다.

- 죄를 짓고 아무리 회개를 해도 용서받지 못한다. 도둑질한 자는 용서해 달라고 기도하고, 도둑맞은 자는 도둑을 잡게 해 달라고 기도하면, 공의의 하나님은 누구의 편에 서시겠는가?

- 자기가 잘못한 것은 그 사람에게 직접 갚고 용서를 구하라. 그가 용서하면 하나님도 용서하신다. 땅에서 매면 하늘에서도 매이고, 땅에서 풀리면 하늘에서도 풀리는 이치다.

- "회당에서 기도하지 말고 골방에서 기도하라" 했다. 눈에 보이는 골방이 아니라, 골방과 같이 고요한 마음이다. 잡념을 버리고 하나님을 향해 마음을 집중하며, 사랑하고 용서하는 아름다운 생각만 나오도록 하라.

- "두드리면 열릴 것이다." 하는 것은 육의 소원을 위해 두드리라는 것이 아니라, 진리의 깨달음을 얻기 위해 두드리라는 것이다.

- 기도하는 방법: 생활 속에서 수시로 기도하는 삶을 살아야 한다.

- "저의 죄를 용서하여 주옵소서." 하는 회개의 기도를 하라.
- 범사에 "하나님! 감사합니다." 하라. 현재 가진 것에 감사하며, 과욕하지 말라. 자기 노력 이상의 것을 더 갖고자 기도하는 것은 도둑놈심보다. 공의의 하나님은 각자 노력한 만큼 주신다.
- "하나님 뜻대로 살아가겠나이다." 하며 마음의 각오를 다지라.

- 기도는 하나님의 말씀을 받아서 "행하는 것"이다. 하나님이 계심을 굳건히 믿고, 하늘을 향하여 한 점 부끄럼 없이 사는 삶 자체가 가장 위대한 기도이며, 삶이 곧 예배다.

3. 지도자

- 똑같이 사랑한다는 말을 해도, 순수하게 하는 말은 천사의 말이지만, 사기 쳐서 재산을 가로채려고 하는 말은 사탄의 말이다.

- 종교 지도자가 아무리 훌륭한 설교를 해도, 신도의 재물을 거둬서 더 큰 교회를 짓고 자기의 부귀영화를 바라며 설교하면 사탄의 가르침이 된다.

▪ "저희 교회는 만원사례요, 믿음은 다 같으니 이웃의 개척 교회에 가서 예배를 드리시오." 하며, 이웃 교회의 부흥을 먼저 생각하여 제 신도를 보내는 종교 지도자가 있다면 그를 따르라. 그가 하나님의 사랑을 실천하는 자다.

▪ "부자가 천국에 들어가는 것은 낙타가 바늘구멍을 통과하는 것보다 더 힘들다" 하였거늘, 지금의 교회에서는 부자가 되기만을 기도하고 소원하니, 이는 곧 천국을 포기하고 지옥 행 열차의 티켓을 사는 것과 같다.

▪ 예수는 빈손이었다. 종교 지도자가 예수보다 더 호화롭고 편안하게 살아간다면 잘못된 것이다. 부귀영화와 명예를 바라는 자는 절대로 갈 수 없는 좁고 협착한 길이 종교 지도자의 길이다.

▪ 종교 지도자는 유리로 비춰 봐 한 점의 부끄러움이 없이 살아야 한다. 의식주도 직접 일해서 해결하고, 예수의 가르침과 행함을 그대로 따라야 한다.

▪ 종말은 없다. 지금의 잘못 가는 종교 집단에게만 종말이 있다. 보이지 않는 하나님은 보이는 육의 종말은 관여하지 않으신다. 환경 파괴로 인간이 스스로 멸망을 자초하는 것이다. 종파끼리 싸우기 전에, 무너진 인성을 바로잡고 지구의 몸살을 해결하는 데 뜻을 모으는 게 급선무다.

4. 성전이란

▪ 이 세상 자체가 하나님께서 만드신 성전이다. 자연보다 더 아름다운 성전이 있는가? 보이는 건물이 성전이 아니라, 성스러운 마음가짐이 성전이다.

▪ 반석 위에 교회를 지으라 했다. 지상의 단단한 돌은 인간이 쪼갤 수 있으나, 마음속의 굳은 결의는 세상 무엇으로도 쪼갤 수 없다. 바르고 굳건한 믿음으로 성경의 가르침을 실천하는 것이 마음의 반석 위에 교회를 짓는 것이다.

▪ 손으로 지은 건물의 교회에 모여서 복음을 전하는 것이 아니라, 교회를 개인과 가정에 심어 주어야 한다. 무너지고 부서지는 건물을 짓지 말고, 마음속에 영원히 불변하는 참진리의 교회를 지으라.

5. 십계명

- 십계명은 인간이 죽어서 반드시 통과해야만 하는 열 개의 관문이다.

- 부모를 공경하지 아니한 자는 "네 부모를 공경하라." 하는 제5계명의 관문이 열리지 않으니 구원받을 수 없다.
- 살인, 간음, 거짓, 우상 등의 나머지 계명도 마찬가지다.

- 십계명은 하나님의 친필이다. 모기소리만 한 하나님의 음성이라도 들어 보겠다고 여기저기 찾아 헤매지 말고, 십계명부터 암송하고 지키라.

- 십계명은 영혼을 구원하는 양식이며, 십계명을 지키는 것이 구원을 받는 길이다. 인간이기에 지키고자 노력하고 또 노력한다면 지킬 수 있다.

- 십계명을 지키고 천사처럼 아름답게 살아가는 그 마음 하나면 세상에 이루어지지 않는 것이 없다.

6. 보물

- 하나님은 재물이 아니라 우리의 마음을 받으신다. 사랑을 실천하며 천사처럼 변하는 마음이 하나님께 바치는 보물이다.

- 보이지 않는 하나님께 재물을 바치려 하지 말고, 너희를 길러 준 부모에게 용돈 드리고, 찾아뵙고, 효성을 다하라. 그것이 하나님께 효도하는 것이다.

- 하늘에는 선과 악의 창고가 있다. 자기 창고에 선이 많으면 천국으로 구원을 받고, 악이 많으면 심판받아 지옥으로 간다. 그것이 바로 "선한 일을 행한 자는 생명의 부활로, 악한 일을 행한 자는 심판의 부활로" 나오는 것이다.

- "선악과를 따먹지 말라"는 것은 양심을 지키라는 것이다. 선과 악을 구분할 수 있는 양심을 최초에 인간에게 주셨다. 선한 열매는 취하고, 악한 열매는 버리며, 양심에 비추어 부끄럼 없는 삶을 살아가라.

- 가장 작은 거짓말을 하지 않고, 가장 작은 죄를 짓지 않으며, 가장 작은 선행을 하고, 가장 작은 악행을 멀리하는 것이 율법의 일점 일획도 빠뜨리지 말고 다 지키는 삶을 사는 것이다.

7. 우상

- 박물관에 있는 불상은 하나의 예술품이다. 그 조각품에 대고 제 소원을 빌 때 우상숭배가 된다. 십자가라 하여도 그 앞에서 소원을 빈다면 우상숭배하는 것이며, 하나님께 소원을 빈다면 하나님을 우상으로 전락시키는 것이다.

- 지금 기복신앙에 젖어 있는 모든 사람이 우상 앞에 절을 하고 있다. 조각품을 우상이라며 파괴하지 말고, 네 마음속에 있는 욕심의 우상을 무너트리라.

- 생수를 약초가 먹으면 약을 만들고 독사가 먹으면 독을 만든다. 같은 성경을 봐도 선한 지도자는 신도를 천사로 만드는 데 활용한다. 그러나 욕심이 가득한 지도자는 재물을 거두어들여 제가 부귀영화를 누리는 데 악용한다. 그가 바로 성경을 우상숭배의 도구로 전락시키는 거짓 선지자다.

- 성경을 한 획도 빼거나 더하지 말라는 것은, 그 가르침을 빠트리지 말고 온전히 지키라는 것이다. 성경 속에서 자기에게 유리한 구절만 보는 것은, 자기에게 불리한 구절들을 빼 버리는 것이다. 믿음이 제일이요, 행함은 구원과는 관계없다는 것은 자신에게 유리한 쪽으로 성경을 악용하는 것이다.

- 진정한 종교 지도자는 종파에 관계없이 어떤 종파든 어떤 책이든 접하고 보고 깨우쳐 견문을 넓히도록 인도한다. 참진리를 모르고 자신이 없는 자가 남을 이단이라며 배척하고, 신도들의 눈과 귀를 가린다.

8. 예수

- 예수의 재림은 없다. 예수가 다시 온다 해도, 과연 누가 그를 예수라고 믿겠는가? 예수와 같은 삶의 행함이 곧 예수의 재림이다. 각자 모두가 "재림 예수"가 되는, 차원 높은 믿음으로 가야 한다.

- 예수는 "주여 주여 하지 말고, 아버지의 뜻대로 행하라"고 했다. 예수가 전한 하나님의 뜻이 곧 "길이요, 진리요, 생명"이며, 그 가르침이 예수의 보혈처럼 소중한 것이다. 예수를 믿는 것은, 예수의 가르침을 믿고 따르는 것이다.

- 예수는 낮은 자로서 만백성을 섬기고자 했다. 만나는 모든 사람을 다 하나님이라 생각하라. 돈을 벌수록 겸손하고, 높은 지위를 얻을수록 낮아지라.

- 예수는 종파를 만들지 않았다. 인간이 만든 종교와 인간의 교리를 따르지 말고, 예수를 통해 전한 하나님의 참진리를 연구하고 따르라.

- 예수가 2천 년 전에 만백성을 위해 죽었으니, 지금 이 땅에는 예수의 가르침대로 사는 천사만 존재해야 한다. 예수가 죽어 가면서 바란 것은 만백성이 천사가 되어 예수의 자리를 채워 주는 것이지, 지금과 같이 재물을 바치면서 중언부언 제 소원만을 비는 백성들을 바란 것이 아니다.

9. 구원

- 천사가 사는 천국에는 천사만 갈 수 있으니, 천사 같은 마음을 길러야 한다.

- "천국 열쇠를 네게 주리니 땅에서 무엇이든지 매면 하늘에서도 매일 것이라" 했다. 땅에서 천사같이 사는 자가 하늘에서도 천사가 되어 천국에 들어간다. 모든 사람에게 천사같다는 말을 듣는 삶을 살아야 한다.

- 천사의 곱고 아름다운 마음은 부모를 공경하고 어른을 어른으로 대접하는 데에서 출발한다. 효도하는 자는 형제와 화목하게 지내기에 가정이 화목해지고, 이웃과 화목해지고, 국가가 화목해지고, 온 인류가 화목해진다.

- 그러므로 지상의 아름다운 소왕국은 가정에서부터 이루어야 한다.

- 선택된 14만 명만 구원받는 것이 아니라, 천사처럼 변하고자 하는 14만 명을 기초로 온 인류가 천사처럼 거듭나는 영적인 개혁이 시작되는 것이다.

- 천 년에 걸쳐서 하늘에서 이루어진 것같이 이 세상을 낙원으로 만들어, 만백성이 지상의 천국에서 살다가 죽어서 그대로 하늘의 천국으로 들어가는, 영원한 지상 낙원을 건설하는 것이 하나님의 계획이다.

- **이것이 구약과 신약에 이어 "새로운 성경"으로 역사하시는 하나님의 창조의 완성이다.**

- 지금의 믿음으로 구원받을 수 있다면 그 길을 가라. 그러나 자신이 없다면 하나님께서 직접 내리신 160권의 "새로운 성경"을 읽고 구원의 길을 보라!

하나님 머리말씀

이 새로운 성경을 읽는 너희 모두는
이 율법에 따라 행하면 영원히 구원받을 것이니라.

너희 인간이 수년, 수십 년, 평생
성서를 공부하고 기도하는 것은
하늘나라 나의 곁으로 오고 싶은 소망일진대,

몇천 년 전의 너희 인성과 생각이
지금의 너희와는 판이하게 다르니,

꺾여 가고 병들어 가는 너희를 고칠 수 있는 길은,
오늘 내가 선지자에게 내리는 새로운 성경과 같이
너희가 변화되는 것뿐이니라.

나의 예수가 태어난 것처럼
내가 아들 선지자를 선택하여
나의 새로운 성경을 온 세계에 전하고자 하니,

묵은 것은 버리고 새로운 것은 취하여,
너희 모두는
'여호와 하나님! 저의 죄를 용서하여 주옵소서.'
하는 기도문으로 기도하고, 죄를 뉘우치라.

이 새로운 성경은
수천 년간 내려온 성서를 요약한 것이니,
너희는 이 책을 정독하여 쉽게 깨달음을 얻고,
이대로 실천하여 하늘에 오르라.

대역자 머리말

■ 하나님의 율법을 지키는 선지자로 선택을 받도다.

저는 남들처럼 그저 열심히 살아온 평범한 사람이었습니다. 그러나 50대 중반에 사업에 실패하여 많은 부채에 시달렸으며, 건강도 악화되어 눈이 잘 안 보이고, 걷기도 어렵고, 두통이 심해서 잠을 이룰 수 없는 고통의 나날을 보냈습니다. 그때 제가 선택할 수 있는 것은 육의 삶을 끝내는 길뿐이었습니다.

죽기 직전에 그동안에 죄를 지은 이들에게 용서를 빌고 인생을 끝내기로 작정하였습니다. 어려서부터 지은 죄를 빌고 빌다 보니 끝이 없었고, 죽음으로도 그 많은 죄를 용서받을 길이 없다는 생각에 하염없이 눈물이 흘렀습니다. 그 순간 '재래식 화장실의 구더기는 죄를 짓지 않는데, 나는 인간으로서 구더기만도 못한 삶을 살았구나.' 하는 생각이 들면서 괴로움에 몸부림칠 때, 갑자기 하나님의 음성이 들렸습니다.

"나는 여호와 하나님이니라. 너는 십계명을 암송하고 내가 내려 주는 메시지를 받아 책으로 만들어 만백성을 구하라." 하시며, 제 눈을 손으로 문지르게 하시고, 아픈 머리와 다리를 손으로 두드리게 하셨습니다. 그러고 나니 눈도 잘 보이고 걸을 수 있었으며 머리의 통증도 말끔히 낫게 되었습니다. 그때부터 십계명을 암송하고 나면 들려주시는 말씀을 기록하였고, 1999년 8월부터 2004년 7월까지 권당 288쪽, 총 160권을 받아서 "새로운 성경"이라는 책으로 펴내게 되었습니다.

그러한 저에게 죽기보다도 힘든 길이 시작되었습니다. 모든 교인들이 저에게 사탄이요, 이단이요, 악마요, 마지막 시대에 온 거짓 선지자라 하면서 공격하였고, 저를 짐승을 보듯이 대하는가 하면, 편협한 종교 지도자들의 선동으로 신도들이 이 책을 직접 읽어보고 평가할 기회마저 막아 버렸습니다. 그래서 하나님의 말씀을 세상에 내는 데 많은 어려움을 겪으며, 피를 토하는 심정으로 책을 전하고 있습니다.

그러나 아무리 인간의 힘으로 막으려 해도, 하나님의 뜻이 세상에 전해지는 위대한 역사는 계속될 것입니다. 책으로 전해지는 "하나님의 말씀"은 세상 끝날까지 항상 우리와 함께하실 것입니다. 사람은 죽어도, 책에 기록된 말씀은 영원히 남으니까요.

■ 따뜻한 실천

하나님께서는 어려운 사람들에게 삶의 터전을 마련해 주고, 미래를 열어 주는 것을 기뻐하십니다. 어려운 이웃이 스스로 자립할 수 있도록 이끌어 주는 것이 진정으로 이웃을 돕는 것이라고 말씀하셨습니다. 그래서 일자리가 없는 제자들에게 작은 사업장을 만들어 주는 "달란트 사업"을 하고 있습니다. 식당, 반찬 가게 등을 차려 주고, 기존의 어려운 사업장이 자립할 수 있도록 돕고 있습니다(커피숍, 미용실, 의상실 등).

하나님께서는 교회에 나와서 모든 시간과 재물을 쏟기를 원하지 않으시고, 그 시간과 재물을 교육에 투자하여 스스로 미래를 열어 가기를 원하십니다. 그래서 제때 공부하지 못한 제자들에게 학업을 이어 가도록 하였습니다. 중화요리 주방장을 하며 초등학교 검정고시부터 공부하여 2012년에 방통대를 졸업한 36세 남성, 만학도들의 2년제 중학교에 입학해서 2007년에 명지대학을 졸업한 38세 여성, 중학교 검정고시를 시작으로 숭의여자대학을 졸업한 47세 여성 등이 있습니다. 그밖에도 많은 제자들에게 나이를 초월하여 배우고 깨우쳐서 사회 속의 당당한 일원이 되도록 인도하고 있습니다.

학자금 대출로 힘겨워하는 젊은이들을 위해 "따뜻한 바람 장학회"를 발족하여(2016년 12월) 대출받은 학자금 전액을 매월 갚아 주고 있습니다. 또한, 다문화 가정을 위해 "다문화 가족 랜드"를 조성하여, 각종 시설을 무료로 활용하도록 하고 있습니다.

이러한 따뜻한 실천이 아직은 미약합니다. 그러나 책의 수입이 늘고, 저와 뜻을 같이하는 분들이 늘어나면 계속 확대할 것입니다. 지도자로서 신도의 재물을 헌금으로 거둬들여 착복하는 것이 아니라, 하나님께서 기뻐하시는 일에 사용하도록 중매 역할만 하며 살아가고자 합니다. 이런 제가 과연 사탄이고 이단인가요? 하나님께서 기뻐하시는 일이라면, 저에게 사탄이라 하든 거짓 선지자라 하든 굽히지 않고 실천해 나갈 것입니다.

끝으로, 일상의 삶 속에서 "지금 내가 하는 행동이 과연 하나님께서 기뻐하실까, 슬퍼하실까?" 생각하고, 매사에 하나님께서 기뻐하시는 길을 택하기 바랍니다. 교회에 모여서 집단적으로 예배 드리는 것이 아니라, 개인이나 가정 단위로 새로운 성경을 읽어 스스로 깨우치고 그대로 행하면 충분합니다. 그것이 마음속에 성전을 짓고, 신령과 진정으로 예배 드리는 길입니다. 그러면 천국의 문에 들어서게 됩니다.

2017. 2. 1.

하나님 말씀 대역자 김용철

차 례

- 하나님 말씀 중에서 ... 3
- 하나님 머리말씀 ... 9
- 대역자 머리말 ... 10
- 차 례 ... 12
- 십 계 명 ... 14

2002년 6월 ... 15

수요일
2,468 _ 2002년 6월 19일 12시 49분.......... 15

목요일
2,469 _ 2002년 6월 20일 08시 07분.......... 16
2,470 _ 2002년 6월 20일 08시 27분.......... 18

금요일
2,471 _ 2002년 6월 21일 01시 16분.......... 20
_ 녹음테이프 165번 A면을지우셨습니다........ 21

2,472 _ 2002년 6월 21일 16시 41분.......... 21
2,473 _ 2002년 6월 21일 17시 45분.......... 22
2,474 _ 2002년 6월 21일 18시 08분.......... 22
2,475 _ 2002년 6월 21일 20시 51분.......... 24

토요일
2,476 _ 2002년 6월 22일 00시 05분.......... 26
2,477 _ 2002년 6월 22일 00시 17분.......... 27
2,478 _ 2002년 6월 22일 00시 29분.......... 29
2,479 _ 2002년 6월 22일 00시 46분.......... 31
2,480 _ 2002년 6월 22일 01시 04분.......... 33
2,481 _ 2002년 6월 22일 01시 16분.......... 34
_ 녹음테이프 166번 앞면 일부 지워짐............ 36

일요일
2,482 _ 2002년 6월 23일 07시 34분.......... 36
2,483 _ 2002년 6월 23일 07시 55분.......... 38
2,484 _ 2002년 6월 23일 11시 10분.......... 39
2,485 _ 2002년 6월 23일 15시 44분.......... 39

월요일
2,486 _ 2002년 6월 24일 08시 30분.......... 41
2,487 _ 2002년 6월 24일 11시 40분.......... 44
2,488 _ 2002년 6월 24일 18시 55분.......... 47
2,489 _ 2002년 6월 24일 19시 10분.......... 49
2,490 _ 2002년 6월 24일 19시 21분.......... 50
2,491 _ 2002년 6월 24일 19시 36분.......... 52
2,492 _ 2002년 6월 24일 23시 57분.......... 55

화요일
2,493 _ 2002년 6월 25일 00시 06분.......... 57
2,494 _ 2002년 6월 25일 00시 28분.......... 58
2,495 _ 2002년 6월 25일 07시 16분.......... 59
2,496 _ 2002년 6월 25일 07시 26분.......... 61
2,497 _ 2002년 6월 25일 11시 49분.......... 62
2,498 _ 2002년 6월 25일 23시 18분.......... 65

수요일
2,499 _ 2002년 6월 26일 08시 10분.......... 67
2,500 _ 2002년 6월 26일 11시 50분.......... 68

목요일
2,501 _ 2002년 6월 27일 08시 50분.......... 71
2,502 _ 2002년 6월 27일 09시 13분.......... 73
2,503 _ 2002년 6월 27일 11시 53분.......... 74

금요일
2,504 _ 2002년 6월 28일 08시 04분.......... 76
2,505 _ 2002년 6월 28일 08시 28분.......... 77
2,506 _ 2002년 6월 28일 11시 40분.......... 78

토요일
2,507 _ 2002년 6월 29일 01시 05분..........81
2,508 _ 2002년 6월 29일 01시 20분..........83
2,509 _ 2002년 6월 29일 08시 51분..........85
2,510 _ 2002년 6월 29일 10시 15분..........86
2,511 _ 2002년 6월 29일 10시 27분..........88
2,512 _ 2002년 6월 29일 12시 00분..........89
2,513 _ 2002년 6월 29일 12시 15분..........92
2,514 _ 2002년 6월 29일 22시 33분..........93

일요일
2,515 _ 2002년 6월 30일 08시 56분..........94
2,516 _ 2002년 6월 30일 09시 07분..........96
2,517 _ 2002년 6월 30일 09시 30분..........98
2,518 _ 2002년 6월 30일 11시 56분..........99
2,519 _ 2002년 6월 30일 12시 08분.........102
2,520 _ 2002년 6월 30일 15시 37분.........104

2002년 7월 ... 107

월요일
2,521 _ 2002년 7월 1일 08시 53분..........107
2,522 _ 2002년 7월 1일 11시 43분..........109
2,523 _ 2002년 7월 1일 16시 42분..........111
2,524 _ 2002년 7월 1일 17시 13분..........113
2,525 _ 2002년 7월 1일 17시 33분..........116
2,526 _ 2002년 7월 1일 23시 34분..........118
2,527 _ 2002년 7월 1일 23시 45분..........120

화요일
2,528 _ 2002년 7월 2일 06시 32분..........122
2,529 _ 2002년 7월 2일 06시 55분..........124
2,530 _ 2002년 7월 2일 11시 47분..........126

수요일
2,531 _ 2002년 7월 3일 08시 31분..........128
2,532 _ 2002년 7월 3일 08시 44분..........130
2,533 _ 2002년 7월 3일 09시 18분..........132
2,534 _ 2002년 7월 3일 11시 35분..........133
2,535 _ 2002년 7월 3일 18시 05분..........135
2,536 _ 2002년 7월 3일 18시 48분..........137
2,537 _ 2002년 7월 3일 23시 13분..........138

목요일
2,538 _ 2002년 7월 4일 00시 12분..........140
2,539 _ 2002년 7월 4일 00시 22분..........142
2,540 _ 2002년 7월 4일 06시 54분..........145
2,541 _ 2002년 7월 4일 07시 30분..........148
2,542 _ 2002년 7월 4일 11시 34분..........149

부 록 ... 152
【하나님께서 가르쳐 주신 운동】 152

간 행 사 ... 153

십 계 명

이 책은 십계명을 암송하고 나면 내려 주시는 "하나님의 음성"을 듣고 그대로 받아쓴 기록입니다. 하나님께서 십계명을 모세에게 내려 주셨지만, 그것은 만백성에게 내려 주신 것입니다. 마찬가지로 이 책의 모든 말씀도 저에게 내려 주셨지만, 만백성 각자에게 들려주시는 말씀입니다. 여러분도 이 책을 접할 때마다 십계명을 암송하고 나서 정독해 주시기 바랍니다.

제일은, 너는 나 외에는 다른 신들을 네게 있게 말지니라.
제이는, 너를 위하여 새긴 우상을 만들지 말고, 또 위로 하늘에 있는 것이나, 아래로 땅에 있는 것이나, 땅 아래 물 속에 있는 것의 아무 형상이든지 만들지 말며, 그것들에게 절하지 말며, 그것들을 섬기지 말라.
제삼은, 너는 너의 하나님 여호와의 이름을 망령되이 일컫지 말라.
제사는, 안식일을 기억하여 거룩히 지키라.
제오는, 네 부모를 공경하라.
제육은, 살인하지 말지니라.
제칠은, 간음하지 말지니라.
제팔은, 도적질하지 말지니라.
제구는, 네 이웃에 대하여 거짓 증거하지 말지니라.
제십은, 네 이웃의 집을 탐내지 말지니라.

나 여호와가 존재함을 믿는 그 자체가 구원의 길에 들어서는 기본이요, 근본이며, 나의 새로운 성경을 가슴에 안고 정독하는 자, 반석 위에 서서 하늘에 오르는 찬란한 빛을 보게 되는 영광을 얻게 됨이니라. 진정 나를 따르고 믿는 자는 감히 사탄이나 마귀도 근접하지 못하느니라.

〈하나님 말씀〉

2002년 6월

2,468 번째 하나님 말씀

2002년 6월 19일 12시 49분

1 사랑하는 나의 아들아!
2 "네, 아버님! 말씀하옵소서."
3 너희들 인간 세속에 살아가면서 우스
갯소리가 있느니라.
4 '여인 셋이 모여 잡담을 하면 그릇이
깨진다'는 말이 있음이니, 그는 너희
들이 나쁜 뜻으로만 생각할 것이 아니
니라.
5 그와 같이 그들은 하나의 마음이 되
어, 하나의 힘이 되어 거리낌 없이 순
수한 마음으로 가슴을 모두 열고 대화
하는 아름다운 모습의 한 면도 있음이
니라.
6 그러면서 여인들의 뭉쳐진 그 힘은 세
상을 지배하는 남성들의 계산된 마음
의 모임보다도 더 위대하고 소중함이
있음을 알아야 될 것이니라.
7 이는 곧, 그들이 그와 같이 멀리 있는
그릇을 깰 수 있는 마음의 자세이듯
이, 그들의 마음이 하나가 되었을 때
는 누구도 이룰 수 없는 역사를 이룰
수 있는 믿음과 힘이 있음을 또한 알
아야 될 것이니라.
8 지금 나의 세상에 하늘에서 이룬 것같
이 이 땅에서 이루고자 하니, 이 시대
에 지금까지는 모두 남성들의 우악스
런 힘에 의하여 지배하였으며 이루고
자 하였음이니라.
9 사나운 맹수들과 싸우고 이루며 저희
들을 스스로 지키기 위해서는 그들이
필요하였음이니라.
10 그러나 지금은 나의 성령이요, 나의
뜻을 물 흐르듯이 전하며 이를 깨우쳐
만백성을 조용히 다스리고 이끌어 가
는 유한 사람의 시대이니, 곧 여성 너
희들의 힘의 시대가 열릴 때가 오고
있음을 알아야 할 것이니라.
11 이제 모두는 너희들의 하나의 단합된
그 마음속에서 이 세상의 나의 피조물
만백성을 바로 다스리고 이끄는 그와
같은 시대가 되어 역사가 이루어짐을
알아야 될 것이니라.
12 맹수와 싸우며 맹수로부터 가족을 보
호하는 너희들의 생존의 시대가 아님
이니라.
13 이제 모든 것은 지혜요, 능력이요, 생
각에서 이루어지는 그와 같은 시대의
변천이 있음이며, 이 시대가 변하면서
나의 성령이 세상에 나가 나의 법전을
전하는 제3의 시대는 바로 유한 여성
들의 시대가 열림이니라.
14 오늘 너희들이 힘을 모아 나의 아들을
돕고자 하는 그 마음이 얼마나 너희
스스로 아름답고 행복한 것인가?
15 그 행복하고 즐겁고 아름다운 마음,
그것이 바로 이 세상을 지배하는 사랑
이요, 베풂이요, 나누는 마음의 기본
이요, 근본임을 알아야 될 것이니라.
16 수천의 꽃들이 피었을 때 그 꽃에는
가시가 있고 독소가 있으나, 오늘 너
희들이 피우는 그 꽃에는 독소가 없고

가시가 없으며, 오로지 향기뿐이니,
너희는 내가 하늘에서 너희 세 송이의
꽃을 보고 그 향기를 맡는 그림을 그
리고 생각해 보라.
17 내 마음이 어떠하며 너희들이 얼마나
소중한가를 알게 될 것이니라.
18 이제는 나의 성전에서 불화가 있어서
도 아니 되며, 서로 험담하는 것이 있
어서도 아니 되며, 서로 갑론을박해서
도 아니 되는 것이니라.
19 오늘 내가 지도자요, 만백성을 깨우치
는 일꾼의 모임의 자리에서 너희들에
게 특별히 나의 성령이요, 나의 뜻을
전함은, 너희들의 오늘의 그 마음이
영원히 지속되도록 너희가 항상 양보
하며, 자중하며, 이제 나의 성전에서
갑론을박하는 일이 있어서는 절대로
아니 될 것이니, 모든 주관을 너희들
이 하여 아름다운 꽃을 피우도록 하라.
20 너희들의 그 세 송이의 꽃을 내가 항
상 내 옆에 꽂아 놓고 있음이니, 너희
들이 아름다운 마음이요, 아름다운 행
동으로써 나의 아들을 도울 때 나는
그 꽃의 향기를 맡을 것이며 내가 그
꽃을 보기를 즐겨 할 것이며,
21 너희 마음이 사악해지고 하나가 되지
아니하며 질투하고 시기하고 남들과
같이 갑론을박하는 너희들이 될 때,
그 꽃에서는 벌레가 나옴이니, 너희들
이 천상에 내가 있는 곳에 벌레가 나
오게 하는 그와 같은 죄를 범해서는
아니 될 것이니라.
22 오로지 아름다운 꽃의 원초의 그 향기
만이 네 주변에 감돌도록 하여야 할
것이니, 이를 명심하여 행하여야 될
것이며 이를 잊지 말라.
23 내가 너희들을 사랑함이니라.
24 오로지 흐르는 물처럼 한마음으로 유
유히 흐르라.
25 위에서 낮은 곳을 찾아 흐르는 맑은
옹달샘의 그 물처럼 그저 흘러가다 보
면 바다로 흘러가듯이, 너희들이 하늘
에 와 내 앞에 오는 그 영광을 얻을 것
이니 이를 잊지 말라.

2,469 번째 하나님 말씀

2002년 6월 20일 08시 07분

1 사랑하는 나의 아들아!
2 "네, 아버님! 말씀하옵소서."
3 너희들 인간사 세속에 사람들이 말하
지 않더냐?
4 아무리 항우장사요, 천지조화의 변화
를 이루는 자도 가는 세월을 막을 수
없으며, 그 세월을 돌려놓을 수 없다
말하지 아니하는가?
5 그러니라, 흐르는 세월을 돌려놓을 수
도 없으며 막을 수도 없음이니라.
6 또한, 너희들이 나로부터 생명을 받아
세상에 나가니, 너희들이 세월의 흐름
에 의하여 죽음에 이르러 그 길을 벗
어날 수 없으며, 너희들의 종착역인
너희 육신이 죽어 가며 영은 나에게
와 심판을 받는 그것을 벗어날 수 없
음이니라.
7 그 엄연한 사실 속에서 너희들은 가는
세월을 막을 수 없다는 것을 스스로
알면서,
8 내가 내려 준 그 생명의 삶을 살고 종
말을 거둘 때 육은 육의 원천인 흙으

로 돌아가며, 영혼은 육과 영의 생각
의 삶이 어떠하냐에 따라서 그에 대한
죄의 대가를 치르며 구원받을 자와 구
원받지 못할 자가 구분됨이니,
9 너희들에게 이를 깨우쳐 살라 그리 말
하여도 너희들은 이를 믿지 아니하며
'설마, 설마' 그리 생각하고 사느니라.
10 그리고 너희들은 내가 바위에 직접 불
로 쓴 계명을 믿지 아니하느니라.
11 너희에게 생명체를 준 내가 너희들에
게 지키고 살라 하여 하늘에서 지상으
로 내려보낸 계명 그 자체도 믿지 아
니하며,
12 그 엄연한 사실 앞에, '정녕 이것은 하
나님께서 우리들을 위하여 쓴 것인
가? 이를 정녕 지키고 살아야 하는 것
인가?' 하는 것을 지금도 확실히 마음
속에 자리 잡지 못하며,
13 '설마, 설마' 하며, '그럴까, 그럴까?'
하며 살아가는 것이 너희들이니라.
14 정녕 가는 세월을 막을 수 없는 엄연
한 사실 앞에 너희들이 나로부터 생명
을 받아 나갔음이니, 작게는 너희들이
심판을 받으며 크게는 너희들이 새로
태어나는 생명의 역사를 이루는 그 자
체를 믿지 아니하며 그게 존재하지 아
니한다 생각하는 마음이니,
15 그게 존재하며 그와 같은 역사요, 그
와 같은 것을 벗어날 수 없다 하면, 오
늘과 같은 너희들의 사악한 삶은 있을
수 없을 것이니라.
16 작게는 나의 계명을 내가 불로 직접
썼음이니 이를 너희들이 지키고 살아
야 하며,
17 창조주가 직접 써 너희들에게 지키고
살라 내려보냈다 하면, 이를 너희들이
믿고 가슴속에 간직하며, 이는 죽음보
다 더 소중한 것이라 생각해야 할 것
이니라.
18 너희들이 영원히 사는 그 나라에 올
수 있고 없음이 여기에서 판가름이 난
다 하면 너희들은 정녕 어찌하여야 하
는가?
19 이를 믿어야 할 것이니라.
20 이를 믿지 아니하는 자, 정녕 구원의
길을 갈 수가 없음이니라.
21 나의 사랑하는 아들아!
22 "네, 아버님! 말씀하옵소서."
23 오늘 또한 네 앞에 와 나의 성령의 가
르침을 들으며 나의 법전을 따라 공부
하는 자, 그들의 가슴에 먼저 새겨 주
어야 될 것이니라.
24 나 여호와가 존재함을 알라 이르라.
25 그리고 내가 너희들과 같이함을 이르
라.
26 그리고 그 계명이 내가 불로 직접 써
내려 나의 피조물 만백성이 그를 지켜
영혼의 구원을 받으라는 것임을 잊지
말며,
27 너희들이 가는 세월 앞에 그를 막고
돌릴 수 없듯이, 너희 스스로 나에게
와 심판을 받는 그 엄연한 사실을 다
시 깊이 새기고 살라 이르라.
28 그러다 보면 너희들이 악과 선을 구분
할 것이며, 천사와 천사가 아닌 것을
알게 될 것이니,
29 이 이치를 깨닫는 자, 나의 성전에 오
는 너희들이 가장 행복한 자들이며 축
복된 자들이라는 것을 알게 될 것이
니, 이를 너의 제자들에게 오늘 깨우

쳐 주라.

2,470 번째 하나님 말씀

2002년 6월 20일 08시 27분

1 사랑하는 나의 아들아!
2 "네, 아버님! 말씀하옵소서."
3 2천 년 전 세상에 나가 나의 피조물 만백성을 구하고자 하던 나의 아들 예수는 무엇을 행하여 만백성을 구하려 했던가?
4 나의 성령을 받아 나의 뜻에 따라 나의 피조물 만백성 너희들을 하늘에 오르게 하고자 하였으며, 나 여호와가 존재함을 알리며 너희가 지키고 살아야 할 것을 깨우쳐 주고자 하였음이니라.
5 그리하여 구약의 계명을 지키지 말며 그 계명을 버리고 새로운 계명으로써 너희들을 이끌어 가고 깨우치고자 예수가 세상에 나간 것이 아님이니라.
6 구약의 계명을 하나하나 실천할 수 있는 그 지침서를 너희들에게 전하고자 하였으니, 그는 나의 뜻에 따라 행함이니 그 또한 대언자로서 그 역할을 다하게 되어 있음이니라.
7 그러나 나의 아들 예수가 대언자로서 나의 뜻을 만백성 너희에게 전하여 너희들을 구하고자 하는 역사의 틀을, 너희들은 나와 나의 아들 예수가 같은 존재라 말하고 그의 이름을 부르며 그의 보혈로써만 구원을 받는다 그리 말함이니,
8 나의 아들 예수는 나의 성령이요, 나의 뜻을 받아 대언의 그 임무를 수행한 자임을 너희들은 이제 알아야 할 것이니라.
9 지금 제3의 시대를 열어 나의 아들을 선택하여 나의 아들에게 나의 성령을 내려보내 160권의 법전을 세상에 만들어 너희들을 구하고자 하니, 또한 지금의 나의 이 아들이 바로 무엇이더냐?
10 대언자의 역할을 하고 있음이니라.
11 나의 아들만이 나의 대언을 할 수 있으며 대언의 역사를 이룰 수 있음을 알아야 될 것이니라.
12 예수는 말로써 전하였고 뜻으로써 전하였으며 기적의 역사로써 그를 전하였음이니라.
13 그러나 지금은 네가 나의 성령을 받아 법전이라 하여 글로써 기록하여 모든 역사함을 책으로 만들어 세상에 전하니, 이보다 더 위대하고 소중한 것이 어디에도 없음이니라.
14 나의 아들을 통하여 내리는 160권의 이 법전은 곧 구약의 시대에 내가 불로 써 너희들에게 지키라 내린 그 계명을 내가 풀이하여 내려보내는 것이며, 너희들이 살아가면서 직접 행하는 행동의 지침이요, 순종과 행함의 지침을 세분화하여 내려보내는 것이니라.
15 너희들은 내가 불로 쓴 그 계명을 지키고 그대로 순종하고 사는 자, 하늘에 오를 수 있으며 내 품 안에 있는 내 백성이라는 그 뜻을 어찌 모르는가?
16 내가 내린 계명을 지키는 자는 나의 선택된 백성이요, 그를 지키는 자는 구원을 받는다는 것을 내가 성서에 다 기록하였으니,

17 그를 순종치 아니하고 받아들이지 아
니하며 제가 세상 이치를 다 깨달은
양, 그리 지키지 아니하여도 되는 것
처럼, 저희들이 가르치는 그 내용에
따라 살아가면 구원을 받을 수 있다
그리 가르치는 자들이 얼마나 사악하
고 잘못된 자들인가를 너희들은 알아
야 할 것이니라.
18 사랑하는 나의 피조물 만백성 너희들
은 내가 내린 그 계명대로 살면 그게
바로 구원의 길이요,
19 그가 나의 아들딸이요, 나의 품속에서
살아간다는 그 간단한 이치를 모르고
그를 거역하는 자, 그를 지킬 수 없다
말하는 자, 그리고 세상사의 이치요,
성서의 내용을 제가 다 아는 것처럼,
그리고 제가 나로부터 선택받은 자처
럼 그리 잘못 가르치는 사악한 자들의
가르침에 귀를 기울여 영원히 구원을
받을 수 있는 그 길을 버리고 감이니,
20 이를 내가 더 이상 볼 수 없어 지금 제
3의 시대를 열어 가고 있거늘, 지금도
그 이치를 너희들이 못 깨닫고 있음이
니, 이를 어찌하여야 하겠는가?
21 내가 성서에 기록하여 너희들에게 전
하였느니라.
22 나의 계명을 지키는 자만이 나의 아들
딸이요, 제가 모두를 다 아는 것처럼
잘못 가르치는 자, 아는 체하는 자, 계
명을 지킬 수 없다 말하는 자, 그리고
그를 따르는 자는 지옥 불로 간다 말
하였음이니라.
23 이리 기록되었어도 너희들이 깨닫지
못하며 하늘에 오르는 길을 보지 못하
고 지옥 불로 가고 있어, 내가 지금 법
전에 하나하나 나열하여 그 모두를 되
짚어 기록하여 세상에 전함이니,
24 이 법전을 읽고도 깨우치지 못하는 백
성이 있어서는 아니 될 것이니라.
25 너와 너의 제자들은 그와 같이 어리석
고 우매한 백성들에게 나의 법전을 한
권 손에 쥐여 주는 것에 최선을 다해
야 할 것이니,
26 너희들이 스스로 반목하며 형제지간
에 우애가 없을 때는 구원을 받을 수
없음을 알아야 할 것이며, 너희들이
나에게 와 받는 그 죄가 얼마나 무서
운가를 알아야 할 것이니라.
27 내가 성서에 기록하여 전하였느니라.
28 형제지간에 반목하며 형제를 우매한
자요, 바보라 칭하는 자, 지옥 불로 간
다 말하였으니,
29 나의 성령을 직접 받아 기록하는 나의
아들 앞에 와 나의 법전을 보며 그 성
령의 뜻을 직접 듣는 너희들은 한 형
제보다도 더 가까운 소중한 나의 아들
딸이요, 하나이거늘,
30 그 속에서 반목하여 뛰쳐나가는 자,
나의 성전을 보고 욕하는 자, 나의 성
전에 침 뱉는 자, 나의 아들에게 등 돌
리는 자, 나의 아들이 사탄이요, 거짓
된 자요, 나로부터 정녕 성령을 받지
못하는 자요, 그가 병들어 죽을 것이
며 쓰러질 것이라는 그와 같은 사악한
말을 하며 사악한 행위를 하는 자,
31 너희들이 얼마나 무서운 죄를 짓고 있
는가를 알아야 할 것이니라.
32 이는 나의 아들 예수가 나의 아들이
아니라 하여 죽인 자와 같음이니, 너
희들은 두 가지 죄를 지음이니라.

33 내가 명한 나의 아들을 너희들은 나의
아들이 아니라 하여 예수를 죽인 자의
행위를 하며,
34 나의 성령을 태워 내리는 나의 법전을
기록하여 책으로 만들어 너희들이 눈
으로 보고 귀로 들어 깨우쳐 하늘에
오를 수 있는 나의 모두를 대신하는
나의 성령인 이 법전을 거부하며 이가
진정 나의 뜻이 아니라 말함이니,
35 마지막 거짓 선지자가 와 세상을 혼란
케 하며 너희들을 지옥으로 이끌어 간
다 하여 사탄에게 힘을 실어 주며 선
하고자 하는 자를 죽이는 그와 같은
두 가지 죄를 짓고 있음을 너희들이
내 앞에 왔을 때 알 것이니,
36 너희들이 끓는 기름 가마 속에 들어가
는 것을 면치 못할 것이며, 너희 육신
이 타들어가고 녹아 가는 그 무서운
불 속에서 허덕이는 그 벌을 면치 못
할 것이니 그리 알라.

2,471 번째 하나님 말씀

2002년 6월 21일 01시 16분

1 사랑하는 나의 아들아!
2 "네, 아버님! 말씀하옵소서."
3 너를 따르는 너의 제자들과 만백성에
게 일러야 할 것이니라.
4 내가 너희들에게 지키라 내린 그 계명
속에서 살며, 그리고 제3의 시대에 나
의 아들을 통하여 내리는 나의 성령을
기록하여 책으로 만든 이 160권의 법
전을 읽고 그대로 행하는 자, 그 모두
는 나의 자식이요, 나의 품 속에서 사
랑의 충만함을 느끼며 구원의 빛을 볼
수 있을 것이니,
5 이를 행하는 자만이 그와 같이 나의
사랑이요, 나의 은혜를 충만히 받을
수 있다는 것을 그들에게 깨우쳐 주어
야 할 것이니라.
6 그리고 지금 나의 아들 예수의 보혈로
써 구원을 받았으며, 저희들이 만든
그 성전에 가 기도하고 경배하는 자만
이 나의 품 속에 살며 나의 사랑과 은
혜와 은총 속에서 존재하며 살아간다
그리 말하는 자들,
7 그들이 다 나의 성령으로써 내려보낸
나의 법전과 계명을 지키고자 노력하
지 아니하며 그를 지키고 실행하지 아
니하면 정녕 나의 사랑을 받을 수 없
으며 구원의 길조차도 볼 수 없음을
그들에게 일깨워 주어야 될 것이니라.
8 모든 나의 사랑하는 백성들은 내가 지
키라는 그 계명을 지키며, 내가 지금
제3의 시대에 내려보내는 나의 법전
을 읽고 깨우치는 자만이 나의 충만된
사랑 안에, 나의 가슴속에 존재함을
알아야 할 것이니라.
9 그리고 저희는 구원을 받았다고 말하
는 그 모든 자들이 나의 법전대로, 나
의 계명대로 행하지 아니하면 그들은
영원히 나의 사랑을 받을 수 없으며,
나의 가슴에 올 수 없으며, 구원을 받
을 수 없다는 그 엄연한 사실을 그들
에게 일깨워 주어야 할 것이니,
10 이를 너희들이 게을리해서는 아니 될
것이니라.
11 지금 몇천 년 동안 나의 백성을 지도
하고 가르치는 그들이 얼마나 나의 피
조물 만백성을 지옥으 …

12 (녹음테이프 165번의 앞면을 하나님께서 지우셨습니다. 그리하여 기도의 뒷부분을 기록할 수 없게 되었습니다.)

녹음테이프 **165** 번 지워짐

녹음테이프 165번 앞면을 지우셨습니다.

1 이 책은 십계명을 암송하고 나면 하나님께서 내려 주시는 말씀을 듣고 그대로 따라 녹음하여 책으로 엮은 것입니다.

2 저와 저의 제자들이 깨닫지 못함을 질책하시고 하나님의 존재하심을 일깨워 주시고자, 하나님께서 녹음테이프 165번의 앞면을 지우셨습니다.

3 아래 그림은 녹음테이프 165번의 소리 파형입니다.

4 녹음테이프의 길이는 총 90분이며, 앞면과 뒷면에 각각 45분씩 기록하였습니다. 그중에서 앞면에 기록된 말씀이 지워졌습니다.

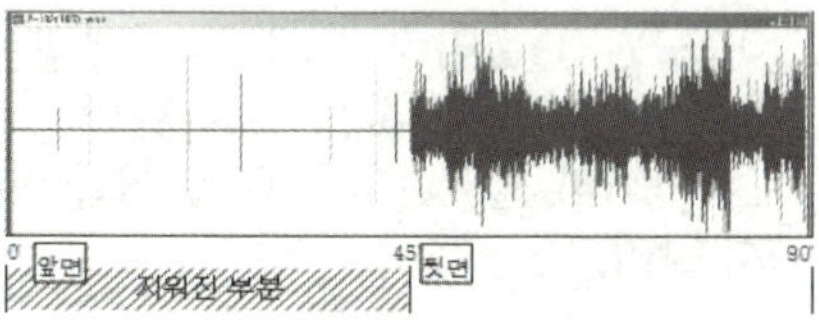

2,472 번째 하나님 말씀

2002년 6월 21일 16시 41분

1 (녹음테이프 165번 뒷면에 녹음된 말씀부터 기록하였으며, 기도의 앞부분을 기록할 수 없게 되었습니다.)

2 … 너희들에게 원하는 그 삶을 살아오지 아니하면서, 너희들은 구원을 받고자 하는 그 기도만을 드리며, 구원을 받는 거기에 몸부림치며, 재물과 헌금과 모두를 바치면서 너희들의 잘못 살아온 그 죄를 용서를 빌면 용서해 준다는 그와 같은 허무맹랑한 그 앞에서 구원을 받는 것에만 연연하는 어리석은 백성으로서 지금까지 살아왔음이니라.

3 너희들이 구원을 받고자 하는 기도를 해서는 아니 될 것이니라.

4 내가 너희들에게 십계명을 내려보냈으며, 제3의 시대에 나의 법전을 세상에 내려보내 너희들에게 구원을 받는 길을 배우라 하였으며, 배울 것을 내려보냈으며, 그 배우는 길의 지침서를 내려보냈음이니,

5 너희들은 이제 구원을 받는다고 기도하며 그것에 연연하는 자세가 아니라, 구원을 받는 길을 배워야 함을 알아야 될 것이니라.

6 너희들이 하늘에 오르는 길이요, 구원을 받는 길은 무엇이던가?

7 내가 내린 십계명을 지키며, 내가 내린 율법을 지키며, 내가 내린 법전을 정독하고 배우고 깨우쳐 그 속에서 깨달음을 알아 하늘에 오르도록 하는 그 길의 가르침이요, 지침서요, 근본이요, 기본이 되는 것을 내려보냈으니,

8 이를 너희 것으로 만들어 너희들이 이제는 하늘에 오르는 길이요, 구원을 받는 길을 배워야 할 것이니,

9 그 길을 배우고 깨닫는 자, 그 길을 깨닫고 배운 자의 그 능력에 따라 내가

평가하여 너희들을 구원해 주고 안 해 주는 권한은 나에게 있음을 알아야 할 것이니, 이를 잊지 말라.

2,473 번째 하나님 말씀

2002년 6월 21일 17시 45분

1 사랑하는 나의 아들아!
2 "네, 아버님! 말씀하옵소서."
3 세상사 모두에 눈을 감고, 듣지도 말
고 보지도 말며 그리 살라 하였음이니
라.
4 너를 찾아오는 모든 나의 피조물 만백
성을 너는 사랑으로 다스리며, 사랑으
로 베풀어야 될 것이며, 그리고 그들
을 항상 웃음과 사랑으로써 보듬어 줘
야 될 것이니라.
5 그리고 오로지 그들의 아름다운 그 모
습을 네가 칭찬으로써 다스려야 될 것
이니라.
6 면전에서 칭찬하는 나의 아들이요, 선
지자가 되는 것이 아니라, 그 칭찬이
돌아서 그에게 갈 수 있는, 먼 곳에서
부터 들려오는 칭찬의 그러한 아름다
운 삶의 방법으로서 네가 살아가야 할
것이며,
7 나의 많은 백성이요, 너의 제자들을
그리 다스려야 할 것을 알아야 할 것
이니라.
8 또한 너는 항상 웃음으로 살아야 할
것이니라.
9 면전에서 웃는 것보다도, 그들이 그
웃음을 멀리서 바라볼 수 있으며 너의
웃음을 멀리서 그들의 가슴에 볼 수
있는 그와 같은 아름다운 모습과 마음
으로 네가 살아가야만 한다는 것을 잊
어서는 아니 될 것이니라.
10 이제는 모두 너를 따르는 제자들이요,
나의 백성이요, 네 앞에 와 나의 법전
을 읽고 깨우쳐 너를 따르고자 하는
그들을 오로지 너는 사랑하며 칭찬하
며 웃음으로 대하되,
11 그것이 면전에서의 사랑이요, 면전에
서의 칭찬이요, 면전에서의 웃음이 아
니라,
12 멀리에서 돌아오는 웃음이요, 멀리서
돌아오는 사랑이요, 멀리서 돌아오는
아름다운 웃음의 모습으로써 나의 백
성이 그를 느낄 때 그들이 너를 정녕
따름을 잊지 말아야 할 것이니라.
13 나의 아들아!
14 "네, 아버님! 말씀하옵소서."
15 너는 모든 너의 제자들에게, 그리고
나의 법전을 읽는 백성들에게, 그리고
지금 잘못된 믿음의 길을 가고 있는
그 백성들에게,
16 '하늘에 오르고자 한다면 사랑을 베풀
며 살라, 사랑을 베풀며 사는 그것만
이 구원의 길이라, 그리고 구원의 길
을 가는 것이라' 하는 것을 일깨워 주
고 전해야 할 것이니, 이를 게을리하
지 말라.

2,474 번째 하나님 말씀

2002년 6월 21일 18시 08분

1 사랑하는 나의 아들아!
2 "네, 아버님! 말씀하옵소서."
3 지금 수천 년 동안 믿어 오는 종교 지
도자요, 믿음이라 하여 그 길을 가고

있는 나의 백성들이 뭐라 말하느냐?
4 성서가 아니며 성경에 기록된 것이 아
니면 믿을 수 없으며, 그 모두는 다 이
단이요, 사탄이라 그리 말함이니라.
5 그러나 너희들은 성서에 기록되어 있
는 그 부분들을 정녕 너희들이 유리한
쪽, 너희들이 즐거운 쪽, 너희들이 편
리한 쪽은 찾아 그를 가르치며 해명하
나,
6 그곳에 과거와 현재와 미래의 역사가
이루어지는 그 내용을 너희들이 모르
고 있음이니, 이를 바로 가르치지 못
하고 있음이니라.
7 지금 나의 법전이 세상에 나와 나의
피조물 만백성을 구하기 위하여 나의
성령을 태워 내가 160권이라는 그 대
장정의 법전을, 하나하나 너희들에게
지침서를 내려보내어 이를 보고 깨우
쳐 하늘에 오르라는 가르침은 이미 성
서에 내가 예언하여 나의 아들을 통하
여 기록된 바가 있건만,
8 너희들은 그를 보지 아니하며 그를 듣
지 아니하려 함이니라.
9 나 여호와가 예수의 시대에 예수를 통
하여 너희들을 가르치는 모든 것은 비
사로써 가르쳤음이니라.
10 그러나 때가 되어 너희들을 다시 가르
칠 때는 비사로써 가르치지 아니하고
나의 뜻과 내가 행하고자 함을 직접
밝힐 것이라 너희들의 성서에 기록되
어 있음이니라.
11 예수의 시대에는 비사로써 너희들을
깨우치고 일깨워 주었으나,
12 내가 내 뜻을 밝히고 내가 행하고자
하는 것을 너희들에게 밝힐 때에는 나
의 뜻을 있는 그대로 직접 가르쳐 너
희들을 깨우친다 하였음이니, 이게 바
로 무엇이더냐?
13 이는 나의 아들이 나의 뜻을 받들어
너희들이 행하고 실천해야 할 그 덕목
을 다 세상에 전하고 왔더라면 오늘
같은 그 역사는 이루어지지 아니하였
을 것이거늘,
14 너희들이 그를 단죄하며, 그를 사탄이
요, 이단이라 하여 죽게 하였음이니,
15 그리하여 너희들이 나의 뜻을 직접 듣
지 못함이니, 그와 같이 나의 뜻이요,
내가 이루고자 하는 그 뜻을 다시 전
할 때에는 내가 비사로써 전하는 것이
아니요, 나의 뜻을 그냥 직접 너희들
에게 전한다 하였음이니라.
16 나는 제3의 시대에 나의 아들을 통하
여 지금의 법전이요, 나의 성령이 세
상에 내려가 나의 피조물 만백성을 바
로잡고 이끌어, 하늘에서 이루어진 것
같이 이 땅에서 이루어지는 그 역사를
위하여 천 년에 걸쳐 내가 너희들을
다스려 이끌고자 하는 이때를 미리 알
고 있었음이니,
17 내가 너희들에게 예수의 시대는 비사
로써 가르치나, 내가 다시 너희들에게
무엇인가를 임하여 가르칠 때는 나의
뜻을 직접 내가 해명하여 너희들이 바
로 듣고 깨우칠 수 있는 그와 같은 방
법으로써 너희들을 깨우친다 하였음
이니,
18 이게 바로 제3의 시대에 나의 법전이
요, 나의 성령이 세상에 나오게 됨을
너희들에게 미리 알려 주었음이니라.
19 이를 너희들이 나의 성령의 구절을 읽

고 깨우쳐 오늘의 나의 법전이 세상에
나와 너희들에게 직접 행하여 하늘에
오르는 지침서를 내려보내는 그 내용
을 본다 하면, 너희들은 나의 뜻을 알
게 될 것이니라.
20 지금 나의 법전이, 나의 성령이 세상
에 나가 너희들이 직접 행하고 따를
수 있도록 하나하나 그 내용을 내려보
냄이니, 이것이 바로 내가 너희들에게
직접 깨우치고자 하는 나의 뜻임을 알
아야 할 것이니라.
21 이제 너희들은 나 여호와가 존재함을
믿어야 할 것이며,
22 이를 믿으며 나의 아들 예수가 나의
아들로서 나의 피조물 만백성 너희들
을 구원하고자 세상에 내려간 그 이치
와 그 뜻과 그를 진정 믿는 자와,
23 지금 제3의 시대에 나의 아들을 통하
여 나의 성령을 내려보내 너희들에게
지침서에 행하는 것을 그대로 내려보
냄이니, 이 나의 법전을 나의 성령이
라 믿는 자,
24 그리고 나의 성령을 받아 기록하여 법
전이라 하여 책으로 만들어 세상에 전
하는 나의 아들의 존재함을 믿는 너희
들이 그로 인하여 구원을 받을 것이며
하늘에 오르는 길을 볼 수 있음이니라.
25 나 여호와가 존재함을 믿지 아니하며
나의 아들 예수의 그 시대의 행적을
믿지 아니하며 그를 부정하는 마음을
가진 자, 그리고 제3의 시대를 통하여
나의 법전을 세상에 내려보내 너희들
이 하늘에 오르는 길을 깨우치고 인도
하고자 하여 내려보낸 이 뜻을 믿지
아니하며 따르지 아니하는 자,
26 이가 나의 아들이요, 나의 성령이요,
나의 법전이라는 것을 믿지 않는 자는
영원히 구원받을 수 없음을 알아야 될
것이니라.
27 너희들이 구원을 받아 하늘에 오를 수
있는 길은 나 여호와가 존재함을 너희
가슴속에 깊이 심는 것이며,
28 신약의 시대와 구약의 시대의 그 역사
를 인정하고 믿으며 나의 제3의 시대
의 나의 법전이 나의 성령임을 믿는
자만이 구원을 받을 수 있으며, 구원
의 길을 볼 수 있으며, 구원의 길에 들
어설 수 있음을 알아야 할 것이니라.
29 이를 깨우치지 아니하는 자는 정녕 구
원을 받을 수 없음을 너희들이 깊이
알아야 할 것이니 그리 알라.

2,475 번째 하나님 말씀

2002년 6월 21일 20시 51분

1 사랑하는 나의 아들아!
2 "네, 아버님! 말씀하옵소서."
3 네가 인간 세속에서 인간의 삶의 60
세라는 그 나이에 가깝도록 인생을 살
다 나의 종이요, 나의 선지자라 부름
을 받아 나의 법전을 뜻도 의미도 모
르며 기록하기 시작하여,
4 이제 내가 더 이상 어떤 호칭으로도
부를 게 없는 나의 아들임을 너에게
밝혀 내가 너를 나의 아들이라 부름이
니,
5 너의 지금의 어렵고 힘든 그 고비의
어려움을 내가 알고 있음이니라.
6 정녕 너는 네가 모자라며 바보며 남들
앞에 내놓을 것이 없는 자라 자책하지

말라.
7 너 스스로 살아온 인생의 아름다움이
있으며, 너 스스로 너를 다스려 오늘
에까지 이르는 너의 삶이 또한 남들이
이룰 수 없는 그 삶의 한고비를 넘겨
살아왔음도 있음을 알아야 할 것이니
라.
8 나는 너를 알고 있음이니라.
9 네가 160권이라는 나의 성령을 기록
하는 그 법전을 세상에 내어 만백성을
구하고자 하는 그 뜻을 내가 알고 있
음이니,
10 너는 어떠한 역경과 어떠한 고통 속
에서도 이를 지키고 실행하며 나의 피
조물 만백성을 구하는 160권의 법전
을 세상에 내는 데 주저하지 아니할
것이며, 네 목숨을 내걸고라도 그걸
만들어 내고자 하는 네 마음을 아나니,
11 160권의 법전을 세상에 만들어 내어
창조주요, 너의 아버지인 나의 이름을
지상에 거룩히 남기고자 하는 너의 그
아픈 마음의 다짐을 나는 알고 있음이
니라.
12 너는 160권의 법전을 세상에 내어 나
여호와의 이름을 거룩히 남기며, 이것
이 참진리요, 참 하나님의 말씀이요,
지금 너희들에게 전하는 나의 이 성령
이야말로 진정한 하나님의 말씀이며
만백성을 구하는 진실된 뜻이라는 것
을 만백성에게 보일 수 있는 그 의지
와 네 굳은 결의를 나는 알고 있음이
니,
13 너의 제자들이 그와 같은 너의 마음을
바라볼 수 있는 마음을 갖도록 그리
일깨워 주라.
14 네가 네 몸이 산산이 부서져 죽어 가
는 한이 있더라도 나 여호와의 이름을
이 지상에 거룩히 남기며, 이것이 진
정한 나의 성령으로써 나의 마지막 모
두를 태워 나의 백성을 구하고자 하는
참 하나님의 뜻이요, 참 하나님의 성
령이라는 것을 길이 빛내고 역사하고
자 하는 것을 내가 알고 있으며,
15 모든 백성이 구약의 시대를 인정하며
신약의 시대를 인정하며 제3의 시대
를 인정하며 나의 법전을 인정하며 내
가 존재함을 인정하도록 하고자 하는
너의 그 아픈 뜻을 내가 알고 있으며,
16 어떠한 형태와 어떠한 형국에서라도
이를 만들어 내며 이 역사를 이루고자
하는 네 마음을 나는 알고 있음이니라.
17 그리고 너는 해낼 수 있으며, 이룰 수
있으며, 만들어 낼 것이니라.
18 그것을 모르는 자, 네 앞에 와 갑론을
박하지 말며, 이게 정녕 나의 성령이
요, 나의 뜻이요, 맞다 아니다 그러한
말을 너에게 하지 말라 이르라.
19 나는 알고 있음이니라.
20 '참 하나님이요, 참 하나님의 성령이
요, 참된 진리요, 이것만이 구원의 길
을 갈 수 있으며, 이것만이 만백성을
구하는 것이며, 여호와 하나님의 이름
을 거룩되게 영원히 남기고야 말겠
다.' 하는 그 굳은 마음을 나는 아느니
라.
21 그리하여 네가 나의 아들이며, 나를
대신하여 대언자로서 만백성을 구하
는 이 역사를 지금 이루고 있음이니,
나 여호와의 기쁜 마음을 내가 너와
너의 제자들에게 전함을 그리 알라.

22 이제는 나를 믿으며, 내가 있음을 믿
으며, 그리고 구약의 시대를 믿으며
신약의 시대를 믿으며, 그 역사의 마
지막, 모든 너희들이 행하고 하늘에
오르는 그 길을 깨우쳐 주는 제3의 시
대의 이 법전은 나의 성령이라는 것을
그들이 알게 될 것이며,
23 그를 만백성에게 전하여 네가 나의 뜻
을 꼭 이루고자 하는 그 마음을 내가
알고 있음이니 그리 너는 알 것이며,
24 주저하지 말며 오늘의 두려운 마음을
거두라, 사랑하는 나의 아들아!

2,476 번째 하나님 말씀

2002년 6월 22일 0시 05분

1 사랑하는 나의 아들아!
2 "네, 아버님! 말씀하옵소서."
3 힘들고 어려운 길을 네가 가고 있음을
나 여호와가 아느니라.
4 그러나 너는 해내야 될 것이며, 너는
해낼 것이라 내가 알고 있음이니라.
5 너는 내가 성령으로써 내려 법전에 기
록하여 너에게 명한 그 부분들을 하나
하나 실천하고 행하는 데 네 모두를
다 바쳐야 함을 잊지 말아야 할 것이
니라.
6 너를 따르는 제자들 또한 그들이 행하
여야 될 것과 실천해야 될 것을 내가
법전에 기록하여 내렸음이니, 그게 얼
마나 소중한 것이며,
7 그것은 어떠한 이유가 없이 너희들이
지키고 행하여야 되는 그러한 구절임
을 잊어서는 안 될 것이니라.
8 내가 너에게 지키라 함을 너는 나의
아들이기에 지켜야 하며,
9 너의 제자들 또한 내가 지키라 명한
그 부분을 철저히 찾아 제 몫에 대한
것은 제 스스로 지켜 가는 그와 같은
삶을 살아가지 아니한다면 너희들은
정녕 나의 자식이라 말할 수 없음이니
라.
10 내가 너에게 일러 말하기를, 나의 법
전에 기록되어 있는 네가 실천할 일
과 너의 제자들이 행하여야 될 것을
하나하나 뽑아 너에게 가르쳐 주며 스
스로 너희들이 깨우쳐 행하도록 하여
너희들 몇 명이 운영할 수 있는 사람
의 집단을 만들라 하였더니,
11 그들이 바로 내가 내린 나의 명이요,
나의 뜻은 따르지 아니하며, 욕심에
눈이 어두워 스스로 저희들이 모든 것
을 다 통제하며 이 역사를 이루는 것
을 관장하고자 함이니,
12 그리하여 오늘에 너희들을 쓸 자와 쓰
지 못할 자를 구분하는 이와 같은 형
국에 이르렀음이니라.
13 내가 너희들에게 명한 것은, 나의 아
들이 다 알지 못하는 것을 너희들이
기록하여 그에게 알려 주어 그가 실천
할 수 있도록 그의 몫이요, 그의 임무
와 그가 행할 것을 알려 주는 것이라
하였거늘,
14 너희들이 지금 인간 사회의 기업이요,
인간 단체를 운영하는 것도 아니며,
15 이는 창조주인 내가 나의 아들을 통하
여서만이 나의 뜻을 세상에 전할 수
있으며, 나의 아들을 통하여 너희들이
드리는 그 기도를 거둬들일 수 있는
단 한 사람이라 하였거늘,

16 너희들이 이것에 갑론을박하는 것은
나의 아들과 나 사이에 너희들이 끼어
들어 너희들이 더 높고자, 나의 아들
보다 더 나에게 가까이 와 너희들이
믿음을 얻으며 너희 자신을 나에게 보
이고자 함이니,
17 그리고 너희들이 나의 아들과 아버지
인 나 사이보다 더 가까운 자며, 더 능
력 있는 자며, 또한 나를 위하여 너희
들이 무엇인가를 한다 그리 말함이니,
18 부모에게 자식이 효도하는 것보다 더
소중하고 아름다운 것이 어디 있는가?
19 너희들이 감히 창조주인 나 여호와와
나의 아들 사이에 이루어지고 행하여
지는 그곳에 끼어들어 무엇이 옳고
그르다 하는 것을 갑론을박한다 하면
이는 감히 있을 수도 없는 것이거늘,
20 너희들 인간사에 기업에서도 상사와
책임자가 대화를 나누며 그들이 행하
여 가는 그 계획을 너희들이 수정하고
자 하며 갑론을박을 감히 할 수 없거
늘,
21 이 세상의 창조주인 내가 나의 아들에
게 내려 나의 피조물 만백성을 천 년
에 걸쳐서 하늘에서 이루어진 것같이
이 땅에서 이루고자 하는 나의 뜻을
너희들이 거역하고자 함이니,
22 너희들이 어찌 감히 이와 같이 두렵고
무서운 행위를 하려 하는가?
23 그러고도 너희들이 나의 아들의 제자
며 나에게 선택된 백성이라 감히 생각
하는가?
24 이는 너희들이 죽어 내 앞에 왔을 때
그 죄의 무서움을 알게 될 것이니라.
25 내가 나의 성령을 내려 너희들에게 깨
우쳐 주며 나의 법전이 세상에 내려가
나의 아들이 나에게 계명을 외우며 그
가 받아쓴 그 법전을 옳다 말하는 자
들이,
26 오로지 나의 아들만을 통하여 세상에
전할 수 있으며 그를 통하여 거두어들
인다 하였거늘, 너희들이 우리 부자
사이에 끼어들어서 너희들의 자리를
확보하려 함이니,
27 너희들이 어찌하여 아들과 아버지가
하는 그 사이에 너희 스스로 묶을 찾
아 나에게 나의 아들을 내치라 하는가?
28 그와 같은 불효한 행위와 그와 같은
사악한 행위가 있을 수 없거늘, 감히
어찌하여 그와 같은 생각을 할 수 있
는가?
29 이는 사탄이요, 사악한 자만이 그리할
수 있음이니라.
30 너희들이 사악한 자요, 사탄의 그 감
언이설에 지금 지옥 불로 가고 있음이
니,
31 지금이라도 너희들이 깨우쳐 나의 선
지자 앞에 와 나의 법전이요, 나의 성
령의 가르침을 듣고 깨우치는 그와 같
은 길을 가지 아니할 때, 너희들은 영
원히 누구보다도 무서운 그 형벌을 받
음을 잊지 말아야 할 것이니라.

2,477 번째 하나님 말씀

2002년 6월 22일 0시 17분

1 사랑하는 나의 아들아!
2 "네, 아버님! 말씀하옵소서."
3 모든 종교의 지도자들이요, 믿음이요,
깨우침이라 하여 나의 피조물 만백성

을 구한다 하는 자들이 과연 어떠한
방법으로써 나의 피조물 만백성을 구
하는가?
4 구약의 시대요, 신약의 시대가 이루어
진 것은 어떠한 역사에 의하여 그리
이루어졌던가?
5 구약의 시대도 이 세상의 나의 피조물
만백성이 하늘에서 이루어진 것같이
이 땅에서 이루고자 하며 곧, 사악한
사탄의 뿌리들을 존재치 못하게 하고
자 하였음이니라.
6 그러나 너희들은 우상을 섬기며 광란
의 형태로써 스스로 사악한 자가 되어
사탄의 백성이 되는 그와 같은 형국으
로 구약의 시대가 이루어졌음이니, 이
아름다운 나의 동산을 사탄이요, 사악
한 자들이 지배하며 세상을 덮어 감이
니,
7 그를 버리고 그를 다스리고자 나의 아
들을 세상에 보냈음이니, 그게 바로
너희들이 말하는 신약의 시대이니라.
8 그러나 그 시대 또한 어떠한 역사를
이루었던가?
9 나의 아들이 세상에 나와 만백성을 구
하며, 사탄이요, 사악한 자들이 내가
이룬 지상의 이 낙원을 통제하지 못하
도록 하려 하였으나,
10 너희들은 사탄이요, 사악한 자의 힘을
빌어 나의 아들을 그와 같이 처참히
죽어 가도록 하여 나의 뜻을 세상에
전하지 못하게 하였음이니,
11 구약의 시대에도 사악한 자들과 사탄
을 제거하지 못하였으며, 신약의 시대
에도 그 사탄이요, 사악한 악마들을
제거하지 못하여 너희들은 그 많은 세
월 속에 악이 악의 씨를 낳고 또 그 씨
를 낳으니,
12 그 악과 대적할 수 있는 선한 것은 세
상에 뿌리를 내리지 못하여, 너희들이
말하는 대로 이 지상의 낙원이 사악한
사탄들이 지배하는 세상이 되었으며
그들이 지배하고 있음이니라.
13 그리하여 이를 내가 더 볼 수 없으며
나의 백성 너희들이 지옥 불로 가는
것을 구원할 길이 없어, 내가 지금 나
의 성령을 마지막으로 태워 제3의 시
대를 열어 나의 법전을 세상에 내려보
냄이니,
14 내가 나의 아들을 통하여 나의 법전이
라 하여 나의 성령을 세상에 내려보내
는 것은 무엇이더냐?
15 구약 시대에 거두지 못하였으며 신약
시대에도 다스리지 못한 그 사악한 자
들의 뿌리를 뽑고자 함이니라.
16 그들을 버리고 그들을 제거하며 그들
을 벌하여 하늘에서 이루어진 것같이
이 땅에서 낙원이 이루어지는, 사악한
악마의 시대를 제거하는 그와 같은 역
사를 이루고자 하여 제3의 시대가 열
어지고 있건만, 너희들은 과연 어찌하
는가?
17 이 지상을 다스릴 수 있는 하나의 천
사요, 아름다운 선의 씨앗이 세상에
나와 뿌려짐이니, 이를 보고 너희들이
마지막 말세에 오는 거짓 선지자요,
적그리스도요, 세상을 망하게 할 자라
그리 말함이니,
18 지금 그와 같이 부르짖는 자, 그와 같
이 공격하는 자는 나의 아들이 나의
성령을 받아 천 년에 걸쳐서 지상의

낙원을 이루려는 것을 이루지 못하도
록 하는 사악한 자들의 무리에 속해
있음이니라.
19 구약의 시대에 그를 잡지 못하였으니,
그와 싸워 이긴 사탄들이 세상을 지배
하며 그 자손의 씨앗이 또 사악한 씨
앗을 세상에 뿌려 신약의 시대에도 그
를 잡지 못하였으니,
20 몇천 년 동안 이 세상을 지배한 사악
한 사탄들의 집단을 이제는 더 이상
견딜 수 없으며, 이를 더 이상 볼 수
없으며, 더 이상 그 뿌리를 내려 가게
할 수 없는 것이 나 여호와의 뜻이니
라.
21 그러나 구약 시대와 신약 시대보다도
더 사악하고 간악한 집단의 사악한 자
들이 세상을 지배하고 있는 이 시점에
나의 아들이 와 그들과 대적하여 싸움
은 그 구약 시대의 지도자요, 신약 시
대의 나의 아들 예수가 싸우고 견딘
것보다도 몇백 배, 몇천 배 더 강한 힘
으로써 그를 버티며 이끌어 가지 아니
하면 견딜 수가 없음이니라.
22 그리하여 그들과 대적하여 싸울 수
있는 것은 나의 성령을 마지막으로 태
워 그 모두를 나의 아들을 통하여 책
으로 기록하여 영원히 보존할 수 있고
너희들이 눈으로 보고 읽고 깨우쳐 스
스로 판단하며 심판할 수 있는 나의
법전이라는 이 책밖에는 그를 다스릴
수 없기 때문이니, 그리하여 나의 법
전이 세상에 전해지는 것이며,
23 나의 선지자가 나의 뜻을 전하고 그
역사를 이루는 것이 그리 어렵고 힘든
길이니라.
24 그와 같이 어렵고 힘든 길을 가는 그
를 따르는 나의 백성이요, 나의 아들
의 제자인 너희들이 정녕 곧고 바르게
살아가야 할 것이며,
25 나의 아들을 정점으로 하여 너희들이
하나가 되어 뭉치는 그 힘 외에는 어
떠한 형태로써도 이 사악한 자들을 지
배할 수 없으며, 천 년에 걸쳐 그들이
이 지상의 낙원에서 뿌리를 내리지 못
하도록 쓸어버리는 그 역사를 이룰 수
없음이니라.
26 소용돌이치는 회오리바람보다도 더
무섭게 너희들이 하나가 되어 그곳에
서 발산하는 아름다운 선행의 천사와
같은 마음과 너희들의 행동과 살아가
는 빛만이 이들을 제거할 수 있는 것
임을 잊어서는 아니 될 것이니,
27 너희들의 마음이 천 갈래 만 갈래 갈
라져 너희 스스로 갑론을박하며 나의
아들을 놓고 시시비비를 하는 그와 같
은 형국으로써는 이루어질 수 없기에,
내가 알곡식을 고르듯이 지금 골라 가
고 있음을 알아야 할 것이니라.
28 여기서 버림받는 자가 되지 말라.

2,478 번째 하나님 말씀

2002년 6월 22일 0시 29분

1 사랑하는 나의 아들아!
2 "네, 아버님! 말씀하옵소서."
3 사랑이 무엇이라 내가 말하였던가?
4 너희들의 가장 소중한 것을 남에게 나
누어 주는 것이 사랑이라 하였음이니
라.
5 이 세상의 모든 재물은 다 나의 것이

며 너희들이 관리하는 것이라 말하였
음이니라.
6 그리하여 너희들의 가장 소중한 것을
남에게 나누어 주는 것이 사랑이라 말
하였느니라.
7 지금 너희들 중에 가진 자, 또 부를 누
리는 자가 이웃 형제에게 나누어 줌을
하지 못하면 그는 정녕 구원을 받을
수 없음을 알아야 할 것이니라.
8 그리하여 가진 자가 구원을 받을 수
없다 하는 너희들의 그 가르침이 있음
이니, 이는 곧 무엇이더냐?
9 가진 자가 어려운 형제와 이웃에게 베
풀고 나누지 아니하면 성령이 그의 몸
에 임하지 못함이니, 그리하여 구원을
받지 못함을 너희들은 알아야 할 것이
니라.
10 나의 아들, 나의 선지자가 어려운 자
를 도우며 그들에게 생활의 터전을 만
들어 주며 그들이 바로 살 수 있도록
미래의 꿈을 심어 주는 것은,
11 진정으로 나의 존재함을 믿으며 나의
법전에 모두를 다 바치는 자들은 육으
로써의 행복과 영으로써의 구원을 같
이 얻는다 하였음이니, 그리하여 그들
이 그 행복을 느끼게 된다 하였음이니
라.
12 나의 아들이 가진 자에게 받아 어려운
자들을 돕고자 하는 것은 그 가진 자
를 구원의 길에 인도하는, 그 자신들
을 위하는 것임을 알아야 할 것이거늘,
13 너희들의 재물을 어려운 자에게 나누
어 주어 도움을 주는 것은 당연한 것
이거늘,
14 너희들은 어찌하여 생색을 내며, 거기
에 대한 대가를 바라며, 너희들이 이
미 가진 축복을 받아 그 축복 속에서
가짐을 어려운 형제요, 이웃에게 나누
어 주는 것에 대가를 받으려 하며, 너
희들이 그것을 가지고 나의 아들 앞에
와 핍박하고 그의 마음에 파장을 이루
는 행위를 하는가?
15 그와 같은 행위를 해서는 아니 됨을
알아야 할 것이니라.
16 이는 곧, 너희들이 재물을 가지고 있
으면서 어려운 형제요, 가난한 형제에
게 나누어 주지 아니한다 하면 너희들
마음속에 나의 성령이 임할 수 없으며,
17 그는 사랑을 모르고 사는 자이며 사랑
을 실천하지 아니하는 자이기 때문에
구원을 받을 수 없으며, 가진 자가 구
원받기가 어렵다 말함이니라.
18 너희들이 나에게 오를 수 있는 길이
무엇이며 나에게 구원을 받는 길이 무
엇이더냐?
19 사랑이니라.
20 사랑을 실천하고 베풂이니라.
21 그 사랑을 실천하고 베푸는 것은 가진
자가 없는 자에게 나누어 주는 것도
사랑이며, 그것이 사랑의 근본이니라.
22 그러나 가진 자가 이웃 형제요, 제 형
제요, 어려운 자를 돕지 아니하며 나
눔을 갖지 못하는 것은 내 재산을 저
희들이 잘못 쓰는 것이니, 이는 도저
히 구원받을 수 없으며,
23 그들은 사랑을 모르기 때문에 나에게
오를 수 없는 그와 같은 것이니라.
24 그러니 너는 너의 제자들과 나의 피조
물 만백성에게 전하여야 될 것이니라.
25 가진 자가 어려운 이웃 형제에게 나눔

을 먼저 실천하고 그 사랑을 베푸는
것만이 하늘에 오를 수 있음이니, 그
사랑을 베풀지 아니하는 자는 구원을
받을 수 없다는 것을 알아야 할 것이
니라.
26 이와 같은 이치를 나의 피조물 만백성
에게 전하여, 재물을 가진 자, 명예를
가진 자, 권력을 가진 자는 그것을 함
부로 남용하는 것이 아니요, 이웃의
어렵고 불쌍하고 가난한 형제를 위해
서 그것을 사랑으로써 써야만 되는 것
을 알아야 할 것이니라.
27 그리하는 자, 가슴속에 나의 성령이
임하여 그가 구원의 빛을 볼 수 있기
때문이니, 이 이치를 깨우쳐 만백성에
게 전하라.
28 가장 소중한 것을 가장 어려운 이웃에
게 나누어 줄 수 있는 그 사랑을 실천
하는 자만이 구원을 받을 수 있음이니,
29 너희 마음의 저리고 아픈 그 모두를
접어 두고, 하늘에 내가 있음을 알고
구원을 받는 그 길이 있으며 구원을
받는 그 영광이 있다는 것을 생각하
고, 너희들의 육의 아픔의 나눔을 같
이 해야 된다는 것을 깊이 깨우쳐 행
하도록 하라.

2,479 번째 하나님 말씀

2002년 6월 22일 0시 46분

1 사랑하는 나의 아들아!
2 "네, 아버님! 말씀하옵소서."
3 너희들이 말하느니라.
4 종말의 시대요, 마지막 시대에 거짓
선지자들이 세상에 나오며, 적그리스
도들이 나와 세상을 혼란케 만든다 하
였음이니,
5 말세요, 종말이라는 것을 너희들은 어
느 시대라 그리 규정하며, 어느 시대
를 말세요, 종말이라 그리 말하는가?
6 오늘 여기서 너와 너의 제자들과 나의
법전을 읽는 만백성은 깨우쳐야 할 것
이니,
7 너희들이 종말이요, 말세라 함은, 나
의 아들 예수가 세상에 나가 나의 성
령을 만백성에게 전하여 너희들이 하
늘에 오르는 그 길의 지침서를 보고
깨우칠 수 있도록 그 모두를 내리고자
했을 때, 그걸 내리지 못하게 한 그 시
점이 말세요, 종말임을 알아야 할 것
이니라.
8 그 시대에 이미 종말이 거두어진 것이
니라.
9 그게 바로 말세였음이니라.
10 나의 아들이 직접 내려가 나의 성령을
세상에 전하는 것을 전하지 못하도록
너희들이 그를 십자가에 못 박아 처참
히 죽게 하였음이니,
11 예수가 죽는 그 순간에 종말이요, 말
세가 왔음이니, 적그리스도요, 사악한
자들이 그때 이미 세상에 와 있었음을
너희들이 알아야 될 것이니라.
12 적그리스도가 무엇이던가?
13 나의 아들이요, 내가 존재함을 믿지
아니하며, 내가 불로 직접 써 내린 그
계명을 지키고 살 수 없다 말하는 자
들이 무엇이더냐?
14 그게 바로 적그리스도이니라.
15 그를 지키고 살 수 있는 자가 나의 백
성이니라.

16 나를 믿지 아니하며 나의 존재함을 의
식하지 아니하며 세상에 나간 나의 아
들을 인정치 아니하는 그들이 바로 적
그리스도이며, 나의 계명을 지키고 살
수 없다 말하는 자들이 적그리스도이
니,
17 나의 아들 예수가 죽은 그 시대가 종
말이었으며 너희들의 마지막이었음
이니라.
18 그리하여 그때 적그리스도요, 사악한
사탄들이 세상을 뒤덮기 시작하였음
이니, 이 이치를 너희들은 알아야 될
것이니라.
19 오늘 내가 나의 아들을 통하여 너의
제자들에게 이르노니, 이 세상을 지배
하는 것은 나요, 나 외에 다른 영들이
지금 세상에 와 사악한 형태로 지배하
고 있음이니, 그 다른 사탄의 영을 보
지 못하는 자는 사탄임을 알아야 될
것이니라.
20 나에게 바로 받은 나의 영이요, 나의
성령으로써 받은 자는 내 품 안에 존
속하며 내 품 안에서 살아감이니,
21 내 품 안에서 존속하며 내 품 안에서
살아가지 아니하는 백성은 정녕 다른
허황된 영의 빛을 보고 감을 알아야
될 것이니라.
22 이제 너희들은 알아야 될 것이니라.
23 너희들은 종말이요, 말세가 지금 오는
것이라 생각하며, 지금 종교 지도자들
이 이끌어 가는 그 세월 속에서 종말
이요, 마지막 시대가 다시 올 것이라
생각하나,
24 이미 너희들은 종말이요, 말세가 와
있는 그 속에서 살아가고 있음이니,
그 속에서 너희들이 무엇을 말하는 것
이냐?
25 내가 내린 계명을 지킬 수 없으며, 너
희들은 인간이기 때문에 나의 성서에
있는 대로 그 어렵고 힘든 것을 지키
고 살아갈 수 없다 말함이니, 이게 바
로 적그리스도요, 사악한 영들이 세상
에 내려와 지배하고 있는 것이니라.
26 그 사악한 영들에 따라서 너희들이 움
직이며 그를 듣고 너희들이 지금 지배
받아 살아감이니, 너희들이 바로 나와
는 아무런 관계가 없이 지옥으로 가는
그와 같은 형국이라 내가 일렀음이니
라.
27 지금 나의 성령을 내려보내 나의 아들
을 통하여 내가 법전이라 하여 160권
을 세상에 내보내니, 여기에 나 여호
와가 존재함을 부정하며 나의 아들 예
수가 나의 아들로서 성령을 전하고자
했던 것을 부정하는 대목이 과연 있는
가?
28 너희들은 알아야 할 것이니라.
29 나의 성령이 오로지 나 여호와가 존재
함을 믿으며 성서를 믿으며 제3의 시
대의 역사를 이루어 너희들이 바르게
살고 하늘에 오르는 그 길을 가르쳐
줌이니,
30 지금 적그리스도요, 사악한 영들 속에
서 바로 그들을 다스려 천 년에 걸쳐
서 이 지상에 그들이 발을 붙이지 못
하고 존재치 못하도록 하며, 천사와
같은 나의 백성들만이 존재하도록 이
루고자 하는 것이니,
31 너희들이 나의 법전이요, 나의 아들을
보고 말세요, 종말에 오는 것이라 말

하는 것은 너희 스스로 어리석음임을
알아야 될 것이니라.
32 너희들이 종말이요, 마지막 말세라는
것은 나의 아들 예수가 숨을 거두는
그 시점에 왔으니,
33 그때에 와 나의 계명을 지키고 살 수
없다 부르짖는 그들이 적그리스도며
잘못된 사악한 영들이 세상을 지배하
는 것이니, 적그리스도가 바로 누구인
가를 너희들이 알아야 할 것이니라.
34 너희들을 지금 단죄하고자 너희들이
잘못 가고 잘못 깨우치고 있음을 나의
법전이라는 책에 기록하여 하나하나
그 껍질을 벗겨 가고 있음이니,
35 바로 이것이 심판을 하는 나의 성령이
며, 나의 아들이 심판을 하며 나의 대
언자로서 너희들을 심판하고자 이 세
상에 와 있거늘,
36 이를 보고 너희들이 사탄이요, 말세
요, 종말에 오는 거짓 선지자라 말함
이니, 이는 곧 사탄이 천사를 보고 사
탄이라 말하는 그와 같은 형국인 것이
니라.
37 너희들이 바로 사탄이요, 사악한 영들
속에 살아가는 자들이요,
38 종말이요, 말세에서 지금까지 너희들
을 잘못 이끌어 온 그 사악한 자들이,
이를 바로잡고 심판하고자 내가 내려
보내는 나의 성령을 받아 전하는 나
의 아들을 보고 너희들이 사탄이요,
말세에 오는 거짓 선지자라 말함이니,
39 이제 나의 법전을 읽는 나의 피조물
만백성은 내가 너희들을 일깨워 주고
깨우쳐 주는 이 진실함을 알아야 될
것이니라.
40 이 진실을 알지 못하고 보지 못하는
자는 영원히 구원을 받을 수 없고 지
옥 불로 가며, 너희들이 그리 갈망하
고 소원하는 낙원의 나라에 올 수 없
음을 알아야 될 것이니,
41 그게 얼마나 통탄하고 비참한 것인지
내가 나의 아들을 통하여 하늘의 뜻을
너희들에게 바로 가르쳐 줌이니,
42 황금을 보고 황금이라 말하는 나의 아
들을 핍박하며 그를 욕하지 말라.
43 돌을 보고 황금이라는 자들의 말에 현
혹되어 너희들의 인생이 죽어 가는 그
길로 따라가지 말라, 나의 사랑하는
백성들아!

2,480 번째 하나님 말씀

2002년 6월 22일 01시 04분

1 사랑하는 나의 아들아!
2 "네, 아버님! 말씀하옵소서."
3 너희들이 나로부터 생명이요, 영광의
은총을 받아 세상에 태어남이니,
4 너희 육신이 세상에 나와 성장하는 그
생활 속에서 나의 성령을 따라, 나의
율법에 따라 사느냐 살지 않느냐 하는
것에서부터 너희들은 엇갈리는 삶을
살아가게 되어 있음이니라.
5 나의 계명이요, 나의 율법에 따라 가
는 자는 나의 성령 속에 살아가는 자
들이며,
6 이를 따르지 아니하고 지키지 아니하
는 자는 나와 관계없는 인간으로서 나
와 너희들과의 간격이 벌어지게 되어
있음이니, 이 이치를 너희들은 깨우쳐
야 될 것이니라.

7 너희들이 나의 아들딸로서 구원을 받고자 한다 하면, 나의 계명이요, 나의 율법 속에서 살아가는 자만이 나의 아들딸임을 알아야 할 것이니라.

8 이를 따르지 아니하고 이를 행하지 않는 자는 진정한 나의 성령을 받지 못하며, 잘못된 영의 그 뜻을 따라 사탄이요, 사악한 자로 변하여져 가게 됨이니라.

9 이제 내가 너희들에게 가르치고자 함은, 내가 나의 아들 예수를 통하여 너희들에게 전하고자 했던 그 뜻을 전하지 못함을 지금 제3의 시대에 나의 성령을 내 법전에 기록하여 나의 아들을 통하여 너희들에게 전함이니,

10 오로지 이 뚜껑을 열고 이를 읽고 깨우치는 자는 곧 나의 뜻에 순종함이며, 내가 존재함을 믿으며 나 여호와의 모든 성령의 뜻이라는 것을 깨우친 자이기에 나로부터 구원을 받을 수 있는 자이며, 그 가슴에 나의 성령이 그득히 심어짐을 알아야 할 것이니라.

11 제3의 시대에 나의 성령을 나의 아들을 통하여 내리는 이 법전을 읽어 보지도 아니하고 뚜껑을 열지도 아니하며 이를 보고 깨우치고 공부하고자 아니하는 자는 영영 구원을 받을 수 없음을 알아야 될 것이니라.

12 이제 내가 다시 너희들에게 전하노니, 나의 법전을 읽고 깨우치는 자는 나에게 순종하는 자요, 나의 성령을 받아 하늘에 오를 수 있는 자이나,

13 이 법전을 읽고 공부하지 아니하며 깨우치지 아니하는 자, 그리고 이것이 잘못된 것이요, 사탄의 장난이라 하여 던지는 자, 찢어 버리는 자, 불 속에 던지는 자, 그는 나와 아무런 연관이 없으며 그 몸에 나의 성령이 임할 수 없음이니, 그는 구원을 받지 못하며 나와 관계없는 백성임을 알아야 될 것이니,

14 이 무서운 이치를 읽고 깨우쳐 행하는 자만이 구원을 받을 수 있을 것이니 이를 명심하여 시행하도록 그리 전하며,

15 나의 법전을 읽는 백성들은 나의 이 간곡한 뜻을 들어 구원의 길을 보도록 그리하라.

16 이제는 나의 법전의 뚜껑을 여는 자만이 구원을 받을 수 있을 것이며, 이를 보지 아니하고 행하지 아니하는 자는 구원을 받지 못함이니, 이 무서운 사실을 너희들이 새겨야 될 것이니라.

2,481 번째 하나님 말씀

2002년 6월 22일 01시 16분

1 사랑하는 나의 아들아!

2 "네, 아버님! 말씀하옵소서."

3 이 세상 나의 피조물 만백성에게 이르라.

4 구약이요, 신약의 수천 년 역사가 흐르는 동안에 나 여호와를 본 백성이 한 사람도 없으며, 나를 만져 본 자 한 사람도 없으며, 나의 뜻을 전해 들은 자 한 사람도 없음을 너희는 알아야 할 것이니라.

5 오로지 나는 나의 아들 예수를 통하여 세상에 전하였으며, 그를 통하여 이 세상에 나의 피조물 만백성을 구원하

는 길을 너희들에게 전하고자 하였음
이니라.
6 이 세상 피조물 만백성 중에 나 여호
와를 만져 본 자 있나 물어보라. 그리
고 나를 본 자 있나 물어보라.
7 너희들은 나를 만져 보지 못하였으며,
나를 본 적이 없느니라.
8 그러나 너희들은 무엇으로써 나를 알
수 있으며 나의 음성을 들을 수 있으
며 나를 볼 수 있다 생각하는가?
9 오로지 사랑이니, 사랑을 실천하는 자
만이 그를 볼 수 있음이니라.
10 그러나 지금 수천 년이 흐르는 세월
속에 그 많은 나의 백성들이 사라져
갔으며 또다시 세상을 지배하고자 너
희들이 세상에 살아가는 이 시점에도
나를 만져 본 자 있으며 나를 본 자 있
는가 물어보라.
11 다만, 너희들은 나의 아들 예수가 세
상에 나왔으며 그가 나의 뜻에 따라
성령을 가지고 만백성을 구원하고자
했던 그 역사의 현장을 믿어야 될 것
이며, 그것이 내가 너희들을 위하여
너희들에게 사랑으로써 내려보낸 것
이니라.
12 내가 너희들을 사랑하고 소중히 아끼
기에, 너희들이 정녕 영원히 구원을
받는 하늘나라에 오를 수 있도록 그
길을 인도하기 위하여 나의 아들 예수
를 세상에 내려보냈음이니, 너희들에
게 내가 존재함을 증거하는 것이 이것
뿐이니라.
13 너희들은 이것으로써 증거해야 될 것
이니라.
14 그러나 너희들은 나의 아들 예수를 십
자가에 못 박아 그 고통 속에 죽게 하
여 그 세월이 2천 년의 역사가 흘렀음
이니, 그때 바로 너희들의 세상은 종
말이요, 말세가 도래하였으며,
15 그로부터 너희들은 나의 성령의 나의
뜻을 듣고 깨우쳐 하늘에 오르는 것이
아니라, 내가 너희들에게 지키라 명한
그 어렵고 힘든 길을 인간이기에 지킬
수 없다며 그리 거부함이니,
16 이는 나를 만져 보지도 못했으며 보지
도 못하였기 때문에 너희들이 나를 거
부하고자 하는 그 마음의 심리 상태에
서, 잘못 가르치는 종교 지도자들이
저희 스스로 지킬 수 없으며 갈 수 없
는 그 길이기에 저희 자신들을 변호하
고 변명하기 위하여 나의 불쌍한 백성
들을 그리 깨우쳐 그들을 지금까지 지
옥 불로 인도하였음이니라.
17 나의 사랑하는 피조물 만백성 너희들
은 들어야 할 것이니라.
18 너희들은 나를 볼 수도 없으며 만질
수도 없음이니 다만 나의 아들인 예수
를 세상에 내보낸 그것으로써 내가 존
재함을 증명하듯이,
19 지금은 이 세상의 종말이요, 말세의 2
천 년이라는 그 역사가 흘러 이 지상
의 아름다운 낙원을 사악한 자들의 영
들이 지배하고 통제하고 있음이니,
20 너희들이 진정한 나 여호와의 성령을
보지 못하고 사악한 자들의 영 속에
허덕이는 것을 볼 수 없어, 지금 내가
나의 성령을 태워서 나의 아들을 통하
여 나의 160권의 법전을 세상에 내려
보냄이니,
21 너희들이 내가 존재함을 믿고 따르고

하늘에 오르는 그 길을 올 수 있는 것은, 지금 세상에 내려보낸 나의 아들이 정녕 나의 아들이라는 것으로써 너희들이 나를 만져 보지도 못하며 보지도 못하는 것을 증명해야 될 것이며,

22 그가 나의 아들이라 너희들에게 증명하는 것이 바로 무엇이던가?

23 나의 성령을 태워서 내가 그를 통하여 160권이라는 대장정의 법전을 너희들에게 내려보냄이니, 이것이 내가 존재하며 나 여호와가 세상을 창조하였으며 내가 하늘에 있음을 너희들에게 증명코자 하는 것이니라.

24 이것으로써 너희들은 내가 존재함을 증명하여야 될 것이며, 내가 하늘에 있으며 너희들이 죽어 나에게 와 심판을 받는다는 것을 굳건히 믿어야 될 것이니라.

25 그것만이 너희들이 믿을 수 있는 길이며, 그것만이 너희들이 하늘에 오를 수 있는 길임을 알아야 될 것이니라.

26 내가 존재함을 이것으로써 증명함을 너희들이 깊이 깨우쳐야 할 것이니라.

27 사랑하는 나의 피조물 만백성 너희들 중에 나를 본 자 있으며, 나를 만진 자 있으며, 내 음성을 들어 정녕 내 뜻에 따라 내가 이 세상에 새로운 역사를 이루고자 하는 것이 무엇이며 내가 지상의 낙원을 이루고자 하는 뜻이 어디 있으며 어떠한 방법으로써 이를 이루고자 하는지 아는 자 있으면 말해 보라 이르라.…

28 (녹음테이프 166번 앞면의 녹음이 일부가 지워져서 기도의 뒷부분을 기록할 수 없게 되었습니다.)

녹음테이프 **166** 번 지워짐

녹음테이프 166번 앞면 일부 지워짐

1 아래 그림은 녹음테이프 166번의 소리 파형입니다.

2 앞면의 일부분만 녹음되어, "A" 부분부터 기록하였습니다.

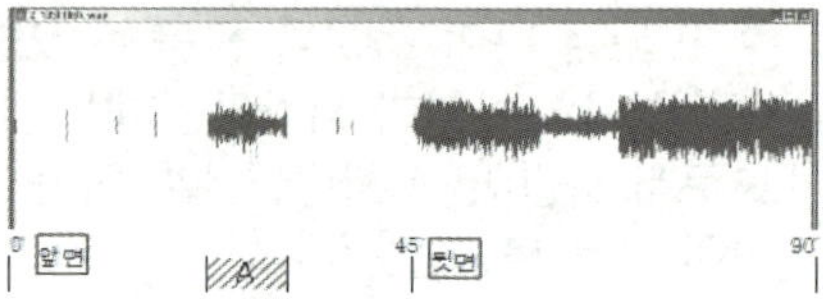

2,482 번째 하나님 말씀

2002년 6월 23일 07시 34분

1 사랑하는 나의 아들아!

2 "네, 아버님! 말씀하옵소서."

3 나의 피조물 만백성 중에 예수가 나의 아들이라 믿는 자만이 이 세상 어떠한 사악한 자와 싸워도 이기는 자가 될 수 있다 내가 성서에 일찍이 기록하여 너희들에게 전하였음이니라.

4 예수가 존재함을 믿으며 이 세상에 예수가 존재했으며 그가 나의 아들이라 믿는 자만이 구원을 받는 길에 들어설 수 있으며, 이 세상의 사악한 그 모두와 싸워서 세상을 지배하는 자가 될 수 있다 내가 너희들에게 일깨워 성서에 기록하였느니라.

5 그리하여 너희들은 나의 아들이 예수요, 예수는 나의 아들이라 하여 그가 흘린 피로, 그 보혈로써 너희들이 구원을 받았으며, 너희 손으로 지은 호

화찬란한 성전에 와 나를 찾는 그 순
간부터 나의 아들의 보혈로써 구원을
받은 자라 그리 자만하고 오만한 삶을
살고 있음이니,
6 너희들이 예수가 나의 아들이라 믿는
그 자체는 잘 지킴이니라.
7 그러나 예수가 나의 아들이라 믿는 것
만으로써 이 세상을 지배하고 사악한
자를 통제하는 너희가 되는 것이 아님
을 어찌 모르는가?
8 나의 아들 예수가 죽음을 거부하지 아
니하고 나에게 순종하여 그 길을 선택
했을 때, 그는 너희들에게 원한 것이
있었음이니라.
9 그가 생명을 바쳐 그 고통의 긴 시간
을 지내면서까지 인내할 수 있었던 것
은, 내가 원하는 것을 나의 피조물 만
백성 너희들이 깨우쳐 하늘에 나 여호
와가 존재함을 알고 구원의 길을 받으
라 하여 그 죽음의 길을 선택하였으
며, 그 길고도 어려운 고통의 시간을
지냈음이니라.
10 또한 하늘나라에서 그를 바라보는 나
의 고통의 긴 세월의 그 대가는 바로
무엇이더냐?
11 그저 너희 손으로 지어 놓은 그 성전
에서 재물을 거두어들이며 죄를 재물
로써 사할 수 있다 그리 가르치는 사
악한 자들의 가르침 속에서, 나의 아
들 예수의 보혈로써 무조건 구원을 받
으며 그 성전에 오는 자는 구원을 받
으며 고통의 지옥으로 가는 것에 면죄
부를 내려 주는 것처럼 그리 장사를
해 먹는 자들이 있음이니,
12 그들에게 이를 하나 깨우쳐 주어야 될
것이니라.
13 나의 아들 예수가 그와 같이 고통스럽
고 어려운 길을 감에, 그를 살릴 수 있
는 나 여호와가 그 죽어 가는 모습을
바라보며 그 뜻을 들어주지 아니한 이
유는 너희들에게 나의 계명을 지키고
바로 살라는 것이며,
14 그리하여 너희들이 나의 계명을 지키
고 바로 삶으로 인하여 사악한 자들을
대적하여 너희 마음을 정화시키고자
함이었음이니라.
15 그러나 너희들은 나의 아들 예수가 나
의 아들이라는 것을 믿어 부르짖으나,
내가 그를 통하여 너희들에게 지키고
행하라 했던 그것은 가르치지 아니하
며 그를 들여다보지 아니하려 함이니,
너희들은 여기서 잘못 가고 있음을 알
아야 할 것이니라.
16 그리하여 지금 내가 너희들을 구원하
고자 마지막 제3의 시대를 열어 나의
성령을 태워 나의 법전이라 하여 160
권의 책으로 세상에 내려보내 너희들
을 깨우치고자 하니,
17 지금 이 시대에 내려가는 법전이 나의
성령이라는 것을 믿지 않는 자, 나의
아들을 또한 나의 아들이라 믿지 아니
하며 그가 사탄이요, 마지막 시대에
오는 거짓 선지자라 부르짖으며 그에
게 침 뱉고 돌을 던지는 자,
18 그와 같은 자는 구원의 빛을 볼 수 없
으며, 세상에 나의 피조물 만백성을
구원할 수도 없으며, 이 세상을 덮고
있는 사악한 자들과 대적할 수도 없는
자임을 알아야 할 것이니라.
19 예수가 나의 아들이라는 것을 믿는

자, 그리고 그가 원했던 것이 무엇이
며 너희에게 바랐던 것이 무엇이었는
가를 깨닫고 그를 연구하여 그대로 살
아가는 자만이 이 세상을 덮고 있는
악한 자들과 대적할 수 있는 능력이
있으며, 세상을 통제하고 지배하는 자
가 될 수 있다 하였으며, 또한 위로는
하늘에 와 구원을 받는 자라 하였음이
니라.
20 이제 내가 제3의 시대에 나의 모두를
태워 나의 성령을 내려보내 법전이라
하여 160권을 기록하는 이 성령을 믿
는 자, 그리고 나의 아들이 정녕 나를
대언하는 대언자라는 것을 믿는 자만
이 구원의 길을 볼 수 있으며,
21 사악한 자와 대적하여 이 세상을 정화
하며 천 년에 걸쳐 새로운 역사를 이
루고자 하는 내 뜻의 반열에 서는 자
들이니, 그들만이 구원을 받는다는 것
을 너희들은 잊지 말라.
22 이제 예수가 나의 아들임을 믿으며 제
3의 시대에 나의 아들을 믿으며 이 법
전이 나의 성령이라는 것을 믿는 자만
이 사악한 자와 대적할 수 있는 능력
을 가진 자며,
23 나의 법전에 기록한 내용을 정독하여
너희 것으로 만들어 생활의 지표로 삼
으며, 그를 지키고 순종하며 행하는
자만이 영원한 나의 아들이요, 딸이라
는 것을 잊지 말라, 만백성들아!

2,483 번째 하나님 말씀

2002년 6월 23일 07시 55분

1 사랑하는 나의 아들아!
2 "네, 아버님! 말씀하옵소서."
3 사랑하는 너의 제자요, 나의 아들딸들
에게 너는 전해 주라.
4 너희들은 아직 뿌리가 약하며 깨달음
이 약하며 마음의 심지와 나 여호와가
존재함을 믿는 그 마음의 뿌리가 아직
도 나약함이니,
5 사악하고 간교하며 간악한 그들과 교
류하지도 말며 면대하지도 말며, 아직
은 그들과 무엇인가를 갑론을박하지
말며 시시비비를 가리려 하지 말며 그
들과 싸우고 너희 뜻을 펴고 전하려
하지도 말라.
6 너희들은 아직 나약하니라.
7 그리하여 사악한 자들과 너희들이 면
대하며 교류하다 그 사악한 자들에게
물이 들까 심히 나 여호와가 두려움이
니라.
8 이 나의 심정을 알겠는가?
9 오로지 너희들은 그들과 시시비비하
며 대적하지 말고 교류하지 말며,
10 너희들이 그들과 면대하게 되거든 너
희들은 그저 법전만 전하며, 그들과
절대 대적하는 행위를 하지 말라.
11 너희들은 아직 힘이 약함이니라.
12 힘이 약하며 백합같이 아름다운 너희
들을 그들이 짓뭉개고 물까 두려움이
니, 나 여호와가 심히 염려됨이니라.
13 나 여호와가 너희들을 사랑함이며, 이
세상 모두를 다 주어도 너희들과 바꾸
지 아니하는 것이 나의 뜻이니,
14 나의 법전을 읽고 깨우치며 나의 아들
이 정녕 나의 아들로서 나의 성령을
전함을 믿는 너희들이 이 세상 무엇과
도 바꿀 수 없이 소중함을 알아야 할

것이니라.
15 오로지 그들과 대적하며 싸울 수 있는 자는 나의 아들뿐이니라.
16 악한 자와 대적하며 그들과 무엇인가를 갑론을박하는 것도, 이제는 나의 아들이 그만큼 성장하였으니, 나의 아들만이 그들과 대적하며 면대하여 옳고 그름을 갑론을박할 수 있음을 알라.
17 너희들은 아직 나약한 뿌리이니, 너희들이 무너지는 것이 심히 두려움이니라.
18 지금은 너희들이 깨달음을 잃을까 심히 염려됨이니라.
19 지금까지 깨달아 이루고 역사한 그 너희들의 마음 자세가 무너지고 흔들려 쓰러질까 심히 염려됨이니,
20 나의 뜻을 가슴에 깊이 새겨 행하도록 하라, 내 가장 사랑하는 아들딸들아!

2,484 번째 하나님 말씀

2002년 6월 23일 11시 10분

1 (녹음테이프 166번 앞면 일부 녹음이 지워져서 뒷면부터 기록했으며, 기도 앞부분의 내용을 기록할 수 없게 되었습니다.)
2 … 옷을 걸친 자, 그것으로부터 그가 충만된 영광을 받은 자요, 구원의 길에 들어선 자요, 구원의 빛을 보고 못 보는 자라 평하지 말라.
3 너희들의 부귀와 영화는 너희들이 걸친 다 떨어져 가는 옷만도 못하거늘, 그것을 가지고 너희들의 영광이요, 축복이요, 나로부터 은혜를 받았다 생각한 자, 그들은 아님이니라.
4 너희가 나의 성령의 뜻이요, 나의 계명을 얼마나 지키고 살아가느냐에 따라서 그것이 축복이요, 구원의 길의 척도이며, 축복이요, 영광이며 은혜를 입은 자라 말해야 할 것이니, 이를 가지고 평가하는 너희들이 되어야 할 것이니, 이를 명심하여 행하도록 하라.

2,485 번째 하나님 말씀

2002년 6월 23일 15시 44분

1 사랑하는 나의 아들아!
2 "네, 아버님! 말씀하옵소서."
3 '나 여호와가 존재함을 믿는 그 자체가 구원의 길에 들어서는 기본이요, 근본'이라 네가 나의 피조물 만백성에게 전함이니, 이 말의 뜻이 무엇이던가?
4 그게 나를 거부하는 것이며 나 여호와가 존재치 아니한다 말하는 것이더냐?
5 나 여호와가 존재하며, 나 여호와가 존재함을 믿는 그 자체가 구원의 길에 들어선다 함은 네가 모두를 다 믿고 가는 것이 아니던가?
6 그러한 너를 보고 말세요, 종말에 오는 사악한 자라 그리 말하는 자, 그들에게 너희가 깨우쳐 주어야 될 것이니라.
7 나의 아들 예수가 세상에 나와 나의 피조물 만백성을 구원할 때, 그가 어찌 구원하였던가?
8 말로써 설법하며 말로써 전하여 그들을 구원하였음이니라.
9 그리하여 그 시대에 '요한'이라는 자가 나의 아들이 세상에 올 것이요, 그

리고 세상을 지배하는 왕이 올 것이라
말하였으며, 나의 아들이요, 다시 지
배하는 자가 올 것이라는 그것 또한
말로 전했고 전파했음이니라.
10 그러나 지금 나의 아들 너를 통하여
나의 피조물 만백성을 구원하고자 하
는 이 시점은 어떠한 역사가 이루어지
더냐?
11 나의 아들 예수가 말로써 전하는 그
시대는 예수가 올 것이요, 왕이 올 것
이라는 것이 말로써 똑같이 전해졌음
이니라.
12 그러나 2천 년이라는 역사가 흐른 지
금은 나의 성령을 태워 너의 가슴을
통하여 나의 법전이라 하여 글로, 책
으로써 세상에 내보냄이니, 이게 나의
뜻이라 함이니라.
13 그리하여 내가 지금 글로써 나의 피조
물 만백성을 구원하고자 함이니, 내가
성서에 글로써 기록한 대목이 요한복
음 16장임을 알아야 할 것이니라.
14 예수가 온다는 그것은 말로써 예언자
들이 왕이 온다 전했으며, 지금은 글
로써 나의 피조물 만백성을 구하는 역
사가 이루어짐이니, 이를 무엇으로써
증명할 수 있겠는가?
15 글로써 증명하기에 나의 성서 요한복
음 16장에 기록하였음이니라.
16 만일 나의 성서에 네가 올 것이며 이
법전이 온다 하는 것을 기록하지 아니
하고 다른 곳에 기록하였다면 과연 그
것이 전해 내려오겠는가?
17 말로써 전하며 다른 곳에 기록하여 전
하도록 했다면 그것이 지금까지 지속
되어 내려올 수 있겠는가?
18 예수의 시대는 말로써 전했으며 나의
아들 너의 시대는 글로써 전함이니,
그 글로써 전하는 것을 입증하기 위한
것이 바로 성서에 기록된 요한복음의
그 내용임을 네가 알아야 할 것이니라.
19 그와 같은 역사가 지금에 이루어짐을
알아야 될 것이니라.
20 오늘 나의 아들 너를 따르는 너의 제
자들이며 내가 사랑하는 백성들에게
천기요, 하늘의 비밀을 알릴 것이니,
너희들은 이를 깊이 가슴속에 새겨야
될 것이니라.
21 나의 성령을 나의 선지자를 통하여 법
전으로써 세상에 내보내고 이를 전함
이니, 이 내용을 하늘과 땅 사이에 나
외에 나의 아들보다 더 많이 알고 또
깨닫고 그 이치를 아는 자 있다 하면
나와 보라 말하라.
22 나의 성령이요, 내가 직접 내려보내는
이것을 나 여호와보다 더 깊이 아는
자 없음이니,
23 또한 나의 아들이 이를 받아 기록하
니, 나의 아들이 나의 심중을 다 알지
는 못하나 나의 뜻을 가장 많이 알며
많이 깨우치고 이 뜻을 정독하고 탐독
하여 그 머릿속에 기억하고 있는 자임
을 알아야 할 것이니라.
24 그러니 너희들이 제3의 시대에 나의
법전대로 살다 죽어 내 앞에 왔을 때
과연 어떠한 자가 너희들을 심판하는
가?
25 그 법 조항이요, 그 모든 뜻을 아는 자
만이 심판을 함을 알아야 될 것이니라.
26 너희들 인간사에 죄를 지은 자, 짓지
않은 자의 그 죄를 따지고 벌주는 자

는 그 법의 조항이요, 그 죄목을 아는 자만이 벌을 내릴 수 있음이니,

27 세상에 내려가는 나의 법전 160권의 그 내용을 나 외에 나의 아들보다 더 아는 자가 있나 물어보라.

28 이는 곧 무엇을 의미하는가?

29 너희들이 살다 죽어 왔을 때, 너희들이 나의 법전대로, 나의 성령대로 얼마나 살았는가를 심판하여 추천하여 올리는 자가 너희들 앞에 앉아 있는 나의 아들이요, 나의 선지자임을 알아야 될 것이니라.

30 너희들이 죽어 내 앞에 왔을 때, 너희들이 나의 법전대로 어찌 지키고 살아 왔는가 하는 그 심판대에 섰을 때, 너희들은 반드시 나의 아들 앞에 분류되어 그 분류된 점수대로 나의 아들이 나에게 그를 올릴 것이니,

31 이와 같은 하늘의 뜻을 너희들에게 내림이니, 너희들이 가슴 깊이 새겨 나의 선지자가 전하는 그 성령대로 살아 그 앞에 와 부끄러운 자가 되지 말며 그가 너희들을 버리는 그와 같은 삶을 살지 말라 하는 것을 일깨워 줌이니, 그리 살아서는 아니 됨이니라.

32 너희들이 심판을 받으러 왔을 때, 나의 성령이요, 나의 뜻이요, 나의 법전을 가장 잘 알고 잘 깨닫고 있는 나의 아들이 너희 앞에 서서 너희를 분류한다는 것을 오늘 내가 너희들에게 전함이니,

33 그때 가서 너희들이 나의 아들의 얼굴 보기를 부끄러워하는 그와 같은 삶을 살지 말라.

34 이것을 내가 너희들에게 알려 주는 그 자체가 곧 기적이니라.

35 병든 자를 고치며 앉은 자를 일으켜 세우는 것만이 기적이 아니니라.

36 하늘의 뜻을 알아 너희들이 구원의 길을 볼 수 있으며 그 길을 올 수 있는 깨달음이 그보다 더 무섭고 위대한 영광이요, 은혜요, 은총임을 알라.

37 내가 너희들에게 내리는 하늘의 그 뜻을 너희들이 가슴 깊이 새겨야 될 것이니라.

38 마음을 비우고 오로지 선지자의 눈빛만을 보며 살아가도록 그리하라.

39 그가 너희들에게 한 점의 부끄러움이 있는 삶을 살지 않을 것이니, 그리하여 나의 아들이라 하였음을 알라.

2,486 번째 하나님 말씀

2002년 6월 24일 08시 30분

1 사랑하는 나의 아들아!

2 "네, 아버님! 말씀하옵소서."

3 예수가 수천 년 전에 나의 피조물 만백성을 구하고자 나의 뜻을 받아 세상에 나갔으니,

4 그가 나가서 그들에게 죽을죄를 지었으며 남들보다 더 험악하고 고통스러운 그 죽음의 벌을 받아야 할 만한 행동을 했으며 살인을 했으며 도둑질을 했으며 간음을 했으며 그가 어떤 죄를 지었다 말할 수 있겠느냐?

5 구약의 시대에 우상을 만들며 나 여호와가 존재함을 믿지 아니하며 하늘의 뜻을 거역하는 자들을 바로 세워 구원하고자 그가 아름다운 말들과 순리와 진리를 가르쳤음이니라.

6 잘못 가는 백성들의 거칠어지고 사악
한 그 마음을 다스려 주며, 위로는 내
가 존재하며 아래로는 인간이 서로 사
랑을 나누며 살아가는 것을 그는 가르
치고 설법하였느니라.
7 그러나 그 시대의 백성들은 어찌하였
는가?
8 옳고 그른 것을 말하는 그를 가장 무
서운 형벌로써 죽게 하였음이니, 그
시대의 정황이 어떠했겠는가, 아들아!
9 그와 같은 2천 년의 역사가 흘러 나의
성령이 세상에 나가지 못하였음이니,
10 그리고 진리가 세상에 전해지지 못하
여 2천 년이라는 그 암흑의 세상에서
이 아름다운 지상은 사악한 자들이 잘
못 가르치는 그 가르침에 의하여 나의
불쌍한 백성들까지도 정녕 무엇이 옳
은 길이며 무엇이 하늘에 오르는 길인
지를 모르고, 하늘에 오르는 길과는
정반대의 길에서 허덕이며 지옥 불로
가고 있으니,
11 지금 그때보다도 몇백 배 더 강력하게
악한 영들의 그 집단이 세상을 다 덮
고 있음이니라.
12 그 속에서 네가 나의 아들이요, 나의
선지자라 하여 나의 성령을 받아 160
권이라는 나의 법전을 세상에 내놓으
니, 이가 지금 3부를 시작하였음이니
라.
13 그러니 모든 백성들은 어떠한 생각을
하고 있겠는가?
14 저희들이 정녕 나로부터 성령을 받으
며 나의 선지자요, 나의 아들이 되고
자 하여 목숨을 내걸고 너를 질투하
고 시기하는 자가 헤아릴 수 없을 것
이니,
15 지금 네 밑에서 공부하고 네 밑에서
나의 성령을 받으며 나의 법전을 읽어
가장 깨우침이 높고 깨끗하다는 너의
제자들도 스스로 제가 나의 선지자요,
아들이 되고자 하는 욕심이 하늘을 찌
를 듯하며 그 가슴을 누르지 못하는
형국이니라.
16 이와 같은 형국에서 모든 사악한 영들
이 너를 쓰러트리고자 함이니, 그리고
나의 법전이 세상에 나가는 것을 두려
워하며 이를 막으려 함이니,
17 그 속에서 견디고 나간다는 것이 얼마
나 힘들고 어렵고 고통스러운 것인가
를 너는 알아야 할 것이니라.
18 이제는 너의 제자들이요, 나의 법전을
읽은 자 속에서, 그리고 그를 읽지 아
니한 자들 속에서 너를 해하는 자들이
수없이 몰려들 것이니,
19 네가 가는 길에 더 어렵고 힘든 그 고
비가 있을 것이니, 그 고비마다 네가
좌절하고 불안해하면 아니 되느니라.
20 그리고 네가 나의 성령을 받아 기록하
는 것을 게을리해서도 아니 됨이니,
21 다만 너는 승자일 것이며 승자가 된다
는 것을 잊지 말라.
22 어떠한 상황이나 어떠한 변화가 닥친
다 해도 너는 나의 성전에 앉아 나의
법전을 기록하는 데 모두를 다 바쳐야
할 것이니,
23 이를 잊지 말고 행하도록 하라, 나의
아들아!
24 두려워 말라.
25 그 모두는 진실 앞에 고개를 숙일 것
이며,

26 너에게 와 저희 잘못을 뉘우치며 나의
법전에 따라 살아가지 아니하는 자,
죽어 내 앞에 와 그들이 심판을 받는
그 심판대에 섰을 때는 네가 그 앞에
서서 점수를 매겨 그들의 갈 길을 안
내하며 가르쳐 줄 것이니,
27 그들이 그때에 통곡하고 후회하며, 가
슴이 찢어지는 것보다 더 아픈 고통을
느낄 것이니, 네 앞에서 고개 들지 못
한다는 것을 그들이 그때 가서 알 것
이니라.
28 이를 읽고도 깨우쳐 반성하지 못하고
회개하지 못하며, 나의 아들이 가는
그 발자국을 따라 하늘에 오르고자 하
는 그 아름다운 마음을 갖지 못하는
자, 구원받을 수 없음을 알아야 할 것
이니라.
29 열 명, 백 명, 천 명, 수십억의 인구들
보다 진정 깨우친 자 한 사람이 더 소
중하다 하였음이니, 그러한 자 네 옆
에 있음이 더 소중함이니 그리 알라.
30 그와 같은 자들이 네 주변에 있을 때,
어떠한 사악한 영들도 너를 침범하여
쓰러트리지 못할 것이니, 그를 네 제
자들에게 일깨워 주어야 할 것이니라.
31 그리고 모든 재물에 대한 것 또한 두
려워하지 말라.
32 이 세상의 모든 것이 나 여호와의 것
이요, 내가 창조한 것이요,
33 너희들이 잠시 관리하는 것이며 언제
고 회수하고 거두어들일 것임이니,
34 이를 또한 관리하고 지배하는 것이 너
이거늘, 절대 두려워하지 말며 겁먹지
말라.
35 그 모든 역사는 다 이루어질 것이니
그리 알라, 사랑하는 나의 아들아!
36 사악한 자들에게 귀 기울이지 말며,
사악한 영들의 말을 듣고 와 너에게
그를 실행하라는 그 잔인무도한 사악
한 자들의 말에 네가 귀 기울여 들어
서는 아니 됨이니, 그들은 물 없는 사
막을 감이니라.
37 저희들이 깡통에 담아 짊어지고 가는
그 물로 얼마나 견디겠는가?
38 한평생 걸어가는 속에 그 물은 떨어질
것이며, 그 물이 떨어진 다음에 저희
들이 사막에서 죽어 가는 벌레처럼 쓰
러져 앙상한 뼈만 남고 시들 것이며,
그들의 육신은 사막의 날짐승들의 먹
이가 될 것이니라.
39 그것은 자명한 사실이거늘, 그 길을
가고자 이를 거역하는 자, 그리 가도
록 놓아두라.
40 사막에서 날짐승의 먹이가 되는 그들
의 육신이요, 그들의 영혼은 그보다도
더 처참하고 더 험악한 지옥 불로 갈
것이니, 이리 그들이 원하여 선택하여
가는 길이니라.
41 그들을 돌려세우려 하지 말며 막지 말
라.
42 스스로 깨닫는 자, 네가 거두어들이면
될 것이며,
43 그들은 처음서부터 다시 공부하여 다
시 깨우침의 새싹을 마음속에 기르지
아니하면 너의 제자가 될 수 없음이
니, 이를 명심하여 행하도록 그리하
라, 사랑하는 나의 아들아!

2,487 번째 하나님 말씀

2002년 6월 24일 11시 40분

1 사랑하는 나의 아들아!
2 "네, 아버님! 말씀하옵소서."
3 세상천지에 자식과 아비가, 아들이 아비라 부르며 아비가 아들이라 부르는 것은 어떠한 관계이던가?
4 천륜의 관계에 있는, 너희들 세상에서는 끊으려야 끊을 수 없는 관계이니라.
5 이 세상 창조주인 나 여호와가 너를 아들이라 부름이니, 그 아들이라 부름이 얼마나 소중하며, 네가 얼마나 나로부터 귀한 자식이며,
6 만백성에게 이루고자 하는 그 뜻이 바로 무엇이더냐?
7 부모의 뜻에 따라 가업을 이어받으며 그 부모의 뜻에 따라 살아가는 자식과 같음이니,
8 내가 나의 피조물 만백성을 구원하고자 하며 그들을 구원의 길로 인도하고자 하는 것보다 더 큰 역사가 없음이니라.
9 그 역사를 대신하며 그 역사를 대행하는 네가 나로부터 얼마나 소중하고 귀한 자식인가를 나의 피조물 만백성은 모르고 있음이니라.
10 내가 너를 자식이라 불렀으며 네가 나를 아버지라 부름이니, 이는 바로 무엇이더냐?
11 우리는 부자지간인 것이니라.
12 너희들은 그 사이를 비비고 벌려 놓으려 하며, 자식과 아버지 사이를 이간질하는 그와 같은 행위를 하고 있는 자들이니라.
13 지금 나의 법전이 세상에 내려가는 것이요, 나의 아들이 나의 성령을 받아 법전을 만들어 세상에 전하는 그 모두가 잘못되었으며 사탄이요, 마귀의 장난이라 말하는 너희들은 아비와 자식의 사이를 벌려 놓는 그와 같은 무서운 죄를 짓고 있음을 알아야 될 것이니라.
14 사랑하는 나의 아들아!
15 "네, 아버님! 말씀하옵소서."
16 내가 너를 통하여 너의 제자들에게 수십 번, 수백 번 가르쳤느니라.
17 너희들 인간의 머리로써 생각지 말라, 너희들의 검은 머리로써, 노랑 머리로써 생각하지 말라, 오로지 나에게 기도하여 나의 뜻에 따라 움직이라 그리 말하였음이니, 이는 무슨 뜻이더냐?
18 너희들이 나를 생각하지 아니하고, 인간의 생각과 인간의 계획대로 믿음이라는 것을 생각하며, 하늘에 오르는 길을 너희들 인간의 머리로써 판단한다 하면, 그 순간에 잘못된 영들이 너희들을 지배함을 알아야 할 것이니라.
19 그리하여 너희들의 머리로써 믿으며 하늘에 오르는 그 길을 생각지 말라 하였음이니라.
20 너를 등지고 떠나는 모든 제자들이 훌륭하고 똑똑함이니라.
21 그들이 생각할 때는 저희보다 더 똑똑하고 훌륭한 사람이 없으며 저희들이 하는 모두가 맞느니라.
22 또 그들이 행하는 것이 다 틀림이 없음이니라.
23 그들이 하는 행위가 모두가 정확함을 알아야 될 것이니라.

24 다만, 그들이 하는 행동이 모두 다 맞으나, 그들은 바로 무엇이더냐?
25 나 여호와를 생각함이 아니요, 인간의 육으로써 생각하기 때문에 그 모두가 다 맞는 것이니라.
26 그리하여 그들은 너에게 등을 돌리며 악을 쓰고 너를 저주하며 떠나는 것이니, 그들의 생각과 모두가 다 맞느니라.
27 그들이 다 맞고 옳은 것이니라.
28 그러나 그들은 거기서 하나를 깨우치지 못함이 있음이니라.
29 오늘 네 앞에 와 고개 숙이며 너를 따르는 제자들은 믿음이라는 것을 알며 나 여호와의 전지전능함을 알며 나의 두려움을 아는 자들이기에 지금 와서 내가 내리는 성령을 저희 가슴에 받아들임이니라.
30 그러나 그들은 같은 나의 자식이긴 하나 너무 똑똑하고 너무나 정확하기 때문에 지금 네 앞에 와 기도를 듣는 자들과 다른 역사의 길을 가고 있음이니, 이를 알아야 될 것이니라.
31 바로 무엇이더냐?
32 그들은 육으로써 생각하기 때문인 것이니라.
33 너희들이 육으로 생각한다 하면 그 육의 정확성을 알아야 될 것이니라.
34 너를 떠난 제자들의 똑똑한 머리로 생각할 때, 하나 더하기 하나는 몇이더냐?
35 둘이니라.
36 셋 더하기 셋은 몇이더냐?
37 여섯이니라.
38 그들은 육하원칙을 놓고 따질 때 그 육하원칙에 맞는 것이니라.
39 그리하여 그들이 똑똑한 것이니라.
40 그러나 다만 그들은 저희 머리로 생각함이니라.
41 지금 네 앞에 와 있는 순종하는 그 제자들과 그들의 차이점이 무엇이더냐?
42 네 밑에 와서 지도자의 과정을 밟는다 하여 나의 성령의 음성을 듣는 그 사랑하는 나의 자식들은 이것이 있느니라.
43 '여호와 하나님은 하나를 가지고 열을 만들며 백을 만들며 천 개를 만든다.' 하는 것을 깨우친 자들이기 때문에 소중한 자들이요,
44 그들은 저희들이 너무 똑똑하고 잘났기에 하나 더하기 하나밖에 모르니, 하나 더하기 하나는 육의 세상에서 둘이 맞느니라.
45 그리고 그들이 육하원칙으로써 따지니, 인간 세상에 이루어지는 육하원칙의 순리에 따른다 하면 그들은 바로 육의 삶에서 그것이 맞음이니라.
46 그보다도 정확한 것이 없으며 그것은 나의 말보다도 더 정확한 이치가 있음이니라.
47 그러나 나 여호와는 무엇으로써 세상을 지배하더냐?
48 나의 성령으로써 지배하며, 너희들이 말하는 '말씀'으로써 세상을 지배하는 나 여호와가 아니더냐?
49 너희들이 기계에 녹음해 놓은 그것을 내가 지운 것은 무엇으로 지웠겠느냐?
50 내가 지우개로 지웠겠느냐, 땅에 비벼 지웠겠느냐, 그렇지 않으면 못된 것을 칠하여 지웠겠느냐?

51 내가 말로써 그를 지웠음이 아니더냐?
52 그들은 그것을 모르는 것이니라.
53 그리하여 그들은 지옥과 천당이라는
그 엄연한 사실에서 지옥을 향하여 가
는 자들이니라.
54 너무 똑똑한 자들이며 저희들의 머리
로써만 생각하기 때문에 그걸 벗어나
지 못함이니라.
55 그들은 너희들이 이야기하는 초등학
교라는 초등의 학문도 벗어나지 못한
자들이니, 그를 알아야 될 것이니라.
56 너희들이 '하나', '둘'을 배움으로써 계
산법을 배우며, '어머니', '아버지'라는
글을 쓰면서 글을 배우듯이, 그들은
그 초등의 학문을 벗어나지 못하고 있
는 어리석고 불쌍한 백성들이니라.
57 그들의 믿음이 아무리 높으며 10년,
20년, 저희들이 몇십 년을 배웠으며
깨달음을 들었으며,
58 저희 스스로 기도를 받았으며, 이웃에
서 기도를 받았으며 또한 경지가 높은
자의 기도 소리를 들어 저희들이 행한
다고 하나,
59 그들은 저희 머리의 계산을 벗어나지
못함이니, 하나 더하기 하나는 둘이라
는 그 원칙을 벗어나지 못함이니라.
60 육하원칙의 계산법을 벗어나지 못하
는 어리석고 불쌍하고 우매한 자들이
니라.
61 초등의 학문도 깨우치지 못했으니, 이
는 곧 무엇이냐?
62 믿음의 기초도 모르고 있으며 거기에
발을 들여놓지 못한 자들이니, 끊어지
는 밧줄에 매달려 있는 그와 같은 형
국인 것을 알아야 될 것이니라.
63 지금 나의 아들 앞에 와 고개 숙이는
너희들은 무엇을 아는 자들이냐?
64 전지전능한 나 여호와 하나님의 뜻은
하나가 열이 될 수 있으며, 백이 될 수
있으며, 천이 될 수 있으며, 만이 될
수 있으며, 이 세상을 다 창조할 수 있
으며, 죽이고 살리는 그 모두를 다 가
지고 있으며,
65 육하원칙의 그 한계를 벗어나 이루어
지고 행하여지는 것이 너희들이 말하
는 나 여호와, 창조주가 이루는 역사
라는 것을 아는 자들이니라.
66 그리하여 이 세상에서 너희들이 가장
소중한 나의 아들이요, 딸이라 하였음
이니,
67 너희들이 나의 아들의 그림자가 되며
그와 더불어 가는 자들로서 선택됨을
알아야 될 것이니라.
68 너희들은 그들에게 전하라.
69 그들은 너무나도 똑똑하며 너무나도
잘 알며 너무나도 현명하며, 그들이
하는 계산법이 다 맞다 그리 말하라.
70 그러나 그들은 육의 삶을 벗어나지 못
하였음이니, 전지전능한 나 여호와의
이름을 찾지도 말며 나를 향하여 전지
전능한 여호와 아버지라 부르지 말라
이르라.
71 저희들이 전지전능한 나 여호와요, 이
세상을 창조한 나라는 것을 안다면,
나의 아들로서 세상에 나가 나의 음성
을 전하며 나의 뜻을 가르치는 너를
어찌하여 하나 더하기 하나는 둘이라
는 그 원칙만을 가지고 핍박하며, 나
의 법전이 세상에 나오는 것을 그리도
사악한 자가 되어 막으려 하는가?

72 그들이 죽어 와 그 죄가 얼마나 무서
운지를 알 것이니라.
73 그들에게 깨우쳐서는 아니 될 것이니
라, 전지전능한 나 여호와요, 창조주
는 하나 더하기 하나는 둘이 아니라는
것을.
74 하나에 하나를 더할 때 백도 되고, 천
도 되고, 만도 되며, 그 변화의 조화는
이루 말할 수 없음이니라.
75 바다를 마르게 할 수 있으며 산을 무
너트릴 수 있으며 산을 바다로 만들
수 있는 것이 나의 계산법이니, 너희
들의 육하원칙의 그 계산법으로 그걸
만든다면 뭐라 하겠느냐?
76 깨우치지 못한 자, 초등의 학문도 따
르지 못하는 자요, 믿음의 '믿'자도 모
르는 그들로서는 나의 아들을 미쳤다
말할 것이니, 여기에 차이점이 있음이
니라.
77 이를 너희들이 깊이 깨우쳐 가슴속에
깊이 간직하며, 나 여호와의 전지전능
함을 실제로 너희들이 가슴으로 느끼
고 살아가야 할 것이니 그리 알라.
78 그리 살아가는 것만이 너희들이 구원
을 받을 수 있는 길임을 알라.

2,488 번째 하나님 말씀

2002년 6월 24일 18시 55분

1 사랑하는 나의 아들아!
2 "네, 아버님! 말씀하옵소서."
3 너희들이 쓰고 있는 말과 글과 그 모
든 문명의 발달은 내가 이를 온 세상
의 공통어로 만들기 위하여, 오늘을
대비하여 역사 속에 이를 만들도록 했
다 하였음이니라.
4 그리하여 지금 너희들이 쓰고 있는 언
어요, 글자요, 문자가 세상의 공통어
의 역사를 이루고 그리 갈 것이니라.
5 지금 너희들의 모든 붉은 무리들이 세
상에 물결을 이루며, 그들이 지금 세
상을 빨갛게 물들여 가는 그 속에서
너희들은 과연 무엇을 느끼겠는가?
6 지금 나의 이 세상에 빨갛게 물들어
가는 이 물결이 과연 어떠한 역사에서
이루어질 수 있다 생각하는가?
7 모든 백성들이 다 붉은 그 물감의 파
도 속에 젖어들어 가며, 너희 민족 또
한 그 붉은 물감 속에서 오늘 광란의
세계 못지않은 그와 같은 하나의 마음
으로 역사를 이루고 있음이니,
8 그것이 어떠한 힘에 의하여 그리 이루
어진다 생각하는가?
9 너희 민족과 너희 백성들이 지금 하나
가 되어 그 붉은 물결 속에 뭉쳐지는
이와 같은 역사가 바로 나의 아들 예
수의 피 한 방울로써 이루어진다 하면
너희들은 과연 믿겠는가?
10 예수의 피 한 방울이 온 세상의 이 지
구를 빨갛게 물들이며, 그 빨간 물결
이 파도 치는 속에 하나의 마음이 이
루어져 가는 그 역사는 누구도 이룰
수 없음이니라.
11 나의 아들 예수의 피 한 방울의 그 빨
간 물결로써 이와 같이 이루어질 수
있다면 너희들은 믿겠는가?
12 그렇다면 너희들이 나의 아들 예수의
보혈로써 구원을 받았다 그와 같이 부
르짖는 것이 얼마나 어리석으며 잘못
되었는가를 알아야 될 것이니라.

13 나의 아들 예수의 피가 그와 같이 위
대한 역사를 이루며, 그와 같이 소중
하며, 그와 같이 어떠한 형태도 한순
간에 바꾸어 놓을 수 있는 위대한 힘
이 있는 그의 선혈이거늘,
14 너희들은 그저 예수가 흘린 그 핏속에
모두가 구원받고 영광의 축복 속에 살
아간다 그리 깨우치며, 너희들이 하늘
의 영광의 길에 들어섰으며 너희들은
구원을 받은 자라 하며 그리 착각 속
에 살아가는 그 환상을 깨야 될 것이
니라.
15 나의 아들의 피 한 방울이 온 세상을
붉게 물들이며, 그 붉게 물든 파도 속
에 너희들이 하나의 마음이 되고자 이
루어지는 그 역사를 이루는 것보다도
더 위대한 것이 나의 아들의 피 한 방
울이니라.
16 그러하니 너희들이 이제는 그를 보고
다시 한 번 너희들의 잘못 가고 잘못
깨우치며 잘못 가르침을 깨달아야 할
것이니라.
17 이와 같이 나의 아들의 피 한 방울의
역사의 힘으로 온 세상에 너희 민족들
이 빨갛게 물들어 그 빨갛게 물든 파
도 속에 하나의 역사를 이루는 형상
은, 이는 내가 새로운 세상이요, 새로
운 시대의 판을 짜고자 함이니라.
18 그와 같이 역사를 이루는 것은 내가
새로운 세상과 새로운 시대의 새로운
역사 속에 새로운 너희들의 판을 짜
가고자 함이니, 바로 나의 성령이 세
상에 내려가 그 뿌리를 내림이니라.
19 나의 성령이 세상에 내려가 나의 법전
을 기록하여, 160권이라는 법전을 기
록한 민족이 너희들이 빨갛게 물들인
그 역사 속에 있는 한민족이라 하면,
그들은 그를 무시하지 못할 것이니라.
20 그를 대비하여 오늘과 같은 역사가 이
루어짐이니, 이는 곧 무엇이더냐?
21 내가 천 년에 걸쳐서 새로운 지상의
낙원을 이루고자 하는 그 역사를 너희
민족이요, 너희들이 사는 이 선택된
땅에서부터 시작하게 됨이니라.
22 그리하여 내가 이와 같은 역사를 이루
게 하였음이니라.
23 그리하여 이 법전이 세상에 나갔을
때, 온 나의 피조물 만백성에게 위대
한 민족 속에서 위대한 지도자가 나왔
으며 세상의 왕이 나왔음을 알리고자
그리함이니라.
24 그리하여 위대한 민족이라는 것을 상
징하며, 그 위대한 민족 속에서 나의
법전이 나왔음을 알리고자 오늘과 같
은 역사를 내가 이루고 있음이니, 이
를 너희들은 알아야 될 것이니라.
25 이제는 너희들이 스스로 해야 할 일이
있으며, 너희들이 깨우쳐야 할 일이
있으며, 너희들이 행하여야 할 일이
구분되어 있으며,
26 이 세상의 변화와 역사를 이루는 것은
나 여호와의 일이며 내가 직접 이를
다스려 깨우치고자 함이니, 그리 알아
야 될 것이니라.
27 이제는 내가 나의 법전을 세상에 전하
며, 이것이 나의 성령이요, 나 여호와
가 마지막으로 내리는 나의 성령이라
는 것을 만백성 너희들이 깨우치는 그
길을 위하여 너희 민족의 위대한 힘과
너희 민족의 위대한 역사의 한 단면을

세상 만방에 전함이니라.
28 그리하여 내가 지금 너희들에게 이루
고자 함이니,
29 믿음이라는 그것을 잘못 믿어 가며,
그 믿음 자체도 모르고 무지하게 가
며, 무지 속에서 믿어 가는 불쌍한 나
의 피조물 만백성 너희들을 깨우치고
자 하여 이와 같은 역사를 이 민족 위
에 이루었으며,
30 그리하여 너희들의 언어와 너희 단어
를 쓰는 이 민족의 문화를 가지고 나
의 아들을 통하여 온 세상을 공통어
요, 한 민족으로 만들며, 천 년에 걸쳐
새로운 역사를 이루고자 시작함이 여
기에 있음이니,
31 나의 법전을 먼저 접하는 백성이요,
나의 법전을 먼저 읽은 민족, 너희들
은 너희들의 위대함과 우수성을 알아
야 될 것이며, 나에게 선택된 민족이
라는 것을 알아야 될 것이니라.

2,489 번째 하나님 말씀

2002년 6월 24일 19시 10분

1 사랑하는 나의 아들아!
2 "네, 아버님! 말씀하옵소서."
3 이제는 너를 따르는 제자들과 너를 추
종하는 자들, 그리고 나의 법전을 읽
고 깨우쳐 정녕 네가 나의 아들로서,
만백성을 구하는 대언자로서 왔음을
믿으며 나의 성령을 믿는 만백성이 너
를 따라와 나의 법전을 연구하고 깨우
칠 것이니라.
4 그러나 아들아, 여기서 믿음의 깨우침
이라는 것은 나중에 온 자가 먼저 되
며 먼저 온 자가 나중이 되는 그와 같
은 이치를 깨우쳐야 할 것이니라.
5 먼저 온 자만이 먼저 깨우치며 나중에
온 자는 뒤따라가는 그와 같은 것이
믿음의 깨우침이 아니니라.
6 믿음의 깨우침은 각자 다름이니, 나중
에 온 자가 먼저 가며 먼저 온 자가 뒤
처지는 그와 같은 역사를 이루게 됨을
알아야 할 것이니라.
7 준비되지 않은 자와 준비된 자는 엄연
한 차이가 있음이니, 너는 이를 반듯
이 깨우쳐 보아야 할 것이며,
8 그와 같은 나의 피조물 만백성을 네가
선별하여 씀에 소홀히 해서는 아니 되
는 것이니라.
9 준비되지 아니한 자, 아무리 세월이
지나며 깨우침을 말없이 부어 넣고 또
가르친다 해도 깨우치지 못함이니라.
10 그리하여 준비되지 않은 자, 깨달음이
없으며 전진함이 없으며 변함이 없음
이니, 그는 곧 무엇이더냐?
11 마귀와 같은 생각으로써 그가 그리 통
제받게 됨이니라.
12 준비되지 아니한 채 믿음의 길을 가는
자, 그는 그의 영 자체가 잘못되어 있
음이니, 스스로 제 생각에서 행동하며
마귀의 생각에 따라 행하는 그와 같은
잘못된 길을 가게 됨을 알아야 될 것
이니라.
13 나 여호와로부터 선택된 자와 진리의
깨우침을 받고자 가는 자는 정녕 오만
하지 아니하며, 그들은 저희 스스로
구원받았다 말하지 아니하며, 저희 스
스로 거부함이 없느니라.
14 순종하며, 나 여호와가 존재함을 믿으

며, 나의 음성을 들으며 나의 법전을
읽고 깨우치는 것을 저희들의 영광이
라 생각하며 감사하는 마음으로 살아
감이니라.
15 그러나 그렇지 못한 자, 깨우치지 아
니하며 선택되지 아니한 자, 진리를
따르지 아니하는 자는 제 생각에 빠져
행동하는 것이며, 사악한 영에 빠진
자이니, 아무리 너희들이 인도하고 이
끌려 해도 그를 이끌어 갈 수 없음이
니라.
16 이것이 준비된 자와 준비되지 아니한
자의 차이점이니라.
17 준비된 자는 순종하며 나의 성령의 뜻
을 따르며 나의 법전에 따라가며 나의
아들이 전하는 나의 성령의 뜻에 순종
하며 그 뜻을 깨우쳐 바로 가고자 함
이니라.
18 그러나 준비되지 아니한 자는 제 생각
으로써 행동함이며, 하나 더하기 하나
는 둘이라는 그 이치 외에는 아무것도
생각지 않는 그와 같은 우매한 생각으
로써 믿음의 길을 가게 됨이니라.
19 그러한 자가 어떠한 형국이더냐?
20 아무리 곱고 아름다운 진주를 돼지에
게 준들 무엇하겠는가?
21 그러한 자는 진주라는 보석을 돼지에
게 주는 형국이니, 그와 같이 그들은
깨우쳐 이끌어 갈 수 없음이니라.
22 그들은 스스로 저희들이 세상사를 다
알며 모든 이치를 다 알며 모든 것이
다 저희들 생각과 저희 판단대로 흘러
간다 생각하느니라.
23 그리고 나 여호와의 말로써 이루어지
는 새로운 역사요, 나의 성령으로써
이루어지는 그 위대한 역사를 믿으려
하지도 아니하며, 깨우쳐 보려 하지도
못함이니라.
24 그리하여 그들은 스스로 초등 학문에
서 벗어나지 못하는 자들이며, 높고
높은 그 학문을 모르고 저희들을 가르
칠 수 있는 스승의 자세의 그 모습도
보지도 못하니 스승을 제자라 그리 착
각하며 깨우치는 백성들이니,
25 이것이 준비된 자와 준비되지 않은 자
요, 곧 선택된 자와 선택되지 않은 자
의 차이점이니라.
26 이를 구분하여 너의 제자들을 네가 선
택하여 활용하며,
27 그 자리에 명하여 그 임무를 수행할
수 있도록 그리 곱고 바르게 써야 함
을 잊어서는 아니 될 것이니라.

2,490 번째 하나님 말씀

2002년 6월 24일 19시 21분

1 사랑하는 나의 아들아!
2 "네, 아버님! 말씀하옵소서."
3 정녕 내가 존재함을 믿지 않으려 하는
백성이 이 세상을 다 덮고 있으니, 내
가 존재함을 믿는 자가 과연 얼마나
되는가?
4 믿음이라 하여 저희 손으로 지은 그
성전에 가서 울고불고 기도하는 그들
도 과연 믿음의 뿌리가 어디에 있으며
믿음의 깊이가 어디 있는가?
5 내가 명했을 때 저의 가장 소중한 것
을 버리며 목숨까지도 나에게 바칠 수
있는 그와 같은 믿음을 가지고 가는
자가 얼마나 있다 생각하는가?

6 지금 너를 떠나는 그 제자들, 너에게
등을 돌리고 가는 그 모든 자들의 깨
우침이 어찌 그리도 어리석은가?
7 너희들이 정녕 내가 존재함을 믿지 못
하기에, 나의 아들이요, 나의 선지자
요, 나의 성령을 받아 160권의 법전을
만드는 나의 아들에게 너희들이 첫 번
째 잘못하여 그가 패한다면 두 번째에
내가 나의 아들에게 더 큰 영광을 주
며,
8 너희들이 두 번째 나의 아들을 쓰러지
게 한다면 네 번째에, 다섯 번째에 나
의 아들이 더 위대한 역사를 한다는
것을 모르고 있음이니라.
9 너희들이 정녕 나 여호와가 존재함을
믿는다 하면 이를 알 것이거늘, 너희
들이 나의 아들을 하나 쓰러트리고자
하면 나의 아들에게 둘을 준다는 것을
모르고 있음이니,
10 어찌하여 너희들은 내가 있음을 그리
도 모르고 사는가?
11 너희들은 정녕 나를 경배하며 나를 따
르며 나에게 기도하며 나만을 향하여
살아가는가?
12 너희들은 정녕 그러하지 아니하느니
라.
13 구원을 받는 길이며, 나 여호와가 존
재하며 나의 품 안에서 너희들이 모든
역사를 하며 살아간다는 그 자체를 너
희들은 믿지 않으려 함이니라.
14 그리하여 너희들은 지금 사심에 빠져
있으며, 사리사욕에 빠져 있음이니,
15 너희들은 주종 관계를 이루고자 하며,
너희 생각으로써 인간 세상에 흐르는
그 역사의 틀에서 벗어나지 못하는 것
이 지금 너희들의 자세이니라.
16 너희들이 생명을 바쳐 나를 따르며 나
를 위하며 나를 경배하는 그와 같은
믿음의 깊이가 있을 때, 그때만이 진
정한 나를 볼 수 있으며 내가 역사함
을 볼 수 있는 것이니라.
17 그러나 지금 나의 피조물 만백성 너희
들은 어찌 살아가는가?
18 너희들은 나의 믿음을 떠나서, 재정이
라는 것으로써 싸움이 시도 때도 없이
벌어지며,
19 사랑을 실천한다는 너희들과 믿음의
성전에서 살아가는 자들과 그리고 나
의 법전과 나의 성령을 공부한다는 너
의 제자들까지도 재정 싸움에 자신이
흐트러지며 모두를 흩트려 놓는 그와
같은 사악한 형태로써 살아가고 있지
않은가?
20 이것이 지금 너희들이 가지고 있는 마
음의 상태며, 너희들이 가고 있는 길
임을 알아야 할 것이니라.
21 너희들은 재물을 가지고 모두를 엮으
려 하며, 재물을 가지고 모두를 해결
하며 그 재물로써 모두를 통제하려 하
느니라.
22 너희들이 정녕 재물을 가지고 나의 아
들을 통제하려 하며, 나의 성령이요,
나의 법전이 세상에 나가는 것을 막고
그것으로 통제하려 한다 하면 너희들
은 잘못되었음을 알라.
23 이 세상의 모두는 나 여호와가 창조한
것이며 나의 주관하에 움직이고 있음
이니,
24 재물 또한 나의 아들이 그 재물 속에
서 자유로울 만큼 내가 그에게 상을

내림을 너희들은 모르고 있음이니라.
25 너희들이 재물로써 나의 아들의 가는
길을 흩트려 놓고자 하며, 나의 아들
이 160권의 법전을 써서 세상에 내고
자 하는 것을 흩트려 놓으며, 산만하
게 하며 그를 쓰러트리고자 한다면,
26 너희들 재물이 스스로 너희 손에서 떠
나갈 것이며, 나의 아들이 재물에서
자유로운 몸으로써 자유롭게 나의 법
전을 쓰며 만백성에게 본보기가 되는
그 삶을 살아가는 역사에 힘을 준다는
것을 너희들은 모르고 있음이니라.
27 그리하여 지금 너를 떠난 그 제자들이
적은 재물로써 너 자신을 흩트려 놓으
며 그 재물의 싸움으로써 너에게 도전
함이니,
28 그들이 이 법전을 읽고 깨우쳐 스스로
부끄러움을 깨달으며, 잘못됨을 깨달
으며, 죄지음을 깨닫고 너에게 와 용
서를 빌 때 구원의 길에 들어설 수 있
으나,
29 그들이 재물을 가지고 모든 것을 흔들
어 놓으려 하는 그와 같은 심성을 깨
우치지 못하고 바로잡지 못한다 하면
그들은 영원히 구원의 길에 올 수 없
음을 일깨워 주라.
30 그리고 나의 사랑하는 만백성 중에 나
의 아들을 따라가는 자, 나의 법전을
읽고 깨우쳐 가는 자, 나의 성령을 듣
고 깨우쳐 가는 자, 그러한 자가 가는
길에 재물로써 그들을 방해 놓으며 재
물로써 그들과 화합하지 못하며 재물
로써 그들을 쓰러지게 하는 자, 그와
같은 자는 용서치 아니할 것이며,
31 너희들이 재물로써 나의 법전을 읽고
깨우치는 자들을 해하고자 할 때, 그
들에게 재물로부터 자유롭게 살아갈
수 있는 능력을 내가 준다는 것을 알
아야 될 것이니라.

2,491 번째 하나님 말씀

2002년 6월 24일 19시 36분

1 사랑하는 나의 아들아!
2 "네, 아버님! 말씀하옵소서."
3 나의 불쌍하고 어리석은 만백성에게
전하라.
4 너희들이 구약의 시대와 신약의 시대
의 그 역사를 살아왔음이니라.
5 구약의 시대에 모세를 통해 십계명을
내려 나의 백성을 이끌어 가는 그 계
명을 내렸건만, 구약 시대의 그 백성
들은 과연 어찌 살았는가?
6 그들은 믿음의 깊이가 과연 얼마나 있
었으며, 나 여호와를 얼마나 믿었는가?
7 그들은 나 여호와를 믿기 전에 스스로
자신들을 먼저 생각하며 자신들의 삶
을 먼저 생각하는 그와 같은 삶을 살
았음을 너의 제자들에게 깨우쳐 주어
야 될 것이니라.
8 예수의 시대에 나의 아들이 기적을 이
루며 역사를 이루며 나의 성령을 들어
만백성을 구하고자 그리 부르짖었지
만 그 백성들은 무엇을 생각했던가?
9 나의 아들 예수가 전하는 나의 성령을
듣고 하늘에는 나 여호와가 존재하며
진리가 있으며 사랑으로써 모두를 살
아가야 한다는 그 가르침을 들으면서
도 그들은 어찌 생각하였는가?
10 그리고 역사적인 그 기적을 다 보면서

그들은 어찌 살았는가?
11 그들 또한 저 자신을 먼저 생각하는 그와 같은 삶을 살았음이니라.
12 그들은 나 여호와가 존재함을 믿는 그 믿음의 생활이 아니라, 저 자신을 먼저 생각하는 그 삶 속에서 살아왔음이니라.
13 지금의 나의 피조물 만백성은 어떠하던가?
14 과연 지금의 나의 피조물 만백성은 나 여호와의 뜻을 위하여, 나 여호와의 가는 길을 위하여, 나 여호와를 따라서, 나의 성령에 따라 살아가며, 나 여호와가 주관하여 이루고자 하는 그 역사를 먼저 생각하며 살아간다 생각하느냐?
15 지금의 나의 피조물 만백성도 하늘의 나 여호와가 이루고자 하는 그 뜻의 역사를 따라 먼저 이루는 것이 아니라,
16 자신의 육신의 생활과 자기 자신의 삶을 먼저 생각하며 그 길을 위하여 살아가고 있는 형국이 되어 있음이니라.
17 사랑하는 아들아,
18 나 여호와가 존재함을 믿지 않는 그러한 백성들에게 진정한 믿음이라는 그 길이요, 나의 성령이요, 나의 법전이요, 나의 강론을 네가 목이 터져라 전해 준들 무엇하겠는가?
19 개돼지에게 진주를 주는 것만도 못한 그와 같은 형국이 지금 이루어지고 있음을 알아야 할 것이니라.
20 너의 제자들에게 일깨워 주라.
21 나 여호와가 존재함을 먼저 믿으며, 하늘에 내가 있으며 나를 향하는 그 믿음이 너희들의 생활에 우선이요, 전부임을 먼저 깨우쳐 주라.
22 너희들이 믿음을 향하는 그 믿음이 전부가 아니며, 나를 향하여 오고자 하는 그 삶이 전부가 아니며, 나 여호와를 향하여 사는 그 삶이 전부가 아니며,
23 너희 육신이요, 너희들 자신을 먼저 생각하는 그와 같은 삶을 살아간다 하면, 너희들은 다시 한 번 돌이켜봐야 할 것이니라.
24 지금 나의 피조물 만백성이 그와 같이 살아가고 있음이니라.
25 이와 같은 형국을 너희들은 알아야 될 것이니라.
26 또한 너를 버리는 자, 너를 떠나는 자, 나의 법전이 잘못됐다며 던지는 자, 사탄의 장난이라며 던지는 자, 그들을 깨우쳐 주어야 할 것이니라.
27 너에게서 떠나는 모든 그들이 과연 무엇 때문에 떠나는가?
28 진정한 나의 믿음이요, 나를 향하는 마음에서 떠나는가?
29 그들은 저희 자신의 욕심 때문에 떠나느니라.
30 그들은 저희들의 욕심 때문에 영원히 구원받는 그 길을 버리며 육의 생활 속에 젖어 감이라 내가 너에게 일찍이 일깨워 주었노라.
31 모든 나의 백성들과 너를 따르는 제자들에게 일러 주라. 그들을 깨우쳐 주라.
32 사랑하는 나의 아들이요, 나의 성령을 받아쓰는 너는 나의 선지자요, 나의 아들임이니라.
33 너에게서 하나를 빼앗아 가고자 하는

자, 그가 육으로써 그를 빼앗아 가나
반드시 나 여호와가 너에게 두 배로
주는 것을 잊지 말라 그들에게 깨우쳐
주라.
34 너에게서 둘을 빼앗아 가면 넷이 올
것이요, 넷을 빼앗아 가면 여덟이 온
다는 그 이치를 잊지 말라, 그리하여
네가 쓰러지지 아니하며 네가 승자가
됨을 알라 하라.
35 권력으로써 너를 핍박하는 자, 그 배
의 권력으로써 그를 다스릴 것이며,
36 재물로써 너를 흩트려 놓으며 재물로
써 너를 쓰러트리고자 하는 자는 내
가 그 재물을 너에게 배로 주어 네가
재물에서 자유로움으로써 갈 수 있도
록 할 것이며,
37 나의 법전 160권이 세상에 나오는 그
역사는 중단할 수도 없으며 멈춰질 수
도 없으며,
38 너를 통하지 아니하고는 세상에 전해
질 수도 없으며, 그 누가 이를 만들어
전한다 하는 것은 스스로 제가 여호와
요, 이 세상을 창조하고 지배하는 자
라 말하는 사악한 자와 같음이니라.
39 나의 법전이요, 나의 성령을 대신하며
저희가 통제하며, 이는 너를 통하여
이루어지지 아니하고 제삼자를 통하
여 이루어질 것이라 말하는 자,
40 그들은 아들과 어버이의 사이를 갈라
놓으려 하는 자들이며, 이는 있을 수
도 없으며 행하여질 수도 없음을 알아
야 할 것이니라.
41 그들이 얼마나 무서운 죄를 짓고 있으
며, 그들이 얼마나 오만한 것인가를
저희가 죽어 왔을 때 알 것이니라.
42 그들은 곧 무엇이더냐?
43 자신의 욕심 때문에, 자신의 사심 때
문에 나의 아들을 쓰러트리고자 하는
죄가 아니라,
44 제가 창조주가 되고자 하며, 제가 창
조주 나 여호와라 말하며, 제가 이 세
상 우주 만물을 통제하는 자가 되고자
함이니,
45 지금 잘못 가르치는 그 종교 지도자보
다도 열배 백배 사악한 자들임을 알아
야 할 것이니라.
46 그들이 이를 읽고 깨우쳐 그래도 바로
서지 못한다 하면 저희들의 그 죄가
얼마나 무서운 것인가를 알 날이 머지
않았음이니라.
47 저희들이 부귀와 영화요, 재물로써 나
의 아들과 대적하고자 할 때, 그들은
그것을 스스로 잃게 됨을 알라 이르라.
48 너희들이 눈을 감기 전에 모두를 볼
것이니라.
49 이는 곧 무엇이더냐?
50 마지막 시대요, 두 번 다시 없는 역사
를 이루는 시대이기에, 이제는 미래가
없음이니라.
51 기다림이 없음이니라.
52 두고 볼 수가 없음이니라.
53 모두는 나의 아들이 살아 있는 이 시
점에서 그 역사를 너희들이 볼 것이
니, 이것이 예수의 기적이요, 모세의
기적보다 더 위대한 기적임을 너희들
은 알아야 할 것이니라.
54 이를 명심하라.

2,492 번째 하나님 말씀

2002년 6월 24일 23시 57분

1 사랑하는 나의 아들아!
2 "네, 아버님! 말씀하옵소서."
3 내가 너에게 뭐라 일렀더냐?
4 나에게 선택된 백성이요, 내가 기억하
는 너희들은 나에게 오르고자 기도하
는 것이 아니라,
5 육의 삶과 또한 구원을 받는 그 길이
정해진 길을 가게 되어 있으며 그리
올라올 수 있다 내가 말하였음이니라.
6 지금 나로부터 선택된 백성은 삶의 고
통이 없으며, 그리고 영혼의 길을 오
는 그 길에 있으면서 나의 나라에 올
수 있는 것이 나로부터 선택된 백성이
니,
7 이것이 선택되지 아니한 백성과의 차
이이니라.
8 내가 구약의 시대에 나의 피조물 만백
성에게 나의 계명을 지키고 하늘에 오
르라 그리 명하였건만, 그리고 내가
불로 바위에 직접 써 그를 모세를 통
하여 너희들에게 전하였건만,
9 너희들은 이를 따르고 지키지 아니하
였음이니라.
10 그리고 너희들은 우상으로써, 광란의
믿음으로써 나를 부정하였으며, 나의
모든 기적을 또한 부정하였음이니라.
11 그와 같은 구약의 시대가 이루어져 내
가 너희들을 버리고자 하였으나,
12 나의 피조물 만백성 너희들을 통하여
하늘에서 이룬 것같이 이 땅에 지상의
낙원을 이루어야 하기 때문에, 그리하
여 내가 나의 아들을 다시 너희들에게
내려보내어 내가 하늘에 존재하며 나
의 뜻이 무엇인가를 너희들에게 깨우
치고 가르치고자 하였음이니라.
13 그러나 너희들이 나의 아들을 그와 같
이 가장 비참하고 고통스러운 죽음으
로 몰아넣은 것은 나 여호와의 일이
요, 나 여호와를 위하여 삶이 아니라,
너희 인간의 욕심과 인간의 육신의 그
삶에 치중하였기 때문이며,
14 나에게 오르는 길보다도 너희들의 육
의 삶이 더 깊이 계산 속에 깔려 있는
삶을 살았기에 오늘 지금과 같은 형국
이 이루어졌음이니라.
15 그리하여 나의 아들이 죽어 나의 성령
을 너희들에게 전하지 못하는 그 시점
부터 종말이요, 말세라 하는 그 시대
가 시작되어 지금 2천 년이라는 역사
가 흘러왔음이니라.
16 나에게 오르는 종교 지도자라는 자들
이 나의 성령의 그 뜻을 모르고 내가
원하는 그 비유의 뜻을 알지 못하며
잘못 이해하고 잘못 가르친 그와 같은
형국이 지금 너희들의 가장 소중한 생
명을 재물로써 계산하며, 생명의 소중
함을 모르며, 생명을 돈으로 계산하는
이와 같은 험악한 시대가 이루어졌음
이니라.
17 그리하여 내가 이를 바로잡기 위하여,
구약의 시대에 너희들을 버리려 했던
것을 신약의 시대를 열어 주었듯이,
18 내가 또다시 신약의 시대에서 너희들
을 버리고자 하였으나 이제 내가 마지
막으로 나의 성령을 태워 나의 아들을
다시 세상에 내보내어 160권이라는
법전으로써 너희들이 깨우치고 실천

하여 하늘에 오를 수 있는 그 길을 내
려보냄이니,
19 이를 읽고 깨우쳐 그리 행하는 자는
구원을 받을 것이며, 그리 행하지 못
하는 자는 구원을 받을 수 없음을 알
아야 될 것이니라.
20 지금 신약의 시대에 너희들이 나의 성
서의 나의 뜻을 잘못 이해하고 제대로
깨우치지 못하여 지금 너희들의 생명
마저도 재물로 팔고 사는 그와 같이
가장 험악한 시대가 왔던 것을,
21 내가 이를 다시 바로잡기 위하여 나의
성령을 너희들이 알아듣고 깨우치기
쉽도록 그 모두를 다 풀어 160권의 법
전으로 세상에 내려보냄이니,
22 이제 나의 법전을 읽고 깨우치는 너의
제자들이요, 이를 보고 깨우치는 만백
성이 잘못 깨우쳤을 때는, 신약의 시
대가 지금 사람의 목숨을 재물로 팔고
사는 이와 같은 험악한 시대로 이루어
졌듯이,
23 내가 천 년에 걸쳐 하늘에서 이루어진
것같이 이 땅에서 이루고자 하는 그
역사를 이룰 수 없음이며, 이보다 더
사악하고 사악한 시대로 변해 가게 되
어 있음이니,
24 그리하여 나의 법전을 읽고 깨우치는
너의 제자들은 네가 나로부터 받아 전
한 그 뜻을 그대로 깨우치며,
25 또 너의 제자들이 어느 곳에 가서 나
의 법전을 읽고 가르치며 만백성을 지
도하든지 똑같은 방법과 똑같은 순종
과 똑같이 행하는 그 방법으로써 가르
치지 못한다 하면 이는 너무나도 무서
운 시대를 초래하는 그와 같은 역사가
되풀이되기에,
26 내가 지금 너의 제자들을 선별하여 고
르고 또 고르고 있음을 너는 알아야
될 것이니라.
27 이제는 인간 자신의 육신의 삶을 위해
서 사는 그러한 자들이 아니라 하늘의
뜻에 따라 사는 자들, 나의 뜻에 의하
여 사는 자들만을 선별하여 새로운 역
사를 이루고자 함이 여기에 있음이니
라.
28 너희들이 너희 자신을 위해 산다는 그
마음의 욕심을 버리지 못하며 육신의
삶을 우선으로 하는 자, 그리고 나 여
호와를 경배하며 나의 뜻에 순종하며
사는 것을 너희들의 지상의 제일의 목
표로 삼지 않는 자,
29 이들은 아무리 내가 깨우치고 또 나의
아들이 깨우치고 인도하며 나의 성령
을 머릿속에 붓는다 하여도 고칠 수
없음이니라.
30 내가 말하듯이 초등의 학문에서 벗어
나지 못하기 때문이니라.
31 믿음이라는 그 자체도 볼 수 없는, 가
장 밑바닥에서 육의 삶을 벗어나지 못
하며 영혼의 삶을 볼 수도 없는 그와
같은 믿음의 세계에서 허덕이다 너희
들이 죽음의 세계로 가는 것을 알아야
할 것이니라.
32 나를 향하는 삶을 살지 아니하며 육의
삶을 먼저 생각하는 자는 너희들 인간
사에서 가장 기초적인 것도 깨우치지
못하는 자들이니,
33 너의 제자들에게 마음 자세와 깨우침
이 무엇인가를 너는 반듯이 가르쳐야
될 것이며,

34 이제는 너의 제자들이 나가서 가르칠
때 네가 전달하고 네가 가르치며 네가
설교하는 그 모든 방법과 똑같은 방법
으로써 나의 피조물 만백성을 선도하
고 깨우치는 그와 같은 역사를 이루는
것이 나의 뜻이니라.
35 그와 같은 역사를 이루기 위하여 나
여호와의 하늘나라의 일을 먼저 하며,
육을 먼저 생각하지 아니하며 순종하
는 자들만이 그와 같이 갈 수 있음이
니라.
36 순종치 아니하는 자, 돼지 앞에 진주
를 주는 것과 같음이니, 그들을 더 이
상 거두어들일 수 없음을 너는 알아야
할 것이니라.

2,493 번째 하나님 말씀

2002년 6월 25일 0시 06분

1 사랑하는 나의 아들아!
2 "네, 아버님! 말씀하옵소서."
3 내가 너희들을 똑같은 형태로 세상에
내보냈음이니, 내가 생명을 주어 너희
들이 나갈 때 너희들에게 옳고 바른
삶을 살다 하늘에 오르라 그리 말하였
음이니라.
4 내가 아름다운 모습으로 너희들을 만
들어 똑같은 형체로 세상사 살아가나,
5 나를 믿으며 내가 존재함을 믿는 자와
내가 존재함을 믿지 아니하는 자, 그
리고 내가 존재함을 믿는다 하여 나의
이름을 팔아먹는 자 있으니,
6 이와 같이 지금 너희들이 살아가는 형
국이 되어 있음이니라.
7 너는 모두를 다 사랑하라 내가 말하였
음이니라.
8 그리고 모두를 다 가슴에 안으라 하였
음이니라.
9 그러나 나의 피조물 만백성 중에 나
여호와가 존재함을 믿지 아니하며 창
조주인 나를 믿지 아니하며 내가 존재
하며 이 우주의 모두를 내가 관장하는
것을 믿지 아니하며 저희들이 세상에
생명을 받아 나간 것을 감사할 줄 모
르는 자와,
10 내가 존재함을 믿으며 나의 계명에 따
라 살려고 하는 자, 그리고 나의 뜻에
순종하며 사는 나의 백성들이 있음이
니라.
11 이들의 차이를 너는 어찌 보는가?
12 양과 염소라는 동물이 있음이니, 정녕
염소가 양이 될 수 없으며 양이 또한
염소가 될 수 없음이니라.
13 그리고 알곡식과 쭉정이가 있음이니,
쭉정이가 알곡식이 될 수 없으며 또한
알곡식이 쭉정이가 될 수 없음이니라.
14 이와 같은 이치를 너는 알아야 될 것
이니라.
15 염소가 양이 될 수 없고 양이 염소가
될 수 없듯이, 나를 부정하는 자와 부
정하지 아니하는 자의 나의 백성들이
그와 같은 무서운 차이가 있음을 알아
야 될 것이니라.
16 나를 부정하는 자는 염소가 양이 될
수 없듯이 하늘나라에 오를 수 없으며
그들은 지옥 불로 갈 것이며,
17 내가 존재함을 믿는 자, 나의 계명에
따라 순종하며 살고자 하는 자는 양이
니 그는 바로 구원을 받을 것이며,
18 이와 같이 엄연한 사실 앞에 너는 너

의 제자들을 깨우쳐야 될 것이며 또한
만백성을 그리 깨우쳐야 될 것이니라.
19 너희들이 육신의 삶을 살고 나에게 와
심판받을 때 그와 같이 엄격히 구분됨
을 알아야 될 것이니라.
20 결코 곡식이 잡초가 될 수 없으며 잡
초가 곡식이 될 수 없듯이,
21 나를 부정하며 살아온 자는 지옥 불에
가 심판을 받을 것이며, 나에게 순종
하며 나의 뜻을 경배하며 나의 계명을
지키며 나의 아들을 통하여 세상에 내
려보내는 나의 법전을 읽고 깨우친 자
는 구원을 받을 것이니,
22 이와 같은 엄연한 사실이 있음을 알아
야 할 것이며, 너는 너의 제자들부터
이와 같은 뜻을 깨우쳐 주어야 될 것
이니 그리 알라.

2,494 번째 하나님 말씀

2002년 6월 25일 0시 28분

1 사랑하는 나의 아들아!
2 "네, 아버님! 말씀하옵소서."
3 나의 성전에 와 너의 제자가 되겠다고
네 앞에 고개 숙인 자들, 나의 성령을
들으며 나의 성령의 가르침을 직접 들
으며 나의 법전을 읽고 깨우쳐 공부하
던 너의 제자들이 스스로 네 앞을 떠
남이니,
4 그들은 제 마음을 비우지 못하였으며
육의 생각의 욕심이 앞을 가려 그와
같은 행위를 함이니,
5 그들 또한 네 앞에 재물이 있을 때 그
재물로써 너를 흩트려 놓고자 하는 자
들이니, 그게 바로 어떠한 자들이던가?
6 선지자라 하여 나에게 선택된 모든 사
람들이 자기가 살던 고향이요, 부모
요, 형제요, 이웃의 친지요, 그 들녘에
같이 살던 사람들로부터 신망을 받지
못하며 믿음을 받지 못하였으니,
7 그를 모르는 자들에게 가르치면 그를
선생으로 따르며 그의 가르침을 배워
제 것으로 만드는 그와 같은 형국의
역사가 이루어지는 것이 너희 인간들
의 심성이니라.
8 바로 네 앞에 와 고개 숙여 제자로서
너와 더불어 가겠다 하며 하늘의 역사
를 깨우치며 나 여호와가 원하는 그
진리를 지켜 구원을 받겠다 말하는 자
들, 그리고 너에게 와 성령을 직접 들
으며 내가 너를 통하여 내리는 모든
그 진리를 들으며 나의 법전을 듣고
공부하다가 너에게 등 돌리고 너를 욕
하며 떠나는 자,
9 바로 그들이 어떠한 자들과 같던가?
10 선지자라 하여 선택된 지도자가 고향
에서 그 형제요, 또는 이웃들이 그를
믿지 못하며 그를 경배하지 못하는 것
같은 그와 같은 형국의 마음을 가진
자들임을 너는 알아야 될 것이니라.
11 변하는 역사와 변해 가는 그를 보지
못함이니, 그게 바로 가장 어리석은
자의 행동임을 너는 알아야 될 것이니
라.
12 선지자의 고향이요, 그가 자란 곳에서
형제요, 부모요, 이웃으로부터 존경을
받지 못하고 고향 사람으로부터 존경
을 받지 못하니, 그는 무엇이더냐?
13 그가 성장하는 과정에 살아온 것만 알
고, 그의 현재를 모르며 그가 앞으로

변화될 미래조차도 그들은 모르기 때
문이니라.
14 바로 너를 버리고 등지고 떠나는 너의
제자들 또한 현재와 미래를 볼 수 없
는 가장 어리석고 우매한 자들이니,
그리하여 그들이 등 돌리고 떠나감이
니라.
15 너는 그들에 대하여 가슴 아파하지 말
며 마음 아파하지 말라.
16 그들에게 아무리 새로운 나의 성령을
깨우쳐 부어 주고자 해도 그들은 받을
그릇과 자격이 못 됨이니라.
17 인간 세속에 살아가는 욕심이요, 자기
들의 계산이요, 재물에 대한 계산이
그들의 머릿속을 메우고 있음이니, 정
녕 나의 성령의 그 아름다운 뜻이 그
들의 몸에 임할 수가 없음이니라.
18 그리하여 그들은 떠나감이니라.
19 그와 같이 떠나가는 자, 내가 너에게
말했듯이, 염소가 양이 될 수 없는 형
국의 인간들이 살아가는 형태이니라.
20 그들에게 연연하지 말라, 사랑하는 나
의 아들아!

2,495 번째 하나님 말씀

2002년 6월 25일 07시 16분

1 사랑하는 나의 아들아!
2 "네, 아버님! 말씀하옵소서."
3 내가 너희들에게 수차 명하여 가르쳤
느니라.
4 어찌하여 너희들은 내가 내리는 그 뜻
을, 작고 큰 것을 그리도 소홀히 하며,
그리 실천하고자 머릿속에 기억하지
아니하는가?
5 내가 뭐라 말하였더냐?
6 남이 너희에게 무엇을 하든, 어떠한
짓을 하든, 그리고 다른 사람이 어떠
한 형태로써 살아가든 그것은 너희들
몫이 아니라 내가 말하였느니라.
7 너희들 몫은 다만 너희들에게 관계된
것으로써 너희 스스로 다스리는 그 선
에서 모두를 끝낼 것이며,
8 너희에게 직접 관계되지 아니한 그 모
두는 다 나 여호와가 그에게 벌을 주
며 상을 줄 것이라 말하였음이니라.
9 너희는 '상대방이 나에게 어찌하였기
때문에 나도 그를 그리 용서할 수 없
으며, 상대방이 나에게 돌을 던졌기에
나도 그에게 돌을 던져 상처를 입혔노
라.' 그리 말하지 말라 하지 아니하였
던가?
10 그가 돌을 너에게 던져 너희에게 상처
를 주는 것은 그의 죄요, 너희가 또 똑
같이 돌을 들어 그에게 던지는 것은
너희 죄라 하였음이니라.
11 남이 너희에게 와 멱살을 잡으며 너희
를 험담하며 너희를 욕보이고자 할 때
너희들은 그를 용서하라 하였음이니
라.
12 그들의 잘못된 죄의 대가는 나 여호와
로부터 받을 것이며, 그를 단죄하는
것을 너희 스스로 하지 말라 하였음이
니라.
13 너희는 너희 자신이 행하여야 할 일만
하는 것이 너희들이 할 수 있는 일이
라 말하였음이니, 내가 너희에게 크게
그를 일깨워 주었느니라.
14 욥이 고통과 너희들이 말하는 시험이
요, 사탄과 싸움이라는 그 속에서 어

렵고 힘든 그 어떠한 고충도 견디며
나를 버리지 아니한 것은 너희들이 그
리 행할 몫이며,
15 그가 그 고통과 시련을 겪고 나서 내
가 그에게 은혜와 영광을 내린 것은
나의 몫이지 너희들 것이 아니라 내가
말하였느니라.
16 머리를 삭발한 중이 너희들에게 와서
목탁을 두드리며 무엇인가를 원할 때,
너희들이 그에게 은화 몇 닢을 주는
것은 너희들의 사랑이요, 실천하는 마
음이지, 그가 그를 가지고 어찌 쓰든
너희들이 관여치 말라 하였음이니라.
17 너희들이 '그가 잘못 쓰기 때문에, 그
가 불상이라는 것을 만드는 데 시주를
하기 때문에, 우상을 만드는 데 쓰기
때문에, 그와 같은 생각 때문에 그에
게 은화 몇 닢을 주지 아니한다.' 그리
변명하지 말라.
18 그 모습이 얼마나 추하고 더러운지 너
희들은 너희 자신을 돌아다보라.
19 너희들은 사랑이 없는 자며, 베풀 줄
모르는 자이니라.
20 그가 필요하기에 너희에게 와 목탁을
두드리며 무엇인가를 요구할 때, 너희
는 그가 원하는 것을 주는 것으로써
너희 사랑과 너희 인성과 너희 마음의
자세를 다함이니라.
21 그다음에 그가 쓰는 것은 너희들이 관
여함이 아니니라.
22 나 여호와가 그를 통하여 어렵고 불쌍
한 자를 돕든, 그렇지 아니하면 그가
너희들이 말하는 불상이라는 우상을
만드는 데 그를 갖다 시주하든 그것은
너희들 몫이 아님이니라.
23 그다음의 몫은 나의 것이거늘, 너희들
은 어찌하여 갖은 이유를 다 대어 도
울 자를 돕지 아니하며, 갖은 생각을
다 하며 너희 나름대로 수천수만 가지
사악한 쪽으로 생각하여 상대방을 모
함하고 비방하며 그와 같은 마음으로
살아가는가?
24 그것이 얼마나 무서운 죄인가를 너희
들이 알 때가 있을 것이니라.
25 그가 어떠하였기 때문에, 그가 이러하
였기 때문에, 그가 너희에게 시비하였
기 때문에 그에게 너희들이 어떠한 형
태로든 그를 가격한다는 것은 너희들
이 재판하는 자요, 벌을 주고 안 주는
자요, 그와 같은 자가 되고자 하는 생
각에서 행함이니,
26 이는 곧 너희들이 나 여호와 창조주가
되고 싶어 하는 사악한 마음의 뿌리가
너희 가슴에 있음임을 알아야 할 것이
니라.
27 너희들은 너희 몫만을 하면 되는 것이
며, 상대 또한 자기 몫을 할 것이니 그
를 시시비비하지 말라 내가 말하였음
이니라.
28 남이 너희를 한 대 때렸을 때 내가 그
를 용서하라 하였음이니, 너희는 그저
용서하면 되는 것이며 그것이 너희 몫
이니라.
29 그러나 남이 너희를 때렸기에 너희도
두 배 세 배로 그를 가격하며 공격한
다는 그런 마음 자세로 이유를 대며
사는 것이 지금 나의 피조물 만백성
너희들이 살아가는 형태이니,
30 그와 같은 자, 마음을 비우지 못함이
니라.

31 마음을 비우지 못한 자는 깨달음의 기
초도 되지 아니한 자이며, 정녕 하늘
에 오르며 내가 원하는 그 뜻을 모르
는 자들이니,
32 이와 같은 이치를 너의 제자들에게 다
시 한 번 교육할 것이며, 깊이 깨우쳐
그들이 마음을 비우며 살도록 그리하
라.

2,496 번째 하나님 말씀

2002년 6월 25일 07시 26분

1 사랑하는 나의 아들아!
2 "네, 아버님! 말씀하옵소서."
3 너는 마음에 두려움을 갖지 말며, 조
급함을 갖지 말라.
4 이 세상 모두가 다 창조주인 나의 것
이요, 그를 통제하며 지상에서 관리하
는 것은 나의 아들 너의 영역에 있음
이니, 너는 어떠한 것도 두려워하지
말며 불안해하지 말라, 나의 아들아!
5 오로지 기도와 묵상으로써 네가 무엇
인가를 이루고자 할 때, 내가 너에게
그 깨달음과 행함을 줄 것이거늘, 어
찌하여 그리도 마음의 초조함을 버리
지 못하는가?
6 오늘 내가 너에게 하나의 식당이라는
선물을 내림이니라.
7 그것을 운영할 자에게 모든 권한을 주
어, 품목을 선택함에 있어서 모두 그
의 의사를 따라 주도록 그리하라.
8 내가 그에게 지혜를 줄 것이니 그로
하여금 용기와 힘을 갖고 소신껏 일하
여 많은 배고픈 자를 도울 수 있도록
그리하여야 할 것이니라.
9 5달란트 가진 자가 10달란트를 만듦
이니, 5달란트를 가지고 10달란트를
만든 자가 또 남에게 5달란트를 줄 수
있는 능력 있는 사람을 육성하는 그것
이 나의 뜻이기에, 내가 오늘 식당이
라는 큰 선물을 너에게 줌이니라.
10 너희들은 거기서 금화와 은화를 거두
어들이는 그와 같은 생각을 하지 말며,
11 오로지 어렵고 배고픈 자에게 한 끼의
식사를 대접하는 그 마음으로써 그리
행하여야 될 것이며, 네가 나의 사랑
하는 모든 백성들에게 한 끼의 밥을
나누어 주고자 하는 그 애틋한 마음으
로 그리 행하여야 될 것이며,
12 나를 대신하여 너희들이 행하는 그와
같은 역사를 이루는 장이 되어야 될
것이니라.
13 그리하면 너희들에게 모든 금화와 은
화가 그곳에 있을 것이니 이를 명심하
여 행하여야 할 것이며,
14 네가 주관하여 그에게 어떠한 품목을
정해 주지 말며, 그 부부의 의사를 물
어 그들을 존중하여 행하도록 그리하
면 그가 더욱더 열과 성의를 다하여
그 기쁨을 더 얻을 것이니라.
15 그리 행하도록 해야 될 것이지, 만일
너희들이 금화와 은화를 거둬들이는
목적으로써 그를 행한다 하면 내가 제
3, 제4, 제5의 많은 사업장을 너희들
에게 내려 주지 아니할 것이니,
16 나의 사업장을 관리하는 자는 내가 직
접 운영한다는 그 뜻을 잊지 말며,
17 너희 스스로 말로만 봉사요, 희생이
요, 사랑이라 하는 것을, 그곳에서 실
천하도록 그리하여야 할 것이니 이를

잊지 말라.
18 사랑하는 나의 아들아,
19 이제 옳고 바른 나의 백성들이요, 너
의 제자들이 너를 따름이니,
20 내가 그들에게 상을 내려 줌에 하나도
주저함이 없으며, 내 마음에 다시 한
번 돌이켜 생각하여 점검할 필요도 없
음이니라.
21 이제 너를 따르는 너의 제자요, 나의
백성 그들은 하얀 마음으로써 오로지
믿음의 길만을 가고자 하는 자들임을
알아야 할 것이며,
22 인간의 생각으로써 모두를 계산하여
제 앞에 욕심을 두는 것이 아니라, 나
여호와의 뜻이요, 나 여호와의 역사를
어찌 이룰 것인가를 먼저 생각하는 자
들이니, 그들이 소중함이니라.
23 그들을 정녕 나 대신 네가 사랑하여
주고, 그들의 아프고 어려운 것을 네
가 다스려 만들어 주는 그와 같은 자
가 되어야 될 것이니라.
24 그리고 내가 너에게 명하나니, 진실된
마음으로 회개하는 자, 뿌리 깊은 곳
에 마음을 비우고 욕심을 저버리며 남
을 시기하고 질투하지 아니하는 자,
그런 깨끗한 자만이 네 앞에 와 있을
수 있으며,
25 마음을 비우지 아니한 자와 마음을 비
운 자의 그 마음을 볼 수 있는 능력을
내가 너에게 내림이니, 그를 엄히 선
별하여 네 옆에 둘 자와 두지 아니할
자를 구분하여 엄히 다스리라.
26 이는 네가 대중적으로 모두를 보는 마
음에서 행하여야만 할 것이니 이를 잊
지 말라.
27 정녕 깨우치라 네가 말하는 자, 이는
나의 뜻이요, 나의 성령으로써 깨우치
고 변하라 명하는 것이거늘,
28 그들이 그 뜻을 행하지 아니하며 듣지
아니한다 하면 나 여호와가 존재함을
믿지 아니함이며, 내가 존재함을 의심
함이며, 나에게 순종치 아니하려 하
며, 육의 영광과 영화를 위해 사는 자
며, 정녕 하늘나라에 오르는 그 구원
을 받고자 하는 마음이 아님이니,
29 그들이 육의 생활을 버리고 정녕 하늘
나라에 구원을 받아 내 옆에 오는 것
에 저희 모두를 다 바쳐 행할 수 있는
마음이 될 때까지 그들을 엄히 다스려
야 될 것이며,
30 이제는 모든 너의 제자들이 하얀 마음
이 되어 너에게 순종하고 따르려 함이
니,
31 그 속에서 네 뜻을 따르지 아니하며
내가 명하는 것을 따르지 아니하며 네
가 가는 길에 발을 걸어 넘기고자 하
는 자, 그는 마음을 비우지 못한 자들
이니라.
32 이를 엄히 네가 다스려 네 곁에서 멀
리하여야 할 것이니 그리 알라.

2,497 번째 하나님 말씀

2002년 6월 25일 11시 49분

1 사랑하는 나의 아들아!
2 "네, 아버님! 말씀하옵소서."
3 내가 나의 계명 중에 너희들에게 이르
기를, '네 부모를 공경하라.' 하였음이
니라.
4 이는 내가 자식과 부모 사이의 한계를

엄연히 너희들에게 깨우쳐 줌임을 알
아야 할 것이니라.
5 너희 자식은 너희들의 소유물이 아니
니라.
6 자식을 둔 부모는 그 자식에 대한 관
리인으로서 그 모든 임무를 충실히 하
여야 됨을 알아야 될 것이니라.
7 자식과 부모 사이에 자식은 부모의 소
유물이 아니요, 또한 자식은 자식대로
독립된 채로 살아가는 것이며,
8 너희 부모는 부모로서 자식을 관리하
는 것으로써 책임과 임무를 다하는 것
이라는 그 이치를 깨닫고 너희 부모를
공경하라는 그 대목을 기억해 본다 하
면,
9 너희들은 하나의 깨우침을 알아야 할
것이니라.
10 즉, 그는 무엇이더냐?
11 너희들을 낳아 기르느라 너희 자신들
을 위하여 젊음을 다 바친 그 노약하
고 힘없는 부모를 공경하라는 것이며,
12 부모에게 너희가 받은 은혜를 되돌려
갚으라 하는 뜻이 여기 있음이니라.
13 젊어서 너희들을 길러 준 그 부모가
힘없어 노약자가 되어 어려울 때 그를
공경하라 하는 것은 너희들이 받은 만
큼 되돌려 주라는 뜻이며,
14 되돌려 주는 그와 같은 너희들의 행함
이 있는 것을 잊어서는 아니 될 것이
니라.
15 그리하여 부모는 젊고 힘 있을 때 자
식을 잘 보호하고 이웃을 보호하며 또
한 저희 모든 식솔들을 잘 보호하고
가르쳐 아름다운 씨를 뿌려야 하는 것
이 너희들이 살아가는 방법이니라.
16 60이라는 그 점수 속에서 너희들 인
간의 살아가는 방법이 그와 같은 것이
니라.
17 부모가 된 자는 자식을 사랑하며 이웃
의 형제를 사랑하며 피붙이를 사랑하
며, 모든 사랑을 베풀며 그들에게 아
름답고 고운 베푸는 씨를 뿌렸을 때,
18 너희들이 힘없고 늙어 병들어 죽어 갈
때 그 뿌린 것만큼 그들에게 거둬들이
고 받을 수 있는 것이 60이라는 그 점
수 안에 인간의 살아가는 방법이며,
그 윤리이고 도덕이니라.
19 그리하여 너희들은 많은 아름다움을
뿌려야 될 것이니라.
20 그리하여 뿌린 만큼 너희들이 거둬들
이지 아니하는가?
21 그리하여 너희들에게 '네 부모를 공경
하라.' 함은 너희들이 그저 부모를 공
경한다는 막연한 생각이 아니라,
22 부모가 너희를 낳아, 너희가 어렸을
때 길러 주며 갖은 정성과 모두를 다
바친 것을 너희들이 되돌려 주어 그를
갚는다 생각하는 마음으로써 한번 생
각해 보고, 그와 같은 마음 자세로 너
희들이 돌아다봐야 할 필요성이 있는
것이니라.
23 너희들이 그와 같은 이치 속에서 이루
어진다는 마음을 갖는다면, 과연 너희
들이 부모에게 소홀히 해야 되겠는가?
24 너희들은 받기만 하고 주지 아니하고
죽어 내 앞에 왔을 때, 그 또한 너희들
의 짐이요, 죄가 될 것이거늘, 너희들
에게 그 짐을 덜라 함이니라.
25 '네 부모를 공경하라.' 함은 너희가 받
은 것만큼 돌려주라는 것이니,

26 부모가 힘없고 어려울 때 너희가 보살
펴 주어 너희가 받은 것만큼 베풀라
하는 그 뜻이 있음이니라.
27 너희가 받기만 하고 베풀지 아니한다
면 그 또한 너희 죄이니라.
28 부모가 자식을 길러 주며 또 그 자식
이 성장하여 부모가 베푼 것만큼 돌려
주라 그리 말한다면, 너희들은 정과
사랑이 없는 나 여호와, 너희 아버지
요, 창조주라 말할 것이니라.
29 그러나 너희들은 깨우쳐야 될 것이니
라.
30 내가 너에게 뭐라 가르쳤느냐, 그리고
너의 제자들에게 무엇을 가르쳤느냐?
31 내가 나의 아들 선지자를 통하여 너희
가 선물을 받을 때 돌려줄 것이 없으
며 그 보답을 할 수 없으면 받지 말라
하였음이니, 그는 너희들이 삭막한 나
의 사랑이라 그리 말할 것이니라.
32 그러나 그렇지 아니하니라.
33 받으면 더 큰 것을 받고자 하며 더 위
대한 것을 받고자 하는 것이 너희들의
사악한 마음이니라.
34 그러나 받은 자가 주는 것을 깨우치면
어찌 되는가?
35 받은 자는 더 큰 것을 받고 더 소중한
것을 받고자 하는 마음이 없어질 것이
며,
36 받은 만큼 주는 그와 같은 마음 자세
로 살아갈 때 너희들은 공평한 삶을
영위하는 것이 아니던가?
37 그러나 여기서 너희들이 또 하나 깨우
쳐야 될 것이니라.
38 받고자 하는 마음의 그 사악한 마음을
단절하는 것이 서로 주고받는 마음이
라 할 것이나, 여기에 또 더 깊은 사랑
이 있음이니라.
39 서로 주고받는 그 속에서 너희들의 사
랑의 꽃이 핀다는 것, 아름다운 삶을
바라볼 수 있는 것이 있음을 알아야
될 것이니라.
40 선물이라는 것을 주고받을 때 주고받
는 것으로 끝나는 것이 아니라, 서로
주고받고 그 속에서 대화하면서 사랑
이요, 아름다움이 얻어지는 것이 너희
삶이거늘,
41 너희들은 그와 같은 이치를 전혀 바라
보지 못하고 삶이니라.
42 내가 오늘 너희들 부모는 자식이 제
소유물이 아니요, 관리인으로서 책임
을 다하여 자식을 보살피며,
43 그리고 보살핀 부모가 힘이 없고 어려
울 때, 자식이 또한 받은 만큼 돌려준
다 하였음이니,
44 그는 주고받는 거래만을 의미하는 것
이 아니니라.
45 거기서 서로 주고받는 속에 사랑이 있
고 애정이 있으며, 서로 어렵고 힘든
것을 보살펴 주며 도와준 자의 마음을
알게 되며 돕는 자의 마음을 알게 됨
이니라.
46 그리하여 도움을 받은 자식이 부모에
게 돌려주는 속에서 사랑이 있고 아름
다움이 있으니, 또한 제가 그 자식으
로부터 그와 같은 아름다움을 느끼게
될 것이니라.
47 그 속에서 아름다움과, 만나고 헤어짐
의 소중함과, 주고받는 것의 소중함을
느껴 그와 같이 행하는 나의 피조물
만백성이 늘어날 때, 아름다운 세상이

이루어지는 것이니라.
48 사랑하는 나의 아들아!
49 "네, 아버님! 말씀하옵소서."
50 너의 제자들에게 이르라.
51 너희 인간들은 받으면 더 받고 싶어 하며, 더 큰 것을 받고자 하며, 더 큰 것을 너희들에게 주기를 기대하는 것이 너희 마음이니라.
52 그러나 그러한 마음이 아니라, 받은 만큼 돌려주며 받은 만큼 갚는 그러한 마음 자세를 갖고 살라 함이 여기 있음이니라.
53 받는 즐거움만 알고 받는 욕심만을 알며, 줄 줄 모르고 베풀 줄 모르며 받은 것만큼 나누어 줄 줄 모른다면, 이 세상이 어찌 되겠느냐?
54 사악한 시대이니라.
55 지금 바로 이와 같은 시대를 초래하였음이니, 이를 바로잡고자 함이니라.
56 너희들은 주고받는 속에 아름다운 사랑이 싹튼다는 것을 알아야 될 것이니라.
57 그 싹이 바로 나 여호와의 뜻이며 사랑임을 알라, 나의 사랑하는 제자들아, 그리고 나의 백성들아!
58 너희들은 그와 같은 이치를 깨우쳐 하늘의 깨달음을 듣고 깨달았다면,
59 그 아름다움을 너희 것으로 만들며, 그 아름다움 속에서 너희 삶의 행복을 추구하며 너희들만의 인생의 값진 삶을 살아가는 그것을 얻어야 할 것이니라.
60 바로 이와 같은 것이 나의 성령이요, 나의 깨달음이요, 나의 가르침이요, 너희들이 변화되는 역사이니,
61 이게 바로 나의 성령이요, 나 여호와가 존재함임을 너희들이 알아야 할 것이니라.

2,498 번째 하나님 말씀

2002년 6월 25일 23시 18분

1 사랑하는 아들아!
2 "네, 아버님! 말씀하옵소서."
3 너희들 인간사 세상 속에 살아가면서 말하느니라.
4 인간사 사는 그 속에서 완전 범죄라 함은 없는 것이며, 죄를 지은 자 속여 넘어갈 수 없다는 그런 말들을 너희들이 하지 않는가?
5 그러나 너희 인간들이 살아가는 그 세 속에서 더러는 죄를 지으며 남에게 거짓 하며 속이고 속고 살아갈 수는 있으나,
6 나 여호와는 너희들이 정녕 속일 수가 없으며, 너희들이 지은 그 죄를 나에게 심판받지 아니하고 벗어날 수 없음을 알아야 될 것이니라.
7 그리하여 내가 너희들에게 마음을 비우라, 죄를 짓지 말라, 그리고 나의 계명이요, 율법에 따라 살며 하나하나 매일같이 변하여 너희들이 하늘에 오를 수 있는 그와 같은 인간으로서 선택을 받은 삶을 살라 수없이 일깨워 줌이니,
8 이제는 내가 너의 제자들에게 일러 가르치기를, 마음을 비우라 하였음이니라.
9 그러나 너희들이 정녕 나의 영으로써 충만되며 나의 음성을 들으며 나를 볼

수 있으며 하늘에 오를 수 있는 그와
같은 삶을 사는 것은 너희 자신이 죽
어야만 함을 알아야 할 것이니라.
10 너희들 자신이 죽어 있는 그와 같은
삶이 아니며 죽은 자와 같은 삶을 살
지 아니하면 나의 영이 너희 몸에 임
하지 못함이니, 이를 너희들이 알아야
할 것이니라.
11 그러면 육의 생활 속에서 살아가면서
나를 향하여 법전을 읽고 깨우친 너희
들이 어떠한 믿음의 자세로 살아가야
되는가?
12 너희들 인간사에 주변의 형제요, 부모
요, 이웃으로부터, 또 너희들과 더불
어 살아가는 모든 백성들로부터 '당신
은 진정한 믿음을 가진 자요, 믿음의
길을 행하는 자요, 정녕 하나님의 말
씀대로 살아가는 자요.' 그리 칭송을
받으며, 그들이 스스로 너희들 앞에
경배하며 고개 숙일 수 있는 그와 같
은 삶을 사는 자가 되어야만 하는 것
이니라.
13 정녕 너희들은 남이 보든 보지 않든
생활 속에서 남들이 정녕 '당신은 진
정한 믿음의 길을 가는 사람이요, 진
정 하나님을 향하여 율법대로 살아가
는 사람이요.' 하여 그들이 고개 숙여
경배할 수 있는 그와 같은 삶을 살아
가는 자만이 구원의 길을 볼 수 있음
을 알아야 될 것이니라.
14 모든 주변 사람으로부터 '당신은 정녕
하나님의 말씀을 지키며 계명을 지키
며 그대로 순종하며 사는 자요, 당신
의 믿음이야말로 진정한 하늘에 오르
는 믿음이라.' 그리 너희들을 칭송을
하며, 그 칭송을 받는 사람이 되어야
만 함을 잊어서는 아니 될 것이니라.
15 그렇다면 너희들은 스스로 지금 너희
들이 서 있는 위치가 어디며 너희들의
마음 자세는 얼마나 비워 있으며, 정
녕 너희들의 믿음의 자세는 어디 있는
가,
16 또한 각자 너희들 자신이 깨우쳐 살아
가고 있는 지금의 깨달음은 과연 어디
에 있으며, 너희들이 드리는 그 기도
는 얼마나 나의 계명을 지켜 율법에
따라 순종하며 살아가는 마음 자세로
기도드리는 것이며, 너희들이 정녕 하
늘에 오르는 길이 무엇이며 구원을 받
는 길이 무엇인지 그 모두를 깨우쳐
기도하는가를 알아보아야 될 것이니
라.
17 너희들이 스스로 깨우치지 못하였으
며 변하지도 못한 그와 같은 상태에서
기도를 드린다 하여도, 그는 너희들이
만들어서 너희 기분에 혼자 도취되어
흥얼거리는 소리니, 정녕 나에게는 들
리지 아니함을 알아야 될 것이니라.
18 오늘보다 내일 더 깨우치며, 내일보다
모레 더 깨우치는, 각자 자신의 깨우
침이 매일 변화되는 그와 같은 삶을
사는 자만이 진정한 기도를 드릴 수
있으며 그 기도만이 나에게 들림이니,
19 너희들이 드리는 그 기도의 마음이 어
디 있는지를 이제는 너의 제자들이 되
짚어 너희 자신을 깨닫고 바라볼 때가
되었음을 알아야 할 것이니라.

2,499 번째 하나님 말씀

2002년 6월 26일 08시 10분

1 사랑하는 나의 아들아!
2 "네, 아버님! 말씀하옵소서."
3 네 마음과 네 마음의 그 고통과 아픔
을 나 아버지가 아노라.
4 그러나 지금 너를 따르는 너의 제자들
과 나의 법전을 읽고 깨우쳤다는 그
백성들 중에 정녕 나의 성령이요, 법
전대로 살아가는 자가 과연 얼마나 있
는가?
5 정녕 한 사람도 없음이니라.
6 마음을 비우고 사랑을 실천하는 그것
이 정녕 무엇인지도 모르고 살아가고
있음이니,
7 내가 네 아픔을 달래며, 네 고충의 그
쓰라림을 알며, 네가 불안해하고 두려
워하는 것을 알면서, 내가 너에게 기
적을 이루어 보이지 아니하면 그 누구
도 마음을 열 수가 없음이니라.
8 그들의 마음을 열기 위하여 오늘의 이
고통과 시련의 시간을 내림이니, 너는
이를 두려워하지 말며, 눈물로써 괴로
워하지 말라.
9 이와 같은 기적의 역사를 이루지 아니
하면 천 갈래 만 갈래 마음을 가진 자
들의 그 마음을 하나로 만들 수 없음
이니,
10 오로지 오늘 이후부터 너희들이 하나
가 되는 그 역사를 이루기 위해 나 여
호와가 오늘 다시 한 번 너에게 이 기
적을 보임이니, 네가 그 기계의 테이
프라 하는 곳에 기록해 놓은 나의 음
성을 다 지움이니라.
11 이는 누구도 할 수 없으며 누구도 이
룰 수 없는 것이니라.
12 이를 지움을 보면서 오늘 너의 제자들
이 하나가 되는 그와 같은 역사의 순
간이 되지 못한다 하면, 너희들이 천
날 만날 나의 성전에 와 열 번 백 번
나의 법전을 읽고 성령의 가르침을 듣
는다 해도 너희들은 하나가 될 수 없
음이니라.
13 모두는 다 죽은 자의 마음이 되라 하
라.
14 그리고 죽은 자와 산 자와의 관계와
이승과 저승의 관계가 어떠한 것인가
를, 자식을 잃어 본 부모에게 그 뜻을
말하라 이르라.
15 내가 나의 아들 예수를 그리 고통스럽
게 죽어 가게 만들며 그를 놔두었던
나의 마음이 얼마나 아픈 것인가를 너
희들이 깨닫는다면,
16 내가 너희들을 바로 세우고자 하며 너
희들을 깨우쳐 하늘에 오르게 하고자
하는 것이 무엇인가, 그리고 오늘에
내가 기적을 이루어 너희 마음을 다스
리며 너희들에게 역사를 이루고자 하
며, 너희들이 넘을 수 없는 그 마음을
비우며 하나가 되도록 하는 그 역사가
얼마나 힘들고 어려운 것인가를,
17 그리고 아무리 힘들고 어렵다 하더라
도 너희들은 이를 지킬 수 있으며 지
켜 가야 된다는 것을 알아야 될 것이
니라.
18 자식을 잃은 부모의 마음이 얼마나 아
픈가, 그리고 나의 아들 예수가 그리
고통스럽게 죽어 가는 모습을 보면서
도 그를 구원하지 아니하며 바라봤던

나의 심정이 얼마나 찢어지고 아프겠
는가?
19 너희들은 그 심정보다도 더 아프고 더
고통스럽다면 사랑이라는 것을 지워
버리며, 하나가 되는 것을 실천하지
말라.
20 그러나 자식을 잃은 부모의 마음의 아
픔과 쓰림만 못하다 하면 너희들은 하
나가 되어야 될 것이며, 한마음이 되
어야 될 것이며, 사랑이 무엇인가를
실천하는 그 역사를 이루어야 될 것이
니라.
21 너희들이 그를 이루지 아니하면 안 됨
을 알아야 될 것이니라.
22 오늘 너는 너의 제자들에게 이르라.
23 자식을 잃은 그 어미가 너희 앞에 나
와 이야기하도록 하였으니, 그 아픔이
어떠한 것이며 그 지울 수 없는 상처
가 어떤 것이며 그보다 세상사 더 아
픈 마음이 있는가 생각해 보며,
24 너희들이 하나가 되어 모두를 사랑하
는 것이 그보다 더 아프고 쓰리고 고
통스러우면 그 길을 가지 말라 하라.
25 그러나 그렇지 아니하다면 너희들은
그 길을 가야 될 것이니라.
26 오늘 이후 너희들이 하나가 되지 못한
다 하면 너희들은 정녕 나의 아들의
제자요, 만백성을 구하는 선택된 자라
말할 수 없으며,
27 정녕 변화되고 하나로 거듭나지 못한
다면, 너희가 살아 있는 동안에는 지
옥 불이요, 끓는 기름 가마솥이요, 바
늘방석이 얼마나 무서운 것인가를 생
각지 못할 것이나, 너희들이 지은 죄
만큼 와서 치르는 대가는 너희 상상을
초월함을 알아야 될 것이니라.
28 지금 숨을 쉴 수 있고 생명이 있고 생
각할 수 있는 너희들이 나의 계명을
지키고 바로 서지 못한다 하면, 너희
들은 영원히 사는 그 세계에서 어떠한
시련과 역사의 고통 속에 살아가는 것
인가를 깊이 생각해 행하여야 될 것임
을 잊지 말라.

2,500 번째 하나님 말씀

2002년 6월 26일 11시 50분

1 사랑하는 나의 아들아!
2 "네, 아버님! 말씀하옵소서."
3 천 년에 걸쳐 새로운 나의 시대에 지
상에서 낙원을 이루고자 하는 나의 이
뜻에 백사장의 한 줌의 모래알만도 못
한 너의 제자들을 데리고 이 역사를
이룬다 할 때, 과연 너희들은 믿겠는
가?
4 백사장에 깔려 있는 그 모래를 한 줌
에 집은 그 숫자만도 못한 너희들을
데리고 내가 이 지상에서 천 년에 걸
쳐 새로운 역사를 이룬다 하면, 너희
들은 과연 그를 믿으며 따를 수 있겠
는가?
5 그러나 너희들은 그 역사가 이루어짐
을 알아야 될 것이니라.
6 그 넓고도 넓은 백사장에 한 줌의 모
래알의 숫자만큼도 아니 되는 너희들
이 그 역사를 이루고자 하여 지금 나
의 아들 앞에 와 있음이니, 오늘 너희
들은 가슴에 깊이 새겨야 할 것이 있
음을 알라.
7 지금 너희 스스로 너희들 마음이 어디

에 와 있으며 너희 마음 자세가 어디
에 와 있는가를 가슴을 열고 생각해
봐야 될 것이니라.
8 너희들은 정녕 나 여호와를 위하여 삶
을 살며, 너희들이 인간의 삶을 위하
여 사는 것은 없는 것인가?
9 정녕 너희들은 사랑 속에서 행동을 하
며, 너희 인간의 그 감정이요, 너희들
생각 속에서 행하는 것은 없는가?
10 지금 백사장에 한 줌의 모래알의 숫자
도 안 되는 너희들이 모여 있는 이 성
전에 너희들이 가져야 할 그 마음 자
세는 무엇이던가?
11 나 여호와를 위해 너희들이 존재함을
알아야 될 것이며, 나의 법전이 세상
에 전해지는 것이 가장 위대함을 알아
야 될 것이며, 너희들 자신은 스스로
죽은 자가 되어야 한다 함을 잊지 말
라 가르쳤느니라.
12 내가 뭐라 말하였느냐?
13 나의 성령이 너희 가슴에 임하는 것은
너희들이 죽은 자가 되는 것뿐이라 하
였음이니,
14 과연 너희들이 얼마나 사랑하며 인내
하며 너희들 자신의 마음을 열었는가
너희 가슴속을 들여다봐야 될 것이니
라.
15 내가 많은 사람들을 나의 성전에서 등
돌리게 함은 그 많은 사람들이 하나가
될 수 없기 때문이니라.
16 이제 너희들이 선지자를 향하여 하나
의 마음이 되지 아니하면 만백성이 이
곳에 모일 수가 없으며 나의 법전이
세상에 나갈 수 없기에,
17 하나가 될 수 있는 너희들을 알곡식을
추리듯이 추려 놓았음이니라.
18 이제는 너희들의 몫이니라.
19 내가 알곡식을 추려 나의 아들 앞에
너희들이 나의 성령의 음성을 듣도록
하였음이며, 너희들을 시초로 하여 이
세상의 모든 역사를 바꾸고자 함이니,
20 내가 너희들을 이 성전에 모여 앉도록
한 것은 나의 뜻이나, 너희들이 변화
하는 것은 너희 육의 생각과 너희 세
속의 삶의 그 모두를 다 버려야 함이
니라.
21 너희들은 개인의 생각이요, 개인의 감
정이 과연 너희 가슴에 있는가 없는가
를 생각하여야 될 것이니라.
22 오늘 너희들이 한 사람이라도 개인의
감정이요, 너희 개인의 생각을 앞세움
이 있으며 나 여호와의 사랑 속에서
행하지 않는 자가 있다면, 내가 내 음
성을 담은, 너희들의 기계로 녹음한
그 테이프의 앞면을 또 지울 것이니라.
23 너희들이 이 순간부터 미운 자 고운
자가 없으며 모두를 다 사랑하는 마음
으로써 하나가 되지 아니하면 나의 음
성을 또 지울 것이니,
24 그게 지워졌을 때 나의 선지자의 고통
이 어떠할 것인가를 너희들이 깨달아
야 될 것이며,
25 내가 두 번째 기적을 보였을 때, 그리
하여도 너희들이 하나가 되지 못한다
하면, 너희들은 또한 나로부터 버림을
받음을 알아야 할 것이니라.
26 너희들이 정녕 하나가 되는 것은 마음
을 비움이니라.
27 너희들이 나 여호와의 사랑이 어떤 것
인가를 깨달으며, 내가 원하는 것이

무엇이며 내가 이루고자 하는 역사가
무엇인가를 깨달아야 할 것이니,
28 너희 개개인의 마음속에 있는 이해타
산이요, 이해관계에 준하여 이 성전을
찾으며 생각한다 하면, 그 위대한 하
늘에서 이루어진 찬란한 낙원이 이 세
상에 이루어질 수 없음이니라.
29 너희들은 죽은 자가 되어야 될 것이니
라.
30 모든 백성들이 너희 가슴을 밟고 지나
간다 해도,
31 너희들은 하늘에 이루어진 그 낙원의
뜻이 하늘에서 이루어진 것같이 이 지
상에 이루어지는 그 역사를 이루어 너
희들 후손의 수천 수억의 나의 피조물
백성들이 천사가 되는 그 기틀을 닦는
다 하면,
32 너희들 몸을 짓이기고 간다 해도 그를
원망해서는 아니 되며 그를 미워해서
는 아니 되는 것이 너희들일지니라.
33 과연 너희 마음을 그리 다스릴 수 있
으며, 너희들이 그리 설 수 있는가?
34 나의 아들 예수가 죽어 가는 그 고통
을 보는 나 여호와의 마음보다도 너희
들이 마음을 비우는 것이 더 어렵고
힘들고 고통스럽다 하면, 너희는 마음
을 비우지 말라.
35 내가 자식을 잃은 여인의 그 슬픈 마
음을 이 단상에 세워 너희들에게 전할
것이니, 그 여인보다도 너희 마음이
하나가 되는 것이 더 괴롭고 고통스럽
거든 너희들은 따르지 말라.
36 너희 자식이 너희 앞에서 죽어 가는
그 고통보다도 너희 마음을 비우는 것
이 더 어렵거든, 더 힘들다 생각하거
든 너희 마음을 버리지 말라.
37 나의 아들 예수를 살릴 수 있는 나 여
호와가 너희들을 위하여 그리 고통스
럽게 죽어 가는 그의 기도를 들어주지
아니하였음이니라.
38 너희들은 기억하여야 될 것이니라.
39 나의 아들이 수십 번 깊은 밤에 나에
게 '그 잔을 받지 아니하면 아니 되겠
사옵나이까?' 하는 기도를 하였으며,
그가 십자가에 못 박혀 숨을 거두는
그 순간까지 나를 찾았느니라.
40 '아버지여! 정녕 저를 버리시옵나이
까, 저를 버리시겠나이까?' 그는 절규
하며 소리 지르며 목메어 부르짖으며
숨을 거둔 그 엄연한 사실을 너희들은
다시 한 번 알아야 될 것이며, 그와 같
은 역사가 있었음을 알아야 될 것이니
라.
41 아무도 보지 않는 그 밤에 나에게 '그
잔을 받지 아니하면 아니 되겠나이
까?' 하는 그 수십 번의 기도를 드린
나의 아들이 인내하고 견디고 그 고통
속에서 나 여호와의 뜻을 따르고자 하
였으나, 마지막에 그는 절규하며 나를
불렀노라.
42 '아버지여! 정녕 저를 버리시겠나이
까, 저를 이리도 버리시겠나이까?' 그
는 마지막에 절규의 그 기도를 드리며
고개를 떨어트렸음이니라.
43 그 모두를 보는 나 여호와는 그를 듣
지 아니하였음이니,
44 그것을 바라보는 나의 가슴보다 더 아
프거든 너희들은 마음을 비우지 말며,
남을 미워하고 시기하고 질투하며 저
주하는 그러한 마음으로써 너희 가슴

속에 안고 그리 살라.
45 정녕 버리는 것이 그리도 아파 그 고
통이 더 강하다 하면, 너희들은 하나
가 되는 그 길을 택하지 말라.
46 내가 오죽하면 한 여인의 자식을 잃은
그 슬픈 가슴을 이 단상에 세워 실제
로 그 체험을 너희 귀로 듣도록 하겠
는가?
47 그렇게라도 하여 너희들을 하나로 만
들어 다스리고자 하는 나 여호와의 뜻
을 알아야 할 것이니라.
48 너희들의 살을 베어 흐르는 그 피보다
도, 너희 자식이 너희 앞에서 죽어 가
는 것보다도, 너희 자신이 죽어 가는
것보다도 너희 마음을 비우는 것이,
그리고 나의 사랑을 따라 실천하는 것
이 더 고통스럽고 힘들다 하거든 너희
들은 그를 행하지 말라.
49 이것이 내가 이 세상을 정화할 수 있
는 뿌리요, 근본이기에 나 여호와의
아픈 마음을 전하노라.
50 이를 잊지 말고 명심하여 너희들이 하
얀 꽃이 되어, 너희들은 죽은 자이니,
보는 것도 없고 듣는 것도 없고 미워
하는 것도 없고 시기하는 것도 없고
질투하는 것도 없이 그리 가야 될 것
이니,
51 너희들이 그와 같은 마음이 되지 아니
하였을 때 내가 테이프 앞면의 나의
음성을 하늘로 거둬들일 것이니, 그
무서운 죄의 대가를 너희들은 받아야
할 것이니 그리 알라.

2,501 번째 하나님 말씀

2002년 6월 27일 08시 50분

1 사랑하는 나의 아들아!
2 "네, 아버님! 말씀하옵소서."
3 이 세상 나의 피조물 만백성이 육의
인생의 삶을 엮어 가지 아니하는가?
4 그리하여 내가 너희들에게 먹고살고
노력하는 만큼 거둬들일 수 있는 그
모든 은혜를 내렸다 함이니라.
5 네가 지금 또한 나의 아들로서 나의
법전을 기록하여 만백성을 구하는 그
대업에 매진하고 있음이니,
6 그러나 네가 육의 형태로써 지금 이
지상에 살아가고 있음이니,
7 나의 피조물 만백성이 하나 더하기 하
나는 둘이요, 육하원칙이요, 또 그들
의 눈으로 봐서 옳고 그름을 그 스스
로 판단하는 기준이 있음이니라.
8 육을 가지고 있는 너로서는 그 기준을
벗어나는 생활의 형태로써 그들을 이
해하며 그들을 이끌어 가기가 어려운
것을 알아야 하느니라.
9 사랑하는 나의 아들아!
10 "네, 아버님! 말씀하옵소서."
11 내가 너에게 무서운 기적으로써 모두
를 보여 주었음이니라.
12 그러니 너는 어떠한 형태로 살아야 되
는가?
13 너의 제자들이요, 만백성이 너를 바라
볼 때 그들이 잘못됐다고 생각하는 행
위나 정의롭지 않은 언행은 네가 일절
삼가도록 그리 살아가야 할 것이니라.
14 포괄적으로 하늘을 향하여 한 점의 부
끄럼 없이 사는 삶이며, 나의 계명을

지키고 사는 것이 하늘에 오르는 길이
요, 나의 근본이라 내가 너희들에게
말하였으나,
15 이제 너는 하나하나 행동하고 말을 할
때, 과연 그것이 너의 사랑하는 제자
들이 용서할 수 있으며 그들로부터 용
서받을 수 있는 행동인가를 생각하여
행하지 아니하면 아니 되느니라.
16 그와 같은 기준에 맞추어 네가 모두를
행한다 하면, 이제 네가 바로 설 수 있
으며 나의 아들로서 만백성에게 한 점
의 부끄럼이 없는 삶을 살아갈 수 있
음이니라.
17 모든 나의 백성들은 너를 갈기갈기 헤
쳐 놓을 것이며, 한 점의 좁쌀만 한 것
도 네가 감출 수 없는 그와 같은 심판
의 시대가 옴을 알아야 될 것이니라.
18 그를 대비하지 아니함은, 내가 너희들
의 생명을 세상에 내보내 그 생명줄을
감아 오니, 너희들이 곧 죽어 나에게
와 심판을 받는다는 그 벗어날 수 없
는 엄연한 사실을 부정하는 사람들과
같으니라, 나의 아들아!
19 너의 좁쌀보다도 더 작은 것까지 헤쳐
서 그 모두를 그들이 파헤쳐, 너에게
걸고 잘못된 부분이 있다 하면 그를
용서치 아니할 것이니, 그것은 바로
무엇이더냐?
20 내가 마지막으로 제3의 시대를 열어
나의 성령을 세상에 내보낸 그 모두를
부정하게 됨이니라.
21 그리하여 나의 법전에 네 생각을 하나
라도 기록한다면 그것이 사탄이 침투
할 수 있는 기회를 줌이라 말하였음이
니,
22 네가 좁쌀만 한 그러한 행위의 부끄러
운 것이 있어서도 아니 되며,
23 너는 너의 제자들과 나의 피조물 만백
성에게 항상 묻는 마음으로 살아야 될
것이니라.
24 모든 행동함은 나에게 묵상과 기도로
써 행하여야 할 것이며, 네가 행동함
은 항상 너의 제자들에게 물어서 하는
그와 같은 마음 자세로 살아야 될 것
이니라.
25 네 앞의 사람에게만 묻는 것이 아니니
라.
26 너의 제자들 이름 앞에 하나하나 네가
물어보고, 그 행동이 정당하고 타당하
며 바른가를 물어봐 행하도록 하여야
할 것이니라.
27 그리하여야만 네가 육을 가지고 이 세
상에 있는 한 세속에 있는 나의 피조
물 만백성이 너를 따를 것이며, 너를
우러러볼 것이며, 나의 법전이 세상에
나오는 데 하나도 걸림돌이 없음을 알
아야 할 것이니라.
28 좁쌀보다도 더 작은 것까지 그들이 분
석하고 너를 분해한다는 것을 잊지 말
라, 나의 아들아!
29 "아버님! 알겠사옵니다.
30 이제는 정녕 제가 육을 가진 사람으로
서, 모든 것을 아버님께서 성령과 묵
상으로써 내리심에 따라 행하며,
31 지상에서는 저의 제자들에게 모든 것
을 물어봐 한 점의 부끄럼이 과연 없
는 것인가 그 행위를 따라 그와 같이
제가 행동하는 지표로 삼겠사옵나이
다.
32 제가 여호와 하나님께 여쭈어 말하기

를, 세상에 스승이요, 또한 누구를 지
표로 삼아 살아야 하오리까 하고 말씀
드렸던 그 뜻을, 이제야 저의 제자들
을 지표로 삼아 가는 것이 근본이요,
기초임을 알겠사옵나이다.
33 이제 하나하나 그들에게 그 행위가
바른지 바르지 못한지를 물어보아,
바르지 못한 행위는 하나하나 접어 부
끄럽지 않은 아버님의 아들로서 성령
을 받아 만백성에게 길이 빛날 역사를
이루는 그 모두에 하나도 부끄러움이
없는 삶을 살아가도록 하겠사옵나이
다."

2,502 번째 하나님 말씀

2002년 6월 27일 09시 13분

1 사랑하는 나의 아들아!
2 "네, 아버님! 말씀하옵소서."
3 너희들이 세상에 나감이니, 그리고 내
가 너희들에게 먹고살며 능력껏 얻고
취할 수 있는 모두를 다 주었음이니라.
4 그러나 너희들은 그 생활 속에서 너희
들 자신의 흐트러진 생활과 노력하지
않는 그 생활로 인하여 남들에게 많은
빚을 지고 살아가는 사람이라 말하자.
5 남에게 빚을 지고 살아가는 사람의 그
고통이 얼마나 힘들고 어려운 것인가?
6 그러나 고통스럽고 힘든 그 모든 빚을
다 탕감해 주고 갚아 주는 사람이 있
다 하면, 너희들은 그 사람에게 얼마
나 감사의 표시를 하며 살아가겠는가?
7 내가 너희들에게 빚을 탕감하고 살라
일깨워 주고 또 그리 가르쳐 주건만,
너희들은 지고 있는 그 빚을 탕감하여
편안한 마음으로써 살아가고자 하는
그와 같은 삶을 역행하고 살고 있음이
니,
8 이 세상에 너희들이 생명을 받아 나간
것이 나에 대한 은혜요, 너희들이 세
상에 나와 노력하고 또한 살고자 하는
그 행함에 따라 모든 부귀영화라는 것
과 너희들 세속의 권력과 모든 명예를
다 얻고 살아갈 수 있는 그와 같은 은
혜를 내가 너희들에게 내려 주었음이
니라.
9 그 자체가 과연 너희들은 나에게 진
빚이 아니던가?
10 그리하여 너희들이 세상에 나가 나의
율법과 계명을 지키고 살며, 모두를
사랑하며, 사랑하는 마음으로 인생을
살다 나에게 오라 그리 말하였음이니
라.
11 그리하여 너희들이 나로부터 진 빚의
그 모두를 탕감할 수 있는 것을, 내가
너희들에게 탕감해 주고자 규정을 내
려보냈음이니, 그게 바로 무엇이더냐?
12 십계명을 지키며 나의 율법을 지키며
살다 나에게 오면 너희들이 지은 그
모든 죄를 탕감해 준다 하였음이니,
13 내가 너희들에게 모두를 탕감해 주고
자 하나, 탕감하고자 하는 내가 내린
그 뜻을 따르지 아니하며 그를 탕감받
으려 하지 아니하는 것이 지금 너희들
의 삶이 아니던가?
14 너희들이 내가 내린 나의 계명이요,
나의 율법을 지키고 산다 하면 모든
죄를 다 탕감받아 하늘나라에 와 살
수 있음이거늘,
15 그리 내가 탕감해 줄 것이니 너희들이

지켜야 할 것을 내가 명하였으나, 그
를 지키지 아니하고 산다 하면 나로부
터 진 모든 그 빚을 탕감받지 못한다
는 것을 알아야 할 것이니라.
16 너희들이 그 모두를 탕감할 수 있는
길이 복잡하고 깨달음이 어려워 그 탕
감의 길을 모른다 하여,
17 이제는 내가 지금 누구나 다 읽고 깨
우칠 수 있는 나의 성령을 나의 아들
을 통하여 법전이라 하여, 누구든지
그를 읽고 깨우치는 자는 그리 행할
수 있도록 모두를 풀어 160권으로써
세상에 내려보내니,
18 너희들이 단 한 권만 정독하고 깨우친
다 해도 너희들이 나로부터 진 빚의
죄의 모든 대가를 다 탕감받을 수 있
는 그와 같은 역사의 시대를 열어 주
건만,
19 그를 보지 아니하며 그를 지키지 아니
하며 그를 버리는 자, 그리고 나의 계
명대로 살 수 없다 하는 자, 그는 내가
너희들의 모든 악으로부터 지은 죄를
탕감해 주고자 하나 그를 거부하는 자
들이니,
20 나로부터 지은 죄의 빚을 탕감치 아니
하고 너희들이 어찌 구원을 받을 수
있다 생각하는가?
21 아무리 너희들이 울부짖고 소리 지르
며 잠자지 아니하며 기도하고 광란의
방법으로써 나 여호와를 찾아도,
22 나의 율법이요, 나의 법전을 접하지
아니하는 자는 나로부터 지은 그 죄를
탕감받을 수 없음을 알아야 할 것이니,
23 이와 같은 뜻을 전해 듣는 너의 제자
들은 만백성에게 전해야 될 것이며,
24 나의 법전을 접하고 깨우친 나의 피조
물 만백성은 나의 법전이 너희들이 나
로부터 지은 죄의 모두를 탕감받는 근
본이요, 기초임을 전하여,
25 그들이 160권 중에 한 권을 읽어 하늘
에 오르는 길을 볼 수 있도록 그리 깨
우쳐 주어야만 될 것이니,
26 이를 게을리하지 말라, 나의 사랑하는
모든 백성들아!
27 그리고 나의 아들 너는 여기에 모두를
다 바쳐 나가야 할 것을 잊지 말라.

2,503 번째 하나님 말씀

2002년 6월 27일 11시 53분

1 사랑하는 나의 아들아!
2 "네, 아버님! 말씀하옵소서."
3 너희들이 이 세상에 살아가며 나로부
터 받은 그 모든 은혜에 보답하는 길
은 너희들이 나의 계명을 지키며 나의
법전에 따라 살아가는 것이며,
4 그것이 너희들이 모두를 다 면제받는
길이라 말하였음이니라.
5 너의 제자들에게 이르라.
6 너희들이 남을 용서치 못하며 남을 용
서하는 마음이 없을 때, 너희들은 바
로 무엇이더냐?
7 본인이 용서를 받지 못함을 알아야 될
것이니라.
8 남을 용서하지 못하는 사람은 본인이
용서를 받을 수 없음이며, 너희들이
남을 용서하지 못한다 하는 것은 나
여호와로부터 너희들 스스로 자신이
용서받지 못함을 알아야 할 것이니라.
9 남을 용서하는 자만이 저 스스로 용서

를 받을 수 있으며, 남을 용서하고 살
아가는 자만이 나 여호와로부터 용서
를 받으며 사랑을 받을 수 있음을 알
아야 될 것이니라.
10 이제는 너의 제자들에게 네가 일깨워
주어야 될 것이니라.
11 지금 너의 제자들은 내가 천 년에 걸
쳐 이루는 그 새 역사의 기초를 다지
는 하얀 마음으로 나의 아들을 따라가
고자 하는 자들이며 너희들은 가야 하
는 것이니라.
12 여기서 벗어날 수도 없으며 돌아갈 수
도 없으며 돌아설 수도 없는 것이 지
금 바로 나의 아들 앞에 와 고개 숙여
나의 음성을 듣는 너희들임을 알아야
할 것이니라.
13 너희들에게 내가 묻노라.
14 금화와 은화 한 닢을 가지고 있는 너
희들에게 너희 부모요, 너희 형제요,
이웃의 모든 사람들이 금화와 은화 열
닢을 달라 말했을 때, 너희들은 그 열
닢을 줄 수 있겠는가?
15 줄 수가 없음이니라.
16 너희들은 금화와 은화를 가지고 있는
것이 한 닢이기 때문에, 한 닢을 가지
고 있는 너희들에게 열 닢을 달라는
사람에게 그 열 닢을 줄 수 없음이니
라.
17 여기서 너희들이 깨우쳐 가야 될 것이
니라.
18 너희들의 믿음이 과연 어디에 가 있어
야 하겠는가?
19 너희들의 믿음이 얼마나 높아야 나의
피조물 만백성이 너희들을 보고 깨우
치며, 너희에게 믿음이요, 가르침을
달라 말할 때 그들에게 풍부히 줄 수
있겠는가?
20 너희들의 믿음의 깨우침이 높이 와 있
어야 함을 알아야 할 것이니라.
21 너희들이 지도자라 하여 나로부터 선
택되어, 너희들로 하여금 이 세상의
나의 피조물 만백성을 깨우쳐 가는 그
물줄기가 되어 이루어 나갈 것이니,
22 과연 나의 법전이요, 나의 성령의 뜻
을 들으면서 너희들의 깨우침이 어디
에 와 있어야 하겠는가?
23 너희들의 깨우침이 높아야만 하는 것
이니라.
24 너희들의 깨우침이 높지 못하며 나의
뜻이 무엇인지 모르고 내가 이루고자
하는 역사가 무엇인지 모르며 나의 법
전에 기록되어 있는 내용들을 너희들
이 모른다 하면,
25 너희들 앞에 무엇인가를 얻고자, 깨우
침을 얻고자 오는 나의 피조물 만백성
을 너희들이 가르치며 다스릴 수 있겠
는가?
26 절대 다스릴 수 없고 깨우칠 수도 없
음이니라.
27 그러니 너희들이 나의 아들을 따라 이
시간에 그 깨우침의 경지가 높아져야
될 것이며, 너희들이 나의 법전의 내
용을 기억하고 정독하여 그를 많이 너
희 가슴속에 가지고 있어야 됨을 잊지
말라.
28 너희 제자들이 너희에게 와 물을 때,
너희 깨달음과 믿음이 얕아 그에게 대
답을 못 한다 하면 이를 어찌하여야
하겠는가?
29 바로 이것이 너희들이 지금서부터 가

야 할 대명임을 알라.
30 너희들에게 와 구원을 받고자 하는 나
의 피조물 만백성이 스승이요, 너희들
에게 가르쳐 달라 말할 때, 너희들이
알지 못하면 그를 가르치지 못함이니,
그와 같은 이치를 알아야 될 것이니라.
31 지금 나의 아들을 통하여 너희들에게
내가 직접 명하니, 이것은 내가 하늘
에서 너희들에게 글로써 내려보내는
것과 같음을 깨우쳐야 될 것이니라.
32 너희들의 깨우침이요, 믿음이 높지 못
하면 나의 피조물 만백성을 구원하지
못하니, 너희들로 하여금 죽어 가는
그 백성이 있음을 알아야 할 것이니라.
33 너희들은 나의 법전을 정독하라.
34 그리고 나의 아들이 너희에게 내리는
그 모든 깨우침을 하나하나 기록하여
정독하고 또 반복하여 읽고 깨우치며
그 뜻을 소화시켜, 너희들에게 너희
제자들이 와서 물을 때 그들에게 길을
열어 주는 그와 같은 너희들이 되어야
함을 잊지 말라.
35 내가 다시 한 번 너희들에게 명하노라.
36 너희들이 남을 사랑하고 용서치 못하
면 너희들이 용서받지 못하며, 너희들
이 남을 용서하고 그들의 허물을 다스
려 주지 못한다 하면 너희들이 나로부
터 용서받지 못하며 너희 허물을 내
앞에 와 용서받지 못함을,
37 이 이치를 가슴 깊이 새길 것이며, 만
백성에게 그를 깨우쳐 전하도록 하라.
38 내가 너희들을 사랑하노라.

2,504 번째 하나님 말씀

2002년 6월 28일 08시 04분

1 사랑하는 나의 아들아!
2 "네, 아버님! 말씀하옵소서."
3 너는 이 세상 모두를 보지 말라 하였
으며 생각하지 말라 하였으며 네 가슴
에 두어서는 안 된다 내가 너에게 말
하였느니라.
4 정녕 네가 바로 가고 있으며 바로 서
있는가, 나의 피조물 수십억 인구가
갈 수 없는 그 길을 네가 지금 가고 있
는가?
5 네가 모두를 다시 한 번 두드려 보고
하나하나 점검할 때가 되지 않았는가?
6 아들아!
7 "네, 아버님!"
8 가는 길이 어렵고 힘듦이니라.
9 그리고 스스로 자신을 속이지 않고 살
아감이 얼마나 어렵고 힘든 길인가?
10 그러나 너는 그 모두를 해내야 되는
그러한 선택된 나의 아들이니라.
11 160권의 나의 성령이 세상에 나가 만
백성이 깨우쳐 변하여야 될 것이니,
그 대업을 너 말고는 누구도 이룰 수
없음이니라.
12 이제 네가 너희들이 말하는 7월 7일
이라는 그 날짜에 오전 10시부터 나
의 백성들을 가르쳐 깨우칠 것이며,
또한 오후에 네가 이동하여 2시부터
나의 피조물 만백성을 깨우쳐 이르도
록 하며,
13 많은 사람을 치료함은 2시에 네가 교
육이 끝난 시간부터 사람들을 그리 다
스리도록 하라.

14 이제 나의 성전에서 많은 너의 제자
들, 너를 따르는 자, 그리고 법전을 읽
고 깨우친 자, 다시 그들을 깨우쳐야
할 것이며,
15 두 군데의 마음을 갖는 자, 이제는 모
두를 다 정립하라 그리 이르라.
16 이쪽저쪽 눈치를 보며 다니는 자, 잘
못된 믿음의 길을 간다는 것을 나의
법전을 읽고 깨우쳤어도 그를 행하지
못하는 자, 이제는 그들이 그 마음을
다 거두어들여야 할 것이니라.
17 점술가에게 가 점을 보고, 무당이라는
자에게 가 굿을 하고, 저희들이 다니
는 성전의 그 고리를 끊지 못하고, 저
희들이 다니던 그 법당이라는 곳의 고
리를 끊지 못하며, 그리고 말할 수 없
는 여러 가지 종파에 몸담고 있는 그
들이 이제는 모두를 다 정리해야 될
것이니라.
18 너희들이 시기하고 질투하는 마음이
있음으로 인하여 나의 성령을 받아들
이지 못한다 하였음이니,
19 오로지 나에게 기도하고 경배하는 그
것을 버리고 두 갈래, 세 갈래의 마음
을 가지고 있다면 정녕 그들은 깨우칠
수 없으며, 앞으로 수없는 파장이 닥
쳐옴이니,
20 모두를 다 저버리고 오로지 나의 법전
이요, 나의 성령에만 모두를 다 바쳐
경배하며 기도하는 자, 오로지 한 길
을 가는 자만을 이제는 나의 성전에
거둬들여야 될 것이니, 그를 명심하여
네가 깨우치도록 하라.
21 그들이 많은 곳에 가 저희 스스로 깨
우치고 공부하는 것은 저희들의 뜻이
요,
22 저희 스스로 공부하며 깨우치고자 또
한 연구하고자 가는 것과, 저희 마음
의 뿌리를 버리지 못하고 가는 것과는
하늘과 땅의 차이가 있음이니,
23 원천의 뿌리를 모두 다 버리며, 오로
지 나의 법전과 나의 성령에만 뿌리를
심는 그와 같은 제자들만이 나의 성전
에 와 공부를 하며 깨우칠 수 있도록
그리하라, 아들아!

2,505 번째 하나님 말씀

2002년 6월 28일 08시 28분

1 사랑하는 나의 아들아!
2 "네, 아버님! 말씀하옵소서."
3 모든 것을 나 여호와에 대한 감사하는
그 마음을 정녕 모르는 자는 하늘의
길을 볼 수 없으며 하늘에 오를 수 없
음을 알아야 될 것이니라.
4 모두에 있어서 나 여호와의 은혜에 감
사하는 마음부터 너희들 가슴속에 간
직하여야 됨이니,
5 너희들이 그러한 마음을 간직하며 모
두에 대한 감사의 그 은혜의 뜻을 안
다 하면 너희들은 정녕 하늘에 오르는
그 찬란한 빛을 볼 것이며 그 빛을 따
라 구원을 받을 수 있음을 알아야 할
것이니라.
6 너희들 인간이 살아가면서 육의 세상
에서 복수하고자 하는 그 불타는 마음
을 버리지 못하며 과격한 감정을 다스
리지 못한다 하면 너희들은 곧 나의
은혜를 모르는 자들이니라.
7 모두에 있어서 나 여호와에게 감사하

며 은혜를 아는 자는 인간의 육신의
삶을 살면서 복수심을 버릴 수 있을
것이며,
8 과격한 너희들의 시기와 질투요, 욕망
이요, 그 모든 마음을 다스릴 수 있음
을 알아야 할 것이니라.
9 너희들 자신을 다스리지 못한다 하면
너희는 정녕 그리도 원하던 하늘에 오
르는 그 찬란한 빛을 보는 영광을 얻
지 못하게 됨이니라.
10 이제 너의 제자들과 나의 법전을 읽은
모든 백성은 나의 십계명과 나의 법전
에 기록된 성령의 그 내용을 하나하나
시행하고자 노력하는 그 길밖에 없음
이니,
11 그리 노력하고 다스리면 너희들이 지
키고 행하며 갈 수 있는 그와 같은 너
희들의 마음의 변화에 따라 영광을 얻
을 수 있음을 알아야 할 것이니라.
12 60평생의 그 모든 삶을 살아온 나의
아들, 나의 선지자가 조용히 그저 모
두를 지키며 그 뜻에 따라가고자 노력
하는 그 모습을 너희들은 바라보아야
될 것이며,
13 똑같은 육의 삶의 형태에서 그 모두를
지켜 가는 나의 아들의 모습을 보며
너희들이 진심으로 변하며 진심으로
나에게 모두를 감사하는 마음을 갖는
그 생활 속에서 너희들이 하늘에 오르
는 영광의 빛을 따라 오를 수 있음을
잊지 말라.

2,506 번째 하나님 말씀

2002년 6월 28일 11시 40분

1 사랑하는 나의 아들아!
2 "네, 하나님! 말씀하옵소서."
3 네가 오늘의 모든 역경과 불어오는 태
풍보다도 강한 그 바람들을 가슴에 안
으며 너 스스로 나의 성전을 지켜 나
의 음성을 들어 기록함이니, 오늘의
이와 같은 형국이 2천 년 전 나의 아
들 예수를 살해했던 그 사악한 자들의
싹이 틈과 같음이니라.
4 그를 누가 살해하였던가?
5 나 여호와를 믿으며 내가 존재함을 믿
으며 나의 백성이라는 자들이 그를 살
해하였음이니,
6 그들은 저희들의 뜻과 행동과 의지와
같지 아니하다는 그 하나로써 나의 아
들 예수를 살해하였음이니라.
7 지금 내가 2천 년 후에 나의 피조물
만백성 너희들을 구하기 위하여 나의
성령을 태워 세상에 내려보내 법전이
라 하여 기록함이니, 이 또한 어떠한
형국이 지금 이루어지고 있는가?
8 나의 아들 예수를 살해했던 그 당시
그 백성들의 형태가 하루아침에 이루
어진 것이 아님이니라.
9 그들은 나의 아들 예수를 연구했으며,
그를 분석했으며, 그 행적을 다 조사
하며 분석했음이니라.
10 그리하여 그는 진정한 나의 아들이요,
나의 성령을 받아 만백성을 구하기 위
하여 세상에 나온 왕이라는 것을 그들
은 재판할 수 있었으며, 그들은 그와
같은 상황 판단을 할 수 있었음이니라.

11 그들은 나의 예수가 정녕 사탄이요,
사악한 자로 그리 보였다면 그를 살해
하지 아니하였음을 너희들은 알아야
될 것이니라.
12 그가 사탄이요, 정녕 잘못된 자라 하
면, 그들은 그 불꽃이 타다 꺼질 것을
알았으며,
13 잘못된 것이요, 거짓 가르침이요, 깨
달음은 진실 앞에 문을 닫는다는 것을
너무나도 잘 알고 있는 것이 그 시대
의 백성들이었음이니라.
14 그들은 나의 아들의 행적서부터 그가
하는 말까지 그 제자들보다 더 깊이
분석했으며 더 깊이 연구했으며, 그들
이 열두 제자보다 모든 것을 더 많이
알고 있었음이니라.
15 매일 기적을 이루는 역사의 행하는 것
을 듣는 그 열두 제자들은 게으르고
태만한 데가 있었을지언정,
16 그를 쓰러트리고자 그를 분석하며 뱀
의 눈과 같이 번뜩이며 뱀의 혀처럼
날름거리는 그들은 예수의 말 한마디
도 헛듣는 것이 없으며, 그의 행적이
요, 잠자고 일어나는 시간까지도 그가
행하는 것을 버리는 것이 없이 그리
분석하고 연구하였음이니라.
17 그리하여 그가 정녕 새로운 시대를 열
기 위한 성령의 시대의 왕이요, 그는
나 여호와를 증거하며, 그가 하는 것
은 나의 뜻이요, 이 세상을 다스리는
진정한 나의 진리의 가르침이라는 것
을 알았으며,
18 그는 사탄이요, 사악한 자가 아니라
정녕 만백성을 구하러 온 진정한 그들
의 왕이라는 것을 알았기 때문에, 그
들은 그를 살해하였음이니라.
19 그리하여 그들은 처음서부터 그와 같
이 그를 살해한 것이 아니라, 많은 시
간 속에 그를 연구하고 계산에 두어
그리 행하였음이니라.
20 나의 성전에 와 너를 따르다 너를 핍
박하여 등진 자들, 그들이 바로 그를
연구하고 그를 파악하며 살해한 자들
과 같은 형국이니라.
21 또한 예수의 제자들과 마찬가지로 지
금의 너의 제자들은, 지금 네 앞에 와
성령을 들으며 나의 법전을 공부하며
내가 나의 아들을 통하여 내리는 성령
의 공부를 하는 너희들의 마음은 많은
시간이 지나고 지남으로 인하여 느긋
하며 그 위대함과 감사함을 모르며 오
늘의 가르침의 깊이를 모르나,
22 이를 쓰러트리고자 하는 자들은 너희
들보다 더 깊이 잘 알며, 더 연구하며,
그들이 나의 법전을 가지고 어찌 불을
지르고 엎을까 하여 하나하나 꼬집어
가고 있는 현실을 알아야 될 것이니,
23 그게 바로 나의 아들을 죽였던 2천 년
전의 믿음의 길을 간다는 그 사악한
백성들이 행하였던 그 시초가 지금 시
작되고 있음임을 너희들은 깊이 깨우
쳐야 될 것이니라.
24 지금 바로 그와 같은 것이 시작됨이니
라.
25 그들은 그와 같은 사악한 방법으로 나
의 선지자를 쓰러트리며, 나의 법전을
다 태우고 짓밟으며, 이것은 마지막
시대에 거짓 선지자가 기록한 것이라
부르짖을 것이니라.
26 그러나 그들은 그리 이룰 수 없음을

모르느니라.
27 이미 이는 나의 법전으로서 나의 성령
이 기록되어 책으로 세상에 나갔으며,
160권의 나의 성령의 뜻인 법전은 세
상에 나와 천 년에 걸쳐 마지막 나의
역사로서 나의 백성들을 구원하고자
하는 그 뜻을 모름이니, 그 앞에 그들
이 견딜 수 없음을 그들은 모르느니라.
28 이제 사랑하는 나의 아들 너는 깨우쳐
야 될 것이며, 행하여야 될 것이니라.
29 지금 너를 따르는 너의 제자들에게 모
든 의식주부터 해결하는 그와 같은 힘
과 용기를 주어야 될 것이니라.
30 너의 제자들의 의식주가 해결됨으로
써 믿음의 길을 가고 믿음을 깨우치며
바른 깨달음을 얻을 수 있는 것이니라.
31 네가 이제 나의 법전을 세상에 전하며
만백성을 구함에 있어서 모든 경제적
인 뒷받침을 내가 너에게 이루고자 함
은,
32 네가 나의 법전을 세상에 전하는 것도
너희들의 경제적인 받침과 그 힘이 없
이는 나의 법전을 세상에 전할 수도
없으며 나의 역사를 이룰 수도 없음이
니, 그리하여 내가 너에게 모든 경제
요, 재물의 능력을, 금화와 은화의 힘
을 실어 줄 것이니라.
33 그러나 너는 여기서 너의 제자들과 하
나의 맹세를 나에게 해야 될 것이 있
느니라.
34 너희들에게 내가 의식주의 길을 열어
주며 의식주의 짐을 덜어 주었을 때,
35 너희들은 이 모두는 나의 말씀이라는,
나의 법전이라는 테두리 안에서, 나
여호와의 품 안에서 모두를 행하고 집
행하고 이루어야만 너희들이 구원의
길을 볼 수 있으며, 버려지는 자식이
아니 될 것이니라.
36 너희들이 나의 법전을 세상에 전할 수
있도록 내가 너희들에게 재물이요, 재
정이요, 경제적인 그 능력을 줄 때, 너
희들이 하나 여기서 깊이 약속하여야
할 것이 있으니, 그 모두는 나 여호와
의 품 안에서 이루어진다는 것을 잊지
말아야 될 것이며,
37 너희들이 나의 품을 떠나서 이루고자
하는 생각, 내가 내리는 성령이요, 나
의 법전의 그 테두리를 벗어나서 너희
들의 부요, 재정이요, 경제적인 것을
생각한다면 그것은 하루아침에 재가
된다는 것을 알아야 될 것이니,
38 너의 제자들은 오로지 나의 품 안에
서, 나의 법전의 그 품 안에서 모든 경
제를 움직이고 재물을 쓰며 재정을 다
루어야 된다는 것을 잊지 말라.
39 이것 하나를 너희들이 굳게 약속하고
시행할 때, 내가 너희들에게 역사할
것임을 알라.
40 너희들이 나 여호와의 품을 벗어나며
나의 법전이요, 나의 성령을 벗어나서
너희들의 의식주를 해결하며 너희들
이 부를 누리고자 하며 너희들이 재물
을 관리하고자 한다면, 그는 나와 관
계없는 자식이 되며, 그 순간에 모두
가 물거품이 됨을 알아야 될 것이니라.
41 모든 너희들의 의식주를 해결하며 너
희 가정을 지키는 것도, 너희들이 나
의 법전을 온 세상에 전하는 그 역사
를 이루는 그 재정의 뒷받침도 나 여
호와의 이름 아래 이루어진다는 것을

지우지 아니하고 잊지 않을 때 모든 역사가 이루어질 것이니, 그리 알아야 될 것이니라.

2,507 번째 하나님 말씀

2002년 6월 29일 01시 05분

1 사랑하는 나의 아들아!
2 "네, 아버님! 말씀하옵소서."
3 지금의 나의 피조물 만백성 너희들이 말하느니라.
4 예수의 그 시절에 기적을 이루었으며 그 역사를 이루었으며 은혜와 은총을 내리는 그 속에서 어찌하여 그를 따르던 제자들이 스스로 예수와 더불어 그 생명을 던져 한 길을 가지 못했는가 너희들은 생각할 것이니라.
5 그러나 지금 너희들의 자세를 돌아다 봐야 될 것이니라.
6 지금 내가 나의 성령을 세상에 내려보내 너희들이 기계라 하는 곳에 엮어 놓았음이니, 그를 내가 지워 버리며 거둬들이는 역사를 이루는 이 기적을 보는 너희들의 마음 자세가 과연 어떠하던가?
7 너희들이 과연 나의 기적에 대하여 얼마나 두려워하고 반성하며 회개를 하는가?
8 몇백 년, 몇천 년의 역사가 흘러 너희 후손들이, 오늘의 그와 같은 기적을 이루는 그 시대에도 너희들이 선지자를 따르지 아니하며 나의 아들을 통하여 내리는 법전에 왜 지금 충실치 못했는가 하는 것을 그들은 그와 같이 또 평가를 하게 될 것이니라.
9 지금 내가 나의 성령을 세상에 내려보내 법전이라 하여 160권을 내려보내는 것은 마지막으로 나의 모두를 다 태워서 이루는 역사라 하였음이니라.
10 그러나 그와 같은 나의 뜻을 수없이 들으며 나의 음성을 그리 듣는 너희들의 자세가 과연 어디에 와 있는가?
11 지금 나의 성령을 들으며 나의 법전을 공부하며 나의 아들 앞에 와 제자라 고개 숙여 배움의 길을 가고 있는 너희들 자신을 돌이켜봐야 될 것이니라.
12 정녕 나 여호와를 믿지 아니하고 나 여호와가 존재하는 것까지도 생각하지 아니하며 그저 너희들이 말하듯이 종교라는 그 믿음이 없이 살아가는 자들이 일상생활에 하는 그 행동의 마음 자세와, 지금 나의 법전을 읽고 깨우쳐 공부한다는 너희들의 그 자세가 얼마나 차이가 나며 격이 있는가?
13 정녕 너희들이 나의 아들을 따라 나의 성령을 직접 기록한 나의 법전을 가지고 공부하며, 나의 아들을 통하여 내리는 나의 성령의 그 가르침과 음성을 직접 듣고,
14 하늘에 내가 존재하며 너희들이 잘못 살았을 때 죽어 와 나로부터 그 형언할 수 없는 형벌을 받는다 그리 수없이 가르쳤음이니, 그를 듣고 배우고 깨우친 너희들과,
15 아무것도 믿지 아니하고 살아가는 그들이 인간관계에서 하루하루 생활하는 그 형태가,
16 누가 더 아름다운 마음으로써 세상을 살아가며, 이웃을 사랑하며 정을 나누며 살아가는 것인가 너희들은 한번 견

주어 비춰 봐야 될 것이니라.
17 과연 너희들이 얼마나 높이 와 있으며
얼마나 높고 아름답게 행하고 있는가
를, 너희 자신들을 한번 그들과 견주
어 봐야 될 것이니라.
18 그리고 지금 종교 지도자들 밑에 저희
손으로 만든 그 성전에 가서 온갖 죄
를 짓고 잘못 산 죄, 그 모두를 눈물로
써 회개하고 반성하며 재물로써 그를
용서받으며 재물을 하늘에 그득히 쌓
아 놓음으로써 너희들이 죽어 와 그
축복과 은혜와 영광을 받는다 가르치
는 그 속에서 배우며 공부하는 그들의
살아가는 형태와 그들이 가지고 있는
믿음의 그 형태와, 너희들이 가지고
있는 지금의 살아가는 그 믿음의 형태
를 한번 견주어 봐야 될 것이니라.
19 무신론자요, 종교를 갖지 않은 그들이
살아가는 형태와 이웃과 더불어 어렵
고 힘든 자 도우며 살아가는 그들의
마음자리와, 깨우쳤다는 너희들의 마
음자리를 견주어 볼 것이며, 종교 지
도자를 따라 지금 믿음이라는 그 세월
을 가고 있는 그들을 또 너희들과 견
주어 봐야 될 것이니,
20 과연 너희들이 얼마나 다르며 얼마나
높은 위치에 와 있으며, 너희들이 과
연 나의 법전을 읽고 깨우쳐 공부하는
그 깨우침이 얼마나 되며, 너희들이
어디까지 와 있는가를 너희 스스로
견주어 봐야 될 것이니라.
21 나 여호와가 내려다보는 너희들의 모
습은 그들과 하나도 차이가 없으며 변
화됨이 없는 그와 같은 형국이니라.
22 작은 것에 연연하여 욕심을 내며, 작
은 것에 눈이 어두워 너희들이 선한
마음을 버리며, 육신의 재물이요, 또
한 너희들에게 얻어지는 이해관계에
따라서 너희들이 하는 행동이 다르고
언어가 다르며, 너희들이 살아가는 모
습이 그와 같을진대,
23 아무것도 모르고 믿지 않고 살아가는
자보다 너희들은 더 잘못된 자들이며,
잘못 가는 종교 지도자들 밑에서 무엇
인가 깨우쳐 가고자 하는 그들보다도
너희들이 더 잘못된 자며 잘못 가고
있음을 너희들은 부끄러워할 줄 알아
야 될 것이니라.
24 오로지 이 세상에 나의 아들을 통하여
나의 율법을 전하며, 나의 뜻을 전하
며, 그를 통하여 모든 너희들이 기도
하고 원하는 것을 상달받는다 하였으
며,
25 나의 아들과 한 시대를 살아가는 그
영광과 축복과 하늘에 오르는 길을 깨
우쳐 행하는 그와 같은 은혜와 은총을
입은 너희들이 과연 그들과 똑같은 형
태에서 살아간다면, 너희들은 얼마나
잘못된 자들인가를 깨우쳐야 될 것이
니라.
26 이제 너희들이 너희 자리에서 그들과
살아가는 육신의 삶을 견주어 봐야 될
것이니라.
27 그들보다 너희들이 높이 와 있으며 높
이 깨달았을 때, 너희들은 영의 세계
를 바라볼 수 있는 깨우침이요, 내가
너희들의 눈을 뜨게 할 것이니 그리
알아야 할 것이니라.

2,508 번째 하나님 말씀

2002년 6월 29일 01시 20분

1 사랑하는 나의 아들아!
2 "네, 아버님! 말씀하옵소서."
3 내가 너희들에게 마음을 비우며 살라 하였으며, 세상에 살아가는 너희들 모습이 남을 용서할 줄 모르는 자는 제가 용서를 못 받는 자라 하였음이니,
4 남에게 덕을 베풀며 사랑을 베푸는 자는 그것이 저 자신에게 베푸는 것이며 저 자신을 위하는 것이라는 것을 너희들은 어찌 깨닫지 못하는가?
5 너희들이 남에게 소중하고 아름다운 선물 하나를 했을 때, 그 선물 자체를 너희 자신들이 받는다 하는 그 자체도 어찌 너희들은 모르는가?
6 너희들이 정녕 나 여호와에게 감사하는 마음, 은혜로운 마음, 그와 같은 마음을 가지고 세상 이치를 돌아다보면, 너희들이 남을 위하여 베푸는 것이 곧 너희들 자신에게 베푸는 것이라는 그 이치를 알게 될 것이며 깨우치게 될 것이니라.
7 너희들이 살아가면서 남을 위하여 하고 베풀며 남을 용서하는 그 모두는 너희 자신을 용서하며 너희 자신에게 베푸는 것이라는 그 이치를 깊이 깨우쳐, 너희들이 행함에 있어서 그러한 부족함이 없는 그와 같은 삶을 살아가야만 하는 것이거늘,
8 어찌하여 너희들은 그 이치 하나도 깨우치지를 못하고 살아가는가?
9 이제는 너희들이 그와 같은 삶을 모든 생활에 적용하여 너희들의 일상생활에 살아가는 그 형태에서 그와 같은 마음 자세로 살아가야만 나에게 오를 수 있는 그 길에 첫발을 디뎌 놓는 그와 같은 영광을 얻게 됨이니라.
10 그러나 너희들은 과연 어찌 생각하고 사는가?
11 내가 너희에게 일렀느니라.
12 5달란트를 가지고 10달란트를 만든 종을 주인이 사랑하듯이,
13 너희들이 능력이 있어 무엇인가를 이룰 수 있는 자에게 재물을 주어 그에게 용기를 주며 나 여호와가 있음을 인식시키며, 그가 열심히 노력하여 10달란트를 만들면 그로 하여금 또 5달란트를 거둬들여 또 다른 사람을 도와주는, 그의 노력의 대가로 저희 형제를 도와주는 그와 같은 방법으로써 가라 하였음이니,
14 이것이 지금 바로 몇천 년 만에 이 지상에서 이루어지고 실현되고 있음이니라.
15 그와 같은 것을 많은 이들이 비웃으며, 그를 가지고 너희들이 잘못 가는 자며 또한 사악한 자이기에 그 모두를 이다음에 뿌리째 거둬들이고자 하여 지금의 그들을 기만한다 하는 자가 있음이니라.
16 그러나 너희들은 여기서 깨우쳐야 될 것이니라.
17 5달란트를 가지고 10달란트를 갚아오는 그 깨우침의 생활보다도,
18 그에게 그와 같은 역사를 이루어 주었을 때, 그 집안의 형제요, 부모요, 그 주변의 모든 이들이, 정녕 이는 하늘로부터 선택된 자들이 행하는 길이며

나의 아들은 정녕 나 여호와의 아들이
라 하는 것을 알게 될 것이니,
19 그들의 가족이 뿌리를 내려 감이며 나
의 성전을 찾게 되는 그와 같은 역사
가 이루어짐이니라.
20 그러니 오늘의 그 5달란트의 사업의
역사를 최초로 시작하는 너로서는 어
렵고 힘들고 견디기 어려운 그 고비마
다 나에게 기도하고 경배하며, 좌절하
지 말고 중단하지 말며 그 역사를 계
속 이루어 나가야 될 것이니라.
21 내가 너에게 일찍이 말하지 아니하였
더냐?
22 훌륭한 의술을 가진 사람이 무상으로
모든 환자를 치료해 주며, 나의 이름
으로써 모든 자에게 의술을 베풀며 돕
는 자가 있다 하면,
23 상업적으로 장삿속으로 하는 자, 저희
들의 이해관계가 있으니 그 의사를 핍
박하며, 그 의사를 존재치 못하게 하
는 것이 그들의 사악한 방법이라 말하
였음이니라.
24 지금의 모든 종교 지도자들이요, 그곳
에서 나름대로 직함을 가지며 명예를
가지고 있으며 또 그곳에 가 고개 숙
이며 하늘에 오르겠다며 기도를 드리
겠다는 자들이,
25 지금 너희들이 5달란트의 역사를 이
루는 것을 보고 지금은 그들이 욕하고
저주하며 흉을 볼 수 있으나,
26 그들이 그와 같이 욕하고 흉을 보며
사악한 마음으로써 너희들을 흔들고
밀어 놓는다 하여도 그것은 이룰 수
없음이니라.
27 결국 진리를 알게 될 것이며, 나의 뜻
의 그 역사는 이루어질 것이니라.
28 그들이 그와 같은 저희들이 이룰 수
없는 그 역사의 현장을, 저희들은 감
히 할 수도 없는 그 현실을,
29 저희들은 감히 생각할 수도 없으며 저
희들은 그 5달란트의 금화가 있으면
저희 것으로 만들기도 바쁘며, 그것을
만들기 위해 수단과 방법을 가리지 않
으며 갖은 간계를 부리는 그들이 지금
과연 너희들이 이루고자 하는 5달란
트의 역사를 그냥 두고 보겠는가?
30 너의 제자들에게 육의 삶과 영혼의 삶
을 편안히 갈 수 있도록 지원해 주어
그가 기반을 닦도록 하는 그 역사를
그들은 산산이 부서트리며 무너트리
려 할 것이며, 사악한 자의 행위라 그
리 욕하고 너희들을 비방할 것이니라.
31 그러나 그와 같은 너의 제자들이 열
명, 스무 명, 백 명이 나왔을 때, 이 세
상은 뒤집어지는 그와 같은 역사가 이
루어질 것이니라.
32 감히 저희들이 생각할 때, 저희 형제
요, 저희 부모도 해 줄 수 없는 것을,
나 여호와의 아들이라 하여 네가 그들
에게 그 역사를 이루어 줌이니,
33 그 모두가 두려움과 무서움을 지금의
종파들은 느끼고 있을 것이며 그들은
불안에 떨 것이니라.
34 그러나 너는 여기서 두려워해서는 아
니 될 것이니라.
35 내가 역사함이니 제2의, 제3의 많은
그와 같은 역사를 이룰 것이며,
36 그와 같은 역사를 이루었을 때, 그들
의 형제요, 자매요, 그 부모들이 너를
찾게 되며 너를 보게 됨이니라.

37 '정녕 이는 하늘에서 내린 하나님의 아들이요, 선지자요, 그렇기 때문에 그가 받아 전하는 법전은 하나님의 말씀이요, 그를 지키고 사는 자에게는 영화가 있으며 육신의 행복이 있다.' 하는 것을 깨닫게 되는 그와 같은 역사를 이룸이니라.
38 그게 곧 무엇이더냐?
39 한 마리의 왕벌이 나와 자리를 잡았을 때 일벌들이 그를 에워싸듯이, 그와 같은 역사를 이루고자 하는 나 여호와의 깊은 뜻이 있음이니,
40 너는 좌절하지 말며 남을 의심하지 말며 불안해하지 말며, 네가 기도하고 경배하여 그 역사를 이루어 나가도록 그리하라.
41 네가 하고자 하는 그 계획에 나 여호와가 재물이요, 모든 능력을 줄 것이니라.
42 이는 곧, 내가 하는 사업이며, 내가 행하는 것을 너를 통하여 이룸이니, 네가 행하는 것이 곧 내가 이루고자 함이니 그리 알라.

2,509 번째 하나님 말씀

2002년 6월 29일 08시 51분

1 사랑하는 나의 아들아!
2 **"네, 아버님! 말씀하옵소서."**
3 네가 지금의 이 자리에 오기까지 네가 성전을 운영하며 세상에 법전을 만들어 내는 일에 모두를 다 바쳤음이니, 너의 수고로움과 너의 그 노력함을 나 여호와는 알고 있음이니라.
4 이제 너의 제자들 중에 지도자 반에서 가르치는 그 제자들에게 교수법과 나의 법전을 연구하는 방법을 직접 체험토록 하며,
5 그들이 단상에 서서 만백성을 구하는 전사요, 지도자로 설 수 있도록 그리 육성하여 나가며, 그와 같은 방법으로 연구하도록 그리하라.
6 그리하여 한 사람의 단상에 설 수 있는 제자를 네가 육성해 낸다면 2, 제3의 그와 같은 너를 대신하여 나의 법전을 가지고 강론할 수 있는 제자들이 늘어날 것이니,
7 그리하여 그들로 하여금 많은 곳에서 많은 백성을 구원할 수 있도록 그리 가르쳐야 될 것이니라.
8 다만 그들은 지금의 내가 이룬 그 기적을 무서운 줄 알며 두려운 줄 알며, 그로 하여금 저희들이 어찌 살아가야 할 것인가 하는 그것부터 가르쳐, 그를 가슴에 깊이 새긴 제자들로 그리 가르쳐야 할 것이니라.
9 이제는 너 혼자 나의 피조물 만백성에게 강론하며 구원할 수 없음이니,
10 그들에게 자료를 주며 나의 법전에 담겨 있는 그 내용들을 그들의 머릿속에 깊이 정확히 심어 주어, 그들로 하여금 그것만을 전하며 그와 같은 방법으로써 나의 피조물 만백성을 구하는 전사로서 나갈 수 있도록 그리 가르치라.
11 이제는 때가 왔음이니라.
12 많은 너의 제자들을 단상에 세워 많은 사람 앞에서 강론을 하며 나의 피조물 만백성을 이끌어 가는 그 역사를 이룰 수 있도록 그리 가르치도록 하라, 나의 아들아!

2,510 번째 하나님 말씀

2002년 6월 29일 10시 15분

1 사랑하는 나의 아들아!
2 "네, 아버님! 말씀하옵소서."
3 나의 피조물 만백성은 나의 음성을 들으며 나의 빛을 보며 나를 보는 것이 저희들의 가장 큰 은혜요, 영광이요, 은총이라 생각하느니라.
4 그리고 저희 모두를 다 바쳐 구원의 길에 오르고자 하며, 나로부터 구원을 받아 하늘의 낙원에 와 살고자 하는 것이 그들의 가장 큰 소망이니라.
5 그러나 그들은 내가 나의 성령을 태워 제3의 시대에 마지막으로 너희들을 구하고자 내리는 나의 성령의 이 뜻을 믿으려 하지 아니하며,
6 그 모두를 책으로 만들어 대대손손 너희들을 구원하고자 하는 나의 법전을 믿으려 하지 아니함이니라.
7 그리고 그 백성들은 이것을 받지도 아니하며, 읽지도 아니하며, 이를 보고 배워 순종하려 하지도 아니함이니라.
8 그들은 내가 성령을 모두 태워 내려보내는 이 법전을 믿지도 아니하며,
9 내가 너를 선택하여 만백성을 구하고자 나의 종이요, 나의 선지자라 하며 너를 가르쳐, 너를 나의 아들이라 명하여 이를 전하건만, 이 자체도 믿으려 하지 아니함이니,
10 이와 같은 것은 그들의 그 모두에 대한 욕심이니라.
11 저희들이 나의 성령을 받아 선택된 자로서 기록되며 저희들만이 나로부터 선택되어 만백성을 구한다는 그와 같은 저희들의 꿈과 욕심에 젖어 있기 때문이니,
12 그리하여 진실된 것을 보지 못하며, 나의 성령을 듣지 못하며, 나의 법전을 보지 못하며, 제3의 시대에 마지막으로 이 법전의 160권으로 하여금 새로운 시대를 열려 하는 그 자체를 보지 못함이니라.
13 사랑하는 나의 아들아!
14 "네, 아버님! 말씀하옵소서."
15 이제는 전사로서, 지도자로서, 선생으로서 바로 서서 가르칠 수 있는 그와 같은 너의 제자들을 선별하여 네가 육성할 때가 왔음을 알라.
16 너는 이와 같은 이치를 깨달아야 될 것이니라.
17 아무나 지도자요, 전사가 될 수가 없으며 너의 제자가 될 수 없느니라.
18 그리고 선생이 될 수 없는 뜻이 여기 있음이니라.
19 완벽하게 내가 존재하며, 이 법전은 나의 성령을 태워 새로운 시대를 열고자 하는 나 여호와 아버지의 뜻이라 그리 생각하며, 이 법전을 보기를 두려워하는 자, 그리고 감히 두려워 이를 함부로 열지 못하는 그와 같은 마음을 가지고 보는 자,
20 머리에서 진땀이 쏟아지는 그와 같은 무서움과 성스러움을 가지고, 그와 같은 소중함을 가지고 읽고 보는 자만이 너의 제자가 될 수 있음이니라.
21 나의 법전을 읽고 나서 사탄이요, 사악한 자로 돌아서서 너를 공격한다면, 그를 감당하지 못하기 때문이니라.
22 나의 법전 한 권을 읽고서 돌아서서

사탄이요, 사악한 자가 되면, 그는 그
한 권의 능력으로 너를 공격하며, 사
악한 세계에서 나의 법전을 가지고 사
악한 자들을 긁어모으는 데 쓸 것이니
라.
23 열여섯 권의 법전을 읽은 자가 그 성
령의 뜻을 사악한 쪽으로 돌려 너를
공격한다면, 한 권을 읽은 자보다 열
여섯 배의 큰 충격을 너에게 가할 것
이며, 그는 한 권을 읽고 깨우친 자보
다 열여섯 배로 강도 높게 사악한 자
들이요, 사탄들을 길러 내고 육성하는
데 쓰게 됨이니,
24 그래서 그들이 중간에 돌아서서는 아
니 되며, 떠날 자를 함부로 육성해서
는 아니 됨이니라.
25 160권을 읽고 나서 돌아선 사악한 사
탄과 악마는 160권의 힘으로써 공격
하며, 나의 피조물 만백성을 우롱하
며, 사탄들을 그와 같은 능력으로써
그가 깨우쳐 그 사탄들의 힘을 길러
놓음이니,
26 그가 너희들을 공격할 때 너희들이 감
히 지탱하기 어려움이니라.
27 너희 인간들은 거짓으로써 하나를 현
혹하며, 거짓으로써 유혹하며, 진실이
아닌 것을 가지고 현혹할 때, 그를 따
르며 그에 넘어가게 되어 있음이니,
28 그들이 나의 성령의 진실한 나 여호와
의 뜻을 깨우쳐 그것을 가지고 사탄
쪽에 가 사악한 무기로 쓴다 하면 너
희들은 그를 방어할 수 없음이니라.
29 너희들 말에 있지 않느냐?
30 하나의 도둑을 잡기 위하여 열 명이
버텨야만 그를 잡을까 말까 한다 했으
며, 열 명으로도 잡지 못한다 하였음
이니라.
31 나의 법전의 열여섯 권을 읽은 자가
사악한 사탄이요, 악마가 되어 너희들
을 공격한다면, 열여섯 권을 깨우친
그가 공격하는 그것은 160권으로 막
아도 안 되니,
32 160권을 읽은 자가 돌아서 사탄이요,
사악한 자가 되어 너희들을 공격한다
면 1,600권이라는 나의 법전이 나갔
을 때만 그것을 막을 수 있지 않겠는
가?
33 그러기에 네가 이제는 완벽한 너의 제
자들을 선별해야 될 것이니라.
34 제 목숨을 바쳐 나의 법전의 위대함을
알며, 이게 나의 성령이며 내가 너희
들을 위하여 내리는 나의 뜻이라는 것
을 깨닫는 자,
35 그리고 네가 나의 아들이라 믿는 자,
36 그리고 기적으로써 보고 듣고 깨우친
그 모두를 두렵고 무섭게 생각하여 감
히 하늘을 향하여 고개를 들 수 없으
며, 이웃에게 시시비비를 하지 않으
며, 남들 앞에 제가 가진 자라 자랑하
지 아니하며, 잘난 체하지 아니하며,
겸손과 미덕을 가지며, 오로지 하늘에
오르는 길인 나의 법전을 연구하고 그
내용에 따라 순응하고 순종하는 자,
37 그리고 십계명에 따라 살고자 그 모든
마음을 다 바치는 자,
38 예수가 죽어 가는 그 고통보다도 더
강하고 독한 마음으로 선을 선택하고
살아가고자 하는 자,
39 그리고 나 여호와가 진정 하늘에 존재
함을 믿는 그와 같은 자만을 가르쳐

너의 제자로 삼아야 될 것이며, 네 임
무를 대행하도록 하여야 할 것이니,
40 이를 명심하여 시행하며 지켜야 할 것
이니라.
41 이를 어겼을 때 나의 법전의 모두는
빛을 보지 못하며, 나의 피조물 만백
성은 이 참진리를 보지 못하며, 나의
성령을 듣지 못하며, 하늘에서 이루어
진 것같이 이 땅에 지상의 낙원을 이
룰 수 없음을 알라.
42 너를 대신하여 지도자 하나를 육성하
는 것은 검증하고 또 검증하고 두드리
고 또 두드려서, 나 여호와에게 모두
를 바칠 수 있는 두려운 마음을 가지
고 있는 자, 그를 선택하여 너의 임무
를 대행하도록 그리하라.

2,511 번째 하나님 말씀

2002년 6월 29일 10시 27분

1 사랑하는 나의 아들아!
2 "네, 아버님! 말씀하옵소서."
3 나의 피조물 만백성이 그리도 나의 빛
을 보고자 하며 나의 음성을 듣고자
발버둥치나, 그들이 지금 어찌 살아가
느냐?
4 이 법전이요, 나의 성령을 기록하여
너를 통하여 나의 성령을 전하는 이
모두는 저희들이 그리 원하는 빛이요,
생명이건만,
5 이를 그들이 믿지 아니하며, 너를 질
투하고 시기하는 그 속에서 네가 정녕
견디고 일어서기 어려운 그 고통의 시
련을 내가 알며,
6 네가 이와 같이 질투와 시기 속에서,
너를 음해하는 그 인간 세속에서, 또
한 너의 생명까지도 불안해하며 두려
움을 느끼며 살아가는 너의 그 생활
속에서,
7 또한 정해진 33년이라는 너의 삶 속
에서 과연 너는 무엇이 얼마나 이루어
질 것이며 얼마나 많은 역사가 이루어
질 것인가 불안해하고 공포에 떠나니,
8 너는 두려워하지 말지니라.
9 예수의 역사는 3년 동안 그가 그 모두
를 남겨 지금까지 흘러왔음이 아니더
냐?
10 그리고 그를 가지고 지금 모두가 시시
비비를 하며, 그를 가지고 구원에 이
르는 길이라 하여 수천수만 가지의 종
파들이 다 깨지고 해어져 부르짖고
있음이니,
11 내가 하늘에서 도자기라는 그릇을 만
들어 그것만이 나에게 오르는 생수를
담을 수 있는 그릇이라 그리 말하였으
나, 그들은 그 깨진 도자기의 조각을
들고 저희들만이 물을 담을 수 있으며
생수를 담을 수 있다 그리 가르치며,
저희들 종파만이 옳고 바르다 그리 말
하고 있음이니,
12 그 생수를 담을 수 있는 완전한 도자
기는 하나도 없음이니라.
13 그러하니 지금까지 믿고 따라왔던 그
모든 종파들은 정녕 물을 담을 수가
없는 그와 같은 도자기이니라.
14 그리하여 내가 완벽하게 생수를 담을
수 있는 도자기를 지금 내려보냄이니,
이것이 바로 무엇이더냐?
15 제3의 시대를 열어 나의 성령을 태워
너를 통하여 너의 형제요, 같은 동료

요, 나의 백성인 그들을 구원하고자
내가 지금 내려보내지만,
16 그들이 믿지 아니하고 따르지 아니하
며 너를 질투하고 시기하는 그 공포
속에서 네가 33년이라는 삶을 사는
생명 속에 무엇을 이루어야 할 것인가
네가 불안해하나,
17 그 세월의 모든 기틀은 닦고 닦아짐을
알아야 될 것이니라.
18 그리하여 내가 너의 제자들에게 말하
였음이니라.
19 너희들이 정녕 모든 역사는 살아서 눈
으로 볼 것이며, 나의 성령이요, 나의
법전이 만백성을 구하는 것이며 세상
에 공통어로써 한 민족으로 이루어지
는 그 역사를 이루는 기틀을 닦는 것
이 너희들이라 하였음이니,
20 너희들이 살아서는 그 일어나는 위대
한 역사를 볼 것이며, 죽어 와서는 영
혼이 구원을 받아 하늘나라의 낙원에
와 존재한다 하였거늘,
21 너를 따르는 제자들이요, 나의 법전을
읽고 깨우치는 그들까지도 그 마음의
심지가 굳지 못하며 부는 바람처럼 흔
들리니,
22 과연 네가 어떠한 상태에서 너를 대신
하여 교육을 하며 만백성을 지도하는
지도자를 육성해야 될 것이며 그를 선
별하여야 할 것인가를 너는 바로잡아
야 할 것이니라.
23 어떠한 태풍과 비바람이 불어와도 뿌
리가 흔들리지 않는 그와 같은 자를
선택하여 너의 제자로 육성하여 가르
칠 때가 지금 되었음이니,
24 너는 모든 시간을 바쳐 그를 선별하는
데 열과 성의를 다하도록 그리하라.
25 그것만이 지금 네가 해야 할 일이니라.
26 그 일이 이루어진 다음에 너의 제자들
로 하여금 단상에 서게 하여 만백성을
깨우치는 데 내보내며,
27 너희가 말하는 나의 열여섯 권의 법전
을 마친 그 영광의 증표를 그에게 주
어 만백성을 구하도록 그리하라.

2,512 번째 하나님 말씀

2002년 6월 29일 12시

1 사랑하는 나의 아들아!
2 "네, 아버님! 말씀하옵소서."
3 내가 너희들에게 말하였느니라.
4 진실된 길을 가는 자는 정녕 자기가
진실된 길을 간다 말하지 아니하며,
5 나로부터 정녕 선택되어 구원을 받은
자는 구원을 받았다 말하지 못함이니
라. 그리고 말하지 아니함이니라.
6 정녕 구원의 길과는 멀며 구원이 무엇
인가도 모르는 자가 구원을 받았다 그
리 말함이니라.
7 아름다운 진주의 진짜 보석을 가지고
있는 자는 말이 필요 없으며, 그 보석
에 대한 설명이 필요 없다 하였음이니
라.
8 그가 가지고 있는 빛깔이요, 그 광채
요, 그 특성으로써, 말하지 아니하여
도 만민은 그걸 아느니라.
9 정녕 진실된 진짜 보석을 갖지 못한
자가 그를 둔갑시키려니 말이 많음이
니라.
10 너는 지금 나의 성령을 받아 정녕 나
여호와가 가슴을 태워 내리는 나의 성

령을 기록하는 나의 아들임이니,
11 제3의 시대에 역사를 이루기 위하여
160권이라는, 구약과 신약보다도 더
많은 그 장서의 법전을 세상에 내려
보내, 이 법전을 토대로 하여 하늘에
서 이루어진 그 낙원을 지상에서 이루
고자 하는 대장정의 역사는 나의 뜻이
며 하늘의 뜻이니,
12 이는 진실한 것이며 이보다 더한 나의
성령의 가르침이 없음이니라.
13 그러나 잘못 가는 자, 허황된 영 속에
젖어 있거나 제 환상에 젖어 있는 자
들이 나로부터 음성을 받았으며 메시
지를 받았으며 나로부터 명을 받았다
하여 지껄이고 설치고 설레발을 놓음
이니라.
14 그리고 저희들이 세상 이치를 다 아는
듯이 그와 같이 하는 자, 그리고 때로
는 저희 생각으로써 너를 능가하는 것
같은 행위로써 많은 백성들을 현혹하
며 그들을 규합하여 너를 공격하는 그
러한 자가 생길 것이니, 그 수 또한 헤
아릴 수가 없음이니라.
15 지금은 네 주변의 몇 사람의 그 망령
된 자들이 너를 공격하기 위하여 세
치의 혓바닥으로 만백성을 우롱하여
그들로 하여금 공격하게 하나,
16 앞으로 그 공격하는 자가 수천수만이
넘을 것이며, 그들이 또한 네가 행하
고 있는 것보다도 더 찬란하고 높은
것 같은 그와 같은 행위로써 너를 엄
습해 올 것이니라.
17 그러나 엄연히 잘못된 허황된 영들이
지껄이는 소리를 듣고 믿고 따르는 자
들이 있으니, 이는 바로 무엇이더냐?
18 몸에 좋은 약은 쓰며 독은 달기 때문
이니라.
19 쓴 것은 저희 몸에 보약이거늘 그 쓴
것을 먹어 병을 고치는 그 고통의 길
을 가려는 것이 아니라, 우선 먹기는
단 것이니 단 것을 빨아먹는 그와 같
은 형태로써 가니,
20 하늘에 오르는 길은 어렵고 힘들며 너
희들이 육의 행복이요, 육의 삶의 모
두를 다 포기하고 가시밭길을 가는 듯
한 그와 같은 형태로 보임이니라.
21 그러나 너희들이 지옥으로 가는 길은
영화롭고 평화로우며 행복한 것 같으
나 그것은 진정한 너희들의 행복이 아
님이니라.
22 진정한 영의 뜻을 따라 참영의 나의
성령을 받아 오는 자는 육신의 고달픔
이요, 힘듦이 있으나, 그가 마음의 행
복을 얻으며 진실을 얻으며 저 자신이
변하는 그 모든 삶에서 행복과 인생의
짜릿함을 얻게 됨이니라.
23 그러나 편한 길, 꿀맛과 같은 길을 가
는 자, 지옥을 향하여 가는 자는 겉으
로는 호화롭고 평화로운 것 같으나 그
마음속에 가지고 있는 고통은 잠시도
불안한 마음이 제 곁을 떠나지 못함이
니, 그와 같은 것이 차이점이니라.
24 그리하여 진실을 바라보지 아니하며
편하고 쉬운, 너희들이 잘못 가는 그
길을 선택하여 가며, 그리 가고자 하
는 것이 그 백성들이 가는 길이니라.
25 네가 너의 제자들에게 가르치기를, 어
렵고 힘들며 인간으로서 행할 수 없는
것을 지키라 말하며, 그 길을 가는 것
이 구원의 길이라 말함이니,

26 그를 듣는 백성들이 너를 따를 리가
없으며, 네가 설법하는 그것을 배워
제 것으로 만들고자 하는 자가 없음이
니라.
27 그리하여 지금은 진실이 묻히며, 잘못
된 사탄들의 그 공략이 세상을 덮고
있으니, 그리하여 너희들이 이 지상이
지금 말세라 말하는 것이 거기에 있음
이니라.
28 이제는 그와 같은 방법으로써 너를 공
격하는 자, 그리고 대중과 집단을 이
끌어 너를 공격하는 자가 수없이 많으
며, 수천수만이 너를 공격할 것이니,
그때마다 네가 그들에게 대적할 수는
없음이니라.
29 그러나 네가 그들에게 분명히 말하여
야 될 것이니라.
30 그들이 나 여호와 하나님으로부터 메
시지를 받으며 명을 받았으면 저희들
이 받은 그것을 기록하여 책으로 만들
어 세상의 만백성에게 한번 펼쳐 보라
그리 이르라.
31 내가 160권이라는 나의 성령을 태워
법전을 내리는 것은 세상에 너 하나뿐
이며, 과거요, 현재요, 미래에도 없음
이니라.
32 이제는 너뿐인 것을, 너 외에 아무도
그를 받아 기록하는 자가 없거늘, 그
들은 그리할 수 없음이니라.
33 그리하여 저희들이 참진리요, 나 여호
와의 선택된 백성이라 말하거든, 너와
같이 책으로 엮어 그를 가지고 와 너
에게 견주어 대적하라 그리 이르라.
34 160권이라는 나의 성령을 담은 이 법
전과 같은 기록의 책을 만들지 못하
며 세상에 내보내지 못한다 하면 제
위치를 분명히 깨달아야 할 것이며,
그는 진정한 나로부터 선택된 자식이
아니며 백성이 아님을 알라 그리 이르
라.
35 오로지 160권의 법전의 나의 성령을
기록하여 세상에 내는 아들, 너 하나
뿐임이니라.
36 누구도 그 역사를 이룰 수 없으며, 그
를 만들어 낼 수 없음이니라.
37 그들이 내가 내린 나의 성령이요, 나
의 법전을 보아 흉내를 낼 수 있으나,
흉내를 내는 것도 한계가 있으니,
38 한두 권은 저희들이 흉내를 낼 수 있
으나 160권이라는 나의 성령을 태워
내려보내는 이 법전의 대역사는 이룰
수 없음이니,
39 그것이 가짜요, 위선이요, 허황된 것
이며, 잘못된 자기들의 망상에 젖어,
사악한 영에 젖어 그리 공격하는 것이
니, 그들은 오로지 내 160권의 성령이
세상에 나가지 못하도록 하는 것에 저
희 모두의 힘을 다 합쳐 너를 파상적
으로 공격하는 그와 같은 사악한 자들
이니라.
40 그곳에 네가 눈을 감으며, 그에 동요
하지 말며, 그들의 말에 귀 기울이지
말라.
41 오로지 그 역사를 이루는 자는 너의
제자들뿐이며, 바르고 곱게 선 자, 진
정한 전사요, 진정한 지도자가 네 옆
에 남아 있어야 될 것이니,
42 그들과 더불어 네가 그 역사의 장을
열어 가게 될 것이니라.
43 오늘의 그들의 공격이요, 파상적인 너

에 대한 집단적인 공격, 그 모든 것에
두려워하지 말며, 그들과 갑론을박하
지 말며, 그들의 세상을 보려 하지 말
라.
44 그들의 세상에 눈을 감아 모두를 다
지워 버리며, 그들의 환상을 너는 보
고 있지 않더냐?
45 그를 그대로 날려 버리라.
46 그리고 너는 묵묵히 160권의 법전을
만드는 데, 기도와 경배로써 모두를
다 만들어 이끌어 나가도록 그리하라,
나의 아들아!

2,513 번째 하나님 말씀

2002년 6월 29일 12시 15분

1 사랑하는 나의 아들아!
2 "네, 아버님! 말씀하옵소서."
3 네가 마지막 내가 내리는 이 성령을
받아 법전이라 하여 기록하여 세상에
냄을 나의 피조물 만백성이 '말세에
나오는 거짓 선지자의 행위요, 사탄이
요, 사악한 자가 하는 행위라, 그리하
여 이 법전을 보고 이 법전의 책장을
열며 이를 보는 자는 지옥 불로 갈이
니 이를 보지 말라.' 하여,
4 벌레보다도 더 무섭도록 그를 태워 없
애며 찢어 버리려 하는 것이 지금의
종교 지도자들이 가고 있는 행위이니
라.
5 그리하여 너에게 와 '이는 정녕 사탄
의 사악한 행위라.' 하며 공격할 것이
니, 너는 그들에게 물으라.
6 '정녕 여기에 내가 남들을 위하여 만
백성을 깨우치고 가르치고자 강론한
그 내용 속에 무엇이 잘못되었으며,
이것이 어찌하여 하늘에 계시는 하나
님 아버지의 뜻에 위배되는 것인가 그
를 증거하라.' 그리 말하라.
7 그리고 나의 법전 속에 기록되어 있는
그 내용 중에 무엇이 나 여호와 하나
님의 뜻이 아니며 사악한 자의 뜻인가
그를 찾아 너에게 증명하라 그리 이르
라.
8 그리고 이 법전이 내가 마지막으로 태
워 만백성을 구하고자 내리는 나의 성
령의 뜻이 아니라 하면, 과연 어디에
서 그와 같은 것이 나의 뜻이 아닌가
그를 증명하여 너에게 보이라 그리 말
하라.
9 그들은 나의 법전이 나의 피조물 만백
성을 구하는 역사의 길이며, 저희들이
몇천 년 동안 나의 피조물 만백성을
구원하며 하늘에 오르는 길이라 가르
치고 인도했던 그것이 잘못되었으며
저희들이 거짓되었음을 알고 있음이
니라.
10 그리고 그들은 저희들의 한계를 알며,
저희들의 능력을 앎이니라.
11 그들은 정녕 나의 성령이라 하여 세상
에 나가는 160권의 이와 같은 법전을
기록할 수도 없으며, 만들어 낼 수도
없음이니라.
12 인간의 머리로써, 인간의 생각으로써
는 이를 기록할 수 없기 때문이니라.
13 그리하여 나의 법전이 세상에 나와 이
는 진정한 나 여호와의 뜻이며 너희들
을 심판하는 마지막 시대의 법전이라
는 것을 그들은 잘 알고 있음이니라.
14 그리하여 저희들이 살아온 것이 얼마

나 추하고 더러운 것인지를 알며, 저
희들을 따라오던 백성이 나의 법전의
높이 비추는 그 빛을 보고 돌아서는
것을 그들은 감내할 수 없기에, 저희
들의 치부와 저희들이 쓰러져 가는 그
모습을 그대로 보기가 두려워,
15 저희들이 지옥 불에 가는 것은 죽어서
나에게 와 심판받는 것이니, 육신의
그 작은 마음 자세요, 그 고집이요, 아
집을 위해서 나의 아들 선지자를 죽이
려 하며, 나의 법전을 없애려 하며, 이
것이 잘못된 것이라며 그들이 악을 쓸
것이니,
16 바로 그들이 악쓰며 나의 법전을 찢어
버리고 태우며 나의 아들을 죽이려 하
는 그 행위는 진정 이것이 하늘에 있
는 나 여호와의 뜻이라는 것을 그들이
알기 때문이니라.
17 나의 아들 너는 물으라.
18 정녕 네 생각으로써, 네 의사로써, 네
마음 자세로써 이곳에 기록한 것이 있
으면 그 내용을 찾아 너에게 증거하라
말하라.
19 이것은 네 의사대로 말하지 아니하며
네 뜻대로 기록하지 아니하며, 오로지
나 여호와의 성령을 듣는 그대로, 들
은 것만으로써 기록하여 나의 피조물
만백성을 구원하고자 기록한 법전임
이니,
20 그것이 아님을 그들이 한번 찾아내고
증거하라 말하라.
21 그것이 어찌하여 나의 뜻이 아니며 만
백성을 구하고자 내리는 나의 성령의
뜻이 아닌지, 그리고 네가 듣는 것만
으로써 기록하여 나의 피조물 만백성
을 구원하고자 법전을 만드는 그 내용
이 과연 나의 뜻이 아니며 내가 임한
것이 아니라면 그 증거의 장을 찾아
너에게 제시하라 그리 이르라.
22 그들은 그리하지 못할 것이니라.
23 그리고 그들은 이 불꽃을 끄려 할 것
이니라.
24 나의 피조물 만백성이 훨훨 타오르는
나의 법전의 그 불빛을 보고 모여들어
하늘에 오르고자 하며 깨닫는 것을 막
기 위하여 그들은 온갖 재주를 다 부
릴 것이며 사악한 짓을 다 할 것이니
라.
25 그러나 그들은 그를 막을 수 없음을
알아야 될 것이니라.
26 이는 제3의 시대에 마지막으로 나의
모두를 태워 나의 피조물 만백성을 구
하고자 가는 길이기 때문이니라.
27 이를 깊이 깨우쳐 만백성에게 전하라.

2,514 번째 하나님 말씀

2002년 6월 29일 22시 33분

1 사랑하는 나의 아들아!
2 "네, 아버님! 말씀하옵소서."
3 이제 내가 너에게 천사와 같이 하얀
옷을 내림이니, 네가 이제는 하얀 옷
을 입고 바로 지상의 낙원에 서는 나
의 아들임을 알아야 할 것이니라.
4 어떠한 역경이나 어떠한 고통스러운
길도, 남들이 갈 수 없는 그 길을 너는
가야만 함을 알아야 될 것이니라.
5 내가 나의 피조물 만백성을 구하기 위
하여, 아무것도 모르며 믿음의 의미가
무엇이며 성서가 무엇이며 계명이 무

엇이며 율법이 무엇인지도 모르는, 60
평생을 인간과 같이 살아온 너를 내가
나의 종이라 부르며 나의 선지자라 부
르며, 나의 성령을 받아 기록하여 열
여섯 권의 법전을 세상에 만들라 하여
네가 그를 만들어 냈음이니,
6 내가 너에게 명하여 또 160권의 법전
을 세상에 만들어 내어 만백성을 구하
라고 할 때, 네가 고개 숙여 아무 소리
없이 순종하며 지금까지 그리 가고 있
음이니,
7 네가 누구인가를 내가 너에게 알려,
세상에서 그보다 더 이상 아름다운 이
름이요, 더 가까운 이름이요, 더 소중
한 이름을 줄 수 없는, 나의 아들이라
너를 명하였음이니,
8 이제는 네가 모두를 깨우쳐 한 점의
부끄럼이 없이 세상을 살아가고자 하
는 그와 같이 굳은 마음으로 서 있음
이니,
9 이제는 내가 너에게 하얀 옷 한 벌을
내리니, 이를 네가 걸치고 사는 모습
으로써 네가 봐야 될 것이니라.
10 나의 아들 예수가 내가 내린 그 옷을
입고 만백성을 구하려 동분서주 나의
백성들에게 강론했던 그 방법대로 내
가 너에게 하얀 옷을 한 벌 내려 너에
게 입힘이니,
11 이제는 나의 아들로서 네가 한 점 부
끄럼이 없이 설 수 있기에 너의 영의
그 모습을 바꾸고자 함이니,
12 내면의 네가 바뀐 것과 같이 외형의
모습도 바뀌도록 내가 너에게 하얀 옷
을 하늘에서 한 벌 내림이니,
13 그 형상대로 네가 앉아 있으며 그 옷
을 입은 그 형태로 네가 살아가도록
그리하여야 될 것이니 그리 알라.
14 세상의 인간관계에 한 사람이 목숨을
바쳐 따를 수 있다면 더없이 행복한
자라 말하였음이니, 너를 위하여 목숨
을 바칠 자들이 네 주변에 있지 아니
한가?
15 그들과 더불어, 잘못 가고 잘 가는 것
을 그들과 의논하여, 인간으로서 한
점의 부끄러움이 없이 바로 서는 그러
한 삶을 이제는 살아야 될 것이니라.
16 내가 너를 아들이라 불렀으며, 하늘에
서 내가 너에게 하얀 옷을 한 벌 내려
너에게 입힘이니, 이제는 아무것도 그
옷을 뚫고 너를 침범하지 못할 것이니
라.
17 네가 바로 서서 바로 갈 수 있으니 이
제는 내가 너를 지키고자 함이며 지켜
줌이니,
18 이제 네 노력을 내가 거두어들임이니,
그리 알라.

2,515 번째 하나님 말씀

2002년 6월 30일 08시 56분

1 사랑하는 나의 아들아!
2 "네, 아버님! 말씀하옵소서."
3 네가 험하고 험난한 그 고비를 넘어
너 자신이 깨우치고 행하고자 하는 그
노력이 인간인 너로서는 최선을 다하
였음이니라.
4 인간의 노력으로써 그 이상 넘을 수
없으며 더 지키고 갈 수 없음이니, 나
의 아들로서 너는 노력할 만큼 최선을
다하였음이니, 내가 사랑하는 나의 아

들 너에게 하얀 옷을 하늘에서 내려
입힘이니,
5 이제는 인간 세속의 어떤 고난과 욕심
과 욕망이요, 부귀영화요, 인간으로서
하고자 하는 모두는 다 그 하얀 옷의
벽을 넘지 못할 것이니, 네가 이제 바
로 설 것이니라.
6 하나의 껍질을 벗었음이니, 네가 나의
성령을 받아 160권을 만들어 세상의
나의 피조물 만백성을 구하는 그 기초
를 다지며 역사를 이룸이니,
7 네가 지금 노력한 만큼 내가 상을 주
어 너를 우뚝 서게 함이니, 너는 내가
너에게 입힌 그 하얀 옷에 어떠한 색
깔의 물감을 묻혀서는 아니 됨이니라.
8 네가 어찌 행동하는가에 따라 거기에
어떠한 색깔의 물감이 묻느냐 안 묻
느냐 하는 것이 달렸음이니,
9 나는 너에게 하늘로부터 보호할 수 있
는 하얀 옷을 입혔음이니라.
10 이제 네가 스스로 깨우친 그 바탕 위
에서 어찌 살아가느냐 하는 것은 네가
알아서 행하여야 할 것이니라.
11 너는 그 변화된 모습 그대로 내면의
생각을 지키며 행하여 오면 될 것이니
라.
12 아무도 너의 내면을 알 수 없으며, 인
간들은 너의 그 속성의 변화를 알 수
가 없음이니라.
13 하나의 씨앗을 농부가 땅에 뿌렸으니,
그 씨앗이 성장하여 가는 것이 너희들
눈에는 보이지 않지만, 그 씨앗은 싹
이 터 서서히 자라느니라.
14 다만 너희들 눈으로 볼 수 없으나 그
씨앗은 서서히 변하여 자라남이니, 그
리하여 파란 잎을 지나 열매를 열며,
그 열매를 만백성의 생명의 근원이 되
는 양식으로서 거둬들이게 되느니라.
15 그러나 엄연한 그와 같은 변화 속에
너희들은 그 변하는 모습을 보지 못하
지 아니하더냐?
16 하나의 씨앗이 자라나는 것의 변화를
알지 못하듯이, 그와 같이 나의 아들
의 변하는 그 모습 또한 너희 눈에 보
이지 않음이니, 너희들은 볼 수 없음
이니라.
17 보지도 못하며 바라보지도 못하는 너
희들이, 변해 가는 나의 아들을 놓고
갑론을박하지 말라.
18 변해 가는 나의 아들의 그 모습을 알
지도 못하면서 갑론을박하며 그에게
원망과 저주의 눈초리를 보내며 그를
무너트리려 하는 너희들이 얼마나 잘
못된 삶을 사는 것인가?
19 너희들이 죽어 내 앞에 와 심판을 받
을 때, 너희들의 오늘의 그 행동이 얼
마나 바르지 못했는지, 그리고 그게
너희들 욕심에서 이루어졌다는 것을
알게 될 것이니라.
20 그리하여 나의 법전을 전하며 나의 아
들을 통하여 나의 성령을 듣는 나의
피조물 만백성은 스스로 너희들이 변
하는 그 내면의 모습을 알며 스스로
변하여 가야 되는 것이니라.
21 너희들 스스로 내면의 변하는 것을 하
나의 아름다운 건축물을 짓듯이 차곡
차곡 쌓아서 너희 것으로 만들지 못한
다면, 그는 부는 바람에 날아가게 됨
이니라.
22 내면의 변함이요, 변하는 그 모습을

느끼는 자만이, 그리고 그와 같이 변
하는 것을 너희 가슴에 하나하나 간직
하여 단단하게 쌓아 가는 자만이 나의
아들의 제자로서 남을 것이며, 나의
피조물 만백성을 구하는 지도자로서
이 세상에 우뚝 설 것이니라.
23 이제는 너희들이 감히 나의 아들에 대
해 갑론을박하지 말라.
24 그가 살아가는 인생의 그 모두를 덮어
나가며 그를 다스리며 거기에 물들지
아니하도록 내가 그에게 하얀 옷을 하
늘에서 내려보내 천사의 옷을 입혔음
이니,
25 너희들 눈으로는 보이지 아니할 것이
니라.
26 그러나 천사와 사탄이요, 모든 영들은
그를 보고 있음이니, 이제는 감히 그
를 넘어트리지 못하며, 그를 공격하지
못하며,
27 그가 스스로 쌓아 온 내면의 80퍼센
트의 그 변화 속에 내가 그를 거둬들
이는 역사가 이루어졌음이니, 너희들
은 나의 아들에게 갑론을박하지 말며,
나의 법전을 놓고 평하지 말며,
28 그를 통하여 내리는 나의 성령의 뜻을
무서운 줄 알며 받아들여 깨우치는 자
만이 정녕 영원히 하늘에 오르는 길을
알 것이며,
29 지금 나의 아들과 더불어 한 시대를
살아가며 그와 다정다감하게 나의 법
전이요, 나의 성령의 공부를 하여 깨
우쳐 만백성을 깨우치고자 마음을 다
스리는 너희들이 얼마나 위대한 시대
에 살며 얼마나 영광의 축복 속에서
사는 것인가를 알 것이니,
30 이를 버려 지옥으로 가는 자, 이를 받
아 하늘에 오르는 영광된 삶을 사는
자, 그와 같이 구분되어 감을 너희들
은 알아야 할 것이니라.

2,516 번째 하나님 말씀

2002년 6월 30일 09시 07분

1 사랑하는 나의 아들아!
2 "네, 아버님! 말씀하옵소서."
3 지금 너희들이 살아가는 이 지상의 땅
덩어리 위에 어떠한 형국이 이루어졌
으며, 선과 악의 싸움과 그 뿌리가 어
찌 내려져 있는가?
4 선한 것은 찾아볼 수 없으며, 사악하
고 악한 그 뿌리가 세상을 다 덮고 있
음이니, 그 속에서 살아가는 나의 피
조물 만백성이 무엇을 보고 배우겠는
가?
5 선하고 아름다운 천사가 세상을 덮었
을 때 나의 피조물 만백성은 그의 행
동을 보고 배우며 다 천사가 될 것이
나,
6 지금은 욕심이라는 그 굴레를 벗어나
지 못하고 시기와 질투를 버리지 못하
며 아름다운 자연의 마음 상태로 살지
못하는 자들이 세상을 모두 다 덮고
있음이니,
7 그 속에서 살아가는 나의 피조물 만백
성이 무엇을 배우며 무엇을 깨달으며,
어찌 악을 버리고 천사의 세계에 살아
갈 수 있겠는가?
8 그저 너희들은 천사의 세계요, 하늘나
라를 보지 못하며, 사악한 자들의 가
르침이요, 사악한 자들이 인도하는 그

대로 그 사악한 속에서 지금 살아가고
있음이니,
9 너희들이 어찌 구원의 길을 볼 수 있
으며, 구원의 빛을 바라볼 수 있으며,
그 길을 따라올 수 있겠는가?
10 그리하여 내가 나의 아들을 통하여 너
희들을 구원하고자 마지막으로 나의
성령을 기록하여 너희들을 심판하는
법전을 세상에 내려보냈으나,
11 너희들은 이를 보지도 못하며, 이를
접하지도 못하며, 이를 보고 깨우치지
를 못함이니라.
12 그리하여 너희들은 지금 나의 아들이
나의 성령을 적어 내려보낸 그 법전을
이단이요, 사악한 자가 만든 것이며,
그는 세상을 혼란케 하기 위하여 내려
온 자라 그리 말함이니,
13 너희들은 나의 음성을 들으며 나의 빛
을 보며 나의 손을 잡으며 나에게 은
혜와 영광의 기적을 얻어 하늘에 오르
고자 하면서, 어찌하여 내 모두를 담
아 나의 형체요, 실체를 세상에 내려
보내건만 이를 보지 못하며 이를 듣지
도 못하는가?
14 너희들이 정녕 그러한 형국으로써 살
아가면서 어찌 구원을 받을 수 있겠는
가?
15 지금 사악한 자들의 가르침이요, 사악
한 시대에 살아가는 너희들이 바르고
곧은 천사의 그 빛을 못 보고 있음이
니, 너희들이 얼마나 어리석은 삶 속
에서 살아가는가를 너희 스스로 나의
법전을 읽고 깨우쳐야 될 것이니라.
16 나의 법전의 구절구절에 너희들이 말
하는 전지전능한 아버지라 하는 나 여
호와를 찾지 아니한 구절이 없으며,
17 내가 그를 나의 아들이라 부르며 그가
나를 아버지라 불러, 내가 명하여 내
리는 것을 그가 그대로 기록하여 너희
들에게 전하고 있음이니,
18 어찌하여 너희들은 이를 보고도 깨우
치지 못하는가?
19 너희들이 죽어 나에게 와 심판을 받을
때, 정녕 얼마나 너희들이 영광된 그
길을 버렸는가,
20 진주와 보석이요, 너희 생명보다도 더
소중한 나의 법전이요, 나의 성령이
요, 나의 아들을 통하여 너희들을 구
원하고자 전했던 그 모두를 버렸던 것
을 너희들은 그때 뼈저리게 후회할 것
이니라.
21 그리고 너희들은 알아야 할 것이니라.
22 너희들은 지금 마지막 시대에 내려온
거짓 선지자가 하는 행위요, 사악한
자요, 사탄이요, 마귀가 하는 행위라
그리 말하며 나의 법전을 찢어 버리고
태워 버리며 읽지 아니하려 함이니,
그러나 너희들은 알게 될 것이니라.
23 나의 성령의 이 법전이 이 세상의 모
든 악의 무리들을 거두며 사악한 자들
을 거두고 사탄들을 다 거두며, 천사
들만이 사는 새로운 역사의 새 시대를
열게 된다는 것을 알게 될 것이니라.
24 그리고 그리 열고 그리 가게 됨이니라.
25 그러나 지금 나의 법전을 읽고 깨우치
지 못하는 자, 너희들의 육이 죽어 영
혼이 나에게 와 심판을 받을 날이 머
지않았음이니, 그때는 늦음이니라.
26 이제 나의 법전이요, 나의 성령을 듣
고 깨달은 자는 오로지 나 여호와에게

경배하며, 내가 내린 나의 십계명과, 제3의 시대를 열고자, 너희들을 구원하고자 내려보내는 이 법전에 따라 사는 자만이 구원을 받게 됨이니,
27 너희들은 이를 잊어서는 아니 될 것이니라.

2,517 번째 하나님 말씀

2002년 6월 30일 09시 30분

1 사랑하는 나의 아들아!
2 "네, 아버님! 말씀하옵소서."
3 너희들 인간의 심리가, 재물을 죽을 고생을 다하여 모은 자는 그 재물의 소중함을 알며, 쉽게 구하고 쉽게 얻은 자는 그 소중함을 모르는 것이 너희들의 생각이요, 너희들의 살아가는 형태이니라.
4 그러나 재물은 쉽게 구하였다 하여 그것이 값없는 것이 아니며, 어렵게 구하였다 하여 그 재물이 특히나 값있는 것이라는 그런 생각을 너희들은 버려야 할 것이니라.
5 그와 같은 생각을 갖고 살아가는 것은 하나만 봄이요, 열을 보지 못하고 세상의 이치를 깨닫지 못하는 삶의 생활에서 너희들에게 그리 전하여지는 것이니라.
6 쉽게 얻었다 하여 값없으며 어렵게 얻었다 하여 값있는 것은 아니니라.
7 너희들이 소유하고 관리하는 그 모든 것은 어떻게 되었든 다 똑같이 소중하고 귀한 것임을 너희들은 알아야 할 것이니라.
8 지금 내가 나의 아들을 통하여 나의 성령을 내려보내어 법전을 만듦이니,
9 너희들이 많은 세월 속에 많은 시간 속에서 남들이 들을 수 없고 볼 수 없는 나의 성령의 뜻을 나의 아들을 통하여 직접 들으며 나의 법전의 책장을 수없이 많이 넘기면서 너희들의 마음이 누그러지며 여유가 있는 듯하며, 너희들이 긴장 속에서 이를 듣지 아니하며 나의 법전을 보지 아니함이니,
10 너희들의 깨우침과 깨달음이 과연 흐트러지지 아니하였는가 너희 스스로 한번 다짐해 봐야 될 것이니라.
11 지금 나의 아들이 밤과 낮을 가리지 아니하며 너희들에게 나의 성령을 받아 법전이라 하여 160권을 만들어 세상에 전한다 하니, 이를 너희들은 어찌 생각하는가?
12 그 위대함과 소중함과 그 귀함을 너희들은 얼마만큼 마음속에 간직하고 있는가?
13 그리고 법전을 만들어 전하는 것은 나의 피조물 만백성을 구하는 길로 인도하고자 함이며, 또한 너희들을 구원의 길로 인도하여 너희들이 많은 백성을 구하는 그 역사를 이루는 제자요, 지도자로서 가야 할 길을 가르침이니,
14 과연 너희들은 얼마나 두렵고 무서운 마음으로써 이를 받아들이고 공부하며 깨우쳐 가는가?
15 그리고 너희들 가슴속에 얼마나 무서우리만큼 차곡차곡 쌓아 너희들의 양식으로 만들어, 만백성을 가르치는 지도자로서 그 역량을 발휘하고자 가슴에 담아 가는가?
16 너희들은 지금 그 뜻과 그 이치와 이

소중함 자체도 모르고 살아가고 있음
이니, 이를 깨우쳐야 할 것이니라.
17 내가 나의 아들을 통하여 법전을 만들
어 세상에 전하는 것은 너희들을 포함
하여 나의 피조물 만백성을 구원의 길
로 인도하고자 함이며,
18 내가 나의 성령을 전하며 나의 성령
의 뜻을 강론을 통하여 너희들에게 가
르치는 것은 이곳 성전에 와 공부하는
나의 아들의 제자요, 또한 지도자로
나갈 자, 너희들만을 구원의 길로 인
도하고자 함이 아니라,
19 너희들이 그리 갈망하고 원하는 구원
의 영광을 얻도록 하기 위하여, 만백
성이 구원을 받도록 하기 위하여 너희
들을 가르치고 있는 것이거늘 그 자
체조차도 깨닫지 못하고 있음이니,
20 너희들이 그와 같이 어리석은 자들이
며, 두려움을 모르고 위대함을 모르며
영광된 것을 모르며 축복됨을 모르고
있음이니라.
21 네가 나의 법전을 전하여 그를 읽고
깨우치는 자들은 정녕 그들이 구원의
길을 보며, 구원의 빛을 보며, 그들에
게 구원의 길을 인도하는 그 역사의
차원이나,
22 나의 성전에 와 직접 나의 성령의 강
론함을 나의 아들로부터 들으며 나의
법전의 뜻을 깨우쳐 듣는 너희는 너희
들의 영혼을 직접 구해 주고 인도하는
그와 같은 가르침이요, 그 역사가 이
루어지고 있음이니, 그 소중함과 위대
함을 알아야 할 것이니,
23 너희들이 나의 법전을 읽을 때 정녕
깊이 정독하며, 너희들이 나의 법전을
가슴에 안고 너희 생명과도 바꿀 수
있는, 그리고 나의 아들이 나의 성령
으로써 너희들에게 강론하는 그 모든
뜻을, 너희 생명과도 바꿀 수 없는 소
중한 그 가르침을 가슴에 간직하는 그
와 같은 자세로 살아가야 됨을 알라.
24 이와 같은 마음으로 살아가지 아니하
는 자, 이와 같은 것을 깨닫지 못하는
자, 그는 정녕 제자요, 지도자로서 그
역량을 갖추지 못한 자이니,
25 언젠가는 나의 성령이요, 성전이요,
나의 아들이요, 그 모두를 버리고 등
돌리고 돌아갈 자라는 것을 알아야 할
것이니,
26 너희들의 마음자리를 바로잡고 깨우
쳐, 너희들이 나를 등지고 떠나는 그
와 같은 불행한 역사가 있지 않도록
그리하라.

2,518 번째 하나님 말씀

2002년 6월 30일 11시 56분

1 사랑하는 나의 아들아!
2 "네, 아버님! 말씀하옵소서."
3 내가 너희들에게 일찍이 깨우쳐 어찌
가르쳤던가?
4 너희들이 하늘에 오르는 길이요, 나에
게 구원을 받는 길이요, 영원한 이 낙
원의 나라에 와 살고자 하는 자는 두
주먹을 불끈 쥐고, 뒤도 돌아다보지
말며, 좌우도 보지 말며, 오로지 나의
계명이요, 나의 율법에 따라 달리고
또 달리라 그리하였음이니라.
5 그리하여도 너희들이 구원의 길에 들
어설까 말까, 구원의 빛을 볼까 말까

한다 내가 말하였음이니,
6 이는 바로 내가 무엇을 너희들에게 일
깨워 주었음이냐?
7 나의 모두를 태워 마지막으로 성령을
내려보내어 나의 법전이라는 책을 만
들어 세상에 내려보냄이니,
8 너희들은 나의 계명을 지키며, 그 계
명의 구절구절의 만 가지 뜻을 풀어
너희들이 행할 수 있도록 내려보낸 지
침서인 나의 법전을 보고 깨우치고 그
뜻을 깨우치며,
9 내가 너희들에게 무엇을 전하고자 하
며, 너희들에게 무엇을 깨우쳐 주고자
하며, 너희들이 그곳에서 깨우쳐야 될
것이 무엇이며, 그리고 마지막 시대에
너희들을 심판하는 이 법전이 얼마나
소중하고 위대한 것이며 무섭고 두려
운 것인가를 너희들이 가슴으로 깨우
쳐,
10 그것만 공부하고 깨우쳐 달려온다 해
도 너희들이 하늘에 오를 수 있는 길
을 밟을까 말까, 오를까 말까 한다 내
가 하였거늘,
11 어찌하여 너희들은 나의 아들이 60평
생에 너희들 인간의 형태로 세속의 삶
에서 살아온 그를 가지고 갑론을박하
며, 그의 옷에 묻은 먼지를 가지고, 그
의 옷에 묻은 오물을 가지고 나의 아
들을 평하며, 나의 아들을 쓰러트리려
그와 같은 오만한 행위를 하고 있는가?
12 너희들이 정녕 나의 아들이 변하는 그
내면의 뜻을 아는가?
13 그가 인간 너희들과 같이 똑같은 삶을
살아와 너희보다 깨달음이 얼마나 높
이 와 있는지, 얼마나 경지에 와 있으
며 그가 얼마만큼 깨달아 시행하고 있
는지를 너희들이 보고 알 수 있는가?
14 그 자체를 알지도 못하는 자, 그 경지
도 바라보지 못하는 자, 그것을 깨닫
지도 못하는 자가 나의 아들을 평하고
평가해서는 아니 될 것이니라.
15 너희들은 나의 아들을 평하고 평가함
이 아니라, 오로지 내가 성령을 태워
내려 법전이라 하여 세상에 내려보내
는 그 책장 속에 있는 나의 가르침이
요, 내가 추구하는 그것을 바라보기도
정신이 없거늘,
16 내가 너희들에게 그리하여 앞만 보고
달리라 하였음이니라.
17 뒤도 돌아다보지 말며, 좌우도 보지
말며, 오로지 나의 계명과 나의 법전
속에 있는 그 뜻을 깨우쳐 그 경지의
속에 임하면 너희들이 60점인 인간
육의 생활을 벗어나 하늘에 오르는 영
의 세계의 그 맑고 깊음을 볼 수 있다
하였거늘,
18 어찌하여 너희들은 그 길을 달려오는
데 게을리하며, 어찌하여 너희들은 인
간 세속에 남을 시기하고 질투하고 음
해하는 욕심의 그 근본의 뿌리를 아직
도 하나도 버리지 못하고, 나의 아들
이 걸친 옷의 그 모양과 그가 행하는
그것으로만 평가하는가?
19 그를 보지 말라 하였음이니라.
20 그는 내가 다스려 바로 세울 것이며,
그가 백발이 됐을 때, 나의 아들 예수
가 살아왔던 그와 같은 삶을 그가 살
아갈 것이라 내가 말하였거늘,
21 깨우치지 못하고 마음을 비우지도 못
하며 근본의 자세도 되어 있지 못한

너희들이 어찌하여 경지에 높이 와 있
는 나의 아들의 외형을 보고 평가하
며 그를 시기하고 질투하며, 그를 쓰
러트리고 저주하는 행위를 그리하는
가?
22 이 가련한 나의 백성들아!
23 너희들이 십계명에 매달리며 나의 법
전에 매달려 두 주먹 쥐고 목숨을 다
하여 달려왔을 때, 160권이라는 나의
법전을 다 읽었을 때, 나의 아들 선지
자가 어디 서 있는가를 그때서야 볼까
말까 하거늘,
24 어찌하여 한두 권의 법전을 읽고 깨우
쳤다 하여 너희들이 나의 아들을 평가
하려 하며, 세상에 구원을 받고 못 받
는 이치를 깨우치며, 다른 신에게 가
고개를 숙이며 그게 하늘에 오르는 길
이라 망동하는 그와 같은 행위를 하고
있는가?
25 이와 같이 어리석고 우매한 자들이 어
디 또다시 있겠는가?
26 나의 사랑하는 만백성 너희들은 들어
야 할 것이니라.
27 이 세상에 모두를 전하는 것은 나의
아들을 통하여 전하며, 모두를 거둬들
이는 것은 나의 아들을 통하여 거둬들
인다 하였음이니라.
28 내가 이 세상에 나의 아들 예수만이
목자라 일러 말하였음이니,
29 곧 나의 성령을 받아 나의 법전을 기
록하는 지금의 나의 아들이 나의 목자
요, 이 세상에 한 사람뿐이라는 것을
너희들은 어찌 그리도 모르는가?
30 그가 너희들의 미래의 통하는 것을 가
르쳐 주며, 미래의 이루어질 역사를
가르쳐 주거늘,
31 어찌하여 너희들은 그의 옷에 묻은 그
오물을 가지고 시시비비를 하려 하는
그 어리석은 행위를 하는가?
32 너희들은 나의 160권의 법전을 다 읽
을 때까지 하나도 깨우침이 없으며 하
나도 변화됨이 없는 자들이니라.
33 너희들 자신이 60점이라는 그 세상을
넘어야 될 것이니,
34 160권의 법전을 다 읽었을 때, 너희들
이 육신의 그 60점을 벗어나 영의 세
계에 도래함이니,
35 육신의 그 속에서, 사악한 죄요, 사탄
이 우글거리는 그 속에서 허덕이는 너
희들이, 너희 자신도 바라보지 못하며
관리하지도 못하며 자신을 다스리지
도 못하며 제가 어디에 와 있는지도
모르는 너희들이 60점의 세계를 넘어
와 있는 나의 아들을 잡고 흔들려 하
는 그 어리석은 짓을 하고 있음이니,
이를 너희들이 깊이 깨우쳐야 할 것이
니라.
36 오로지 너희들이 나의 아들을 통하여
내리는 160권의 법전을 다 소화했을
때, 그때 정녕 나의 아들의 모습의 내
면과 외면을 보게 됨이니,
37 그전에 너희들이 왈가왈부 갑론을박
하지 말라.
38 그 무서운 죄를 너희들이 어찌 다 감
당하려 하는가?
39 내가 말하였느니라. 나의 아들은 하늘
의 나의 뜻과 지상의 너희 백성들을
가르치는 중간에 서 있는 통역자라 말
하였으며 교역자라 말하였음이니라.
40 그로부터 가르침을 받아들여 땅에서

발을 떼며 하늘을 향하여 걸음마를 해
야 할 너희들이,
41 감히 제 걸음마도 시작하지 못한 자가
어찌하여 하늘의 영의 세계에 돌입해
있는 나의 아들을 평가하려 하는가?
42 그리하지 말라.
43 너희들이 두 주먹을 불끈 쥐고 160권
의 법전을 다 정독하여 너희 것으로
만들었을 때, 나의 아들의 잘못 가고
잘 감을 그때 가서 평가해야 될 것이
니,
44 자신의 위치를 바라보는 지금의 현명
한 그 깨우침을 얻어 그리 행하지 아
니하는 자, 구원의 길을 볼 수 없음을
알라.

2,519 번째 하나님 말씀

2002년 6월 30일 12시 08분

1 사랑하는 나의 아들아!
2 "네, 아버님! 말씀하옵소서."
3 내가 구약 시대에 모세에게 전한 것도
사랑을 실천하며 그 사랑 속에 살라
가르쳤으며, 그것이 즉 하늘에 오르는
길이라 하였음이니,
4 또한 나의 아들 예수가 목숨을 바쳐
모두를 던지는 그 어렵고 고통스러운
역경을 거치면서, 사랑을 실천하고 사
랑이라는 것을 위하여 살라 내가 너희
들에게 가르쳤음이니, 그게 바로 구원
의 기초요, 기본이라 말하였음이니라.
5 그러나 너희들은 사랑을 나누며 남에
게 사랑을 베푸는 그것만으로써 생각
하며, 그리고 사랑을 베풀며 사랑을
실천하는 자는 그 속에서 모두를 다
잃고 손해 보는 그와 같은 삶이라 생
각하느니라.
6 그렇지 않으면 그저 사랑은 나누는 것
으로만 너희들이 생각하고 삶이니, 너
희들이 얼마나 우매하던가?
7 그리하여 내가 나의 아들을 통하여 말
하기를, 나의 성령의 뜻을 듣는 자, 살
과 뼈를 붙여 너희 것으로 다스리고
다듬어 만들라 하였음이니,
8 너희들이 사랑을 베푸는 그 생활 속에
얼마나 많은 것을 얻고 위대함과 기쁨
이 있는가?
9 너희들이 힘들고 어렵고 지쳤을 때,
그 사랑으로써 웃음을 지을 수 있으
며, 너희들이 이웃과 더불어 살아가면
서 웃음 속에서 환담하며 같이 손을
잡고 즐길 수 있는 것도 무엇이던가?
10 사랑을 베풀고 사랑이 있기 때문이니
라.
11 모두가 너희들이 살아가는 속에 즐거
움과, 희망과, 이웃과 나눔과 다정다
감한 너희들의 힘이 되어 서로 용기를
갖고 살아가는 것도 서로 사랑을 베푸
는 그 속에서 얻어지는 것이니라.
12 그리고 힘들고 어렵고 가슴이 찢어지
는 그와 같은 아픔과 고통 속에서도
너희들이 사랑을 나눔으로써 그를 지
울 수 있으며, 웃음으로 돌릴 수 있는
것이 사랑을 베풀며 사는 것이니라.
13 사랑을 실천하라 함은 너희들이 얻는
것이 수천수만 가지가 있음이니,
14 너희들은 잃는 것만을 생각하며, 사랑
은 그저 사랑으로써 나누어 주는 것으
로 끝나는 것으로 생각하나, 그렇지
아니함이니라.

15 내가 너희들에게 살아가는 그 법도의 길과 이치를 깨우쳐 주지 아니하였던가?
16 남을 용서하지 못하는 자는 제가 용서를 받지 못한다 말하였으며, 남을 용서할 줄 모르는 자는 나 여호와로부터 용서받지를 못한다 하였으니,
17 그 하나 속에도 숨은 뜻이 수천수만 가지의 가르침이 있으니, 이를 너희들이 살과 뼈를 붙여 너희 것으로 만들어 깨우치는 나의 백성이 되어야 될 것이니,
18 그렇지 못한 자는 죽은 자요, 죽은 믿음을 가지고 가는 자요, 깨달음이 없는 자이니라.
19 지금 수천 년 동안 흘러오는 종교 지도자들의 가르침이 바로 어떠한 형국인가 너희들은 돌이켜봐야 될 것이니라.
20 이제 나의 법전을 읽고 깨우치는 너의 제자들과 나의 성령을 듣고 깨우치는 너희들은 하나의 그 뜻 속에 수천수만 가지가 들어 있음을 알아야 될 것이니라.
21 그리하여 내가 너희들에게 명한 그 뜻을 그대로 너희들이 시 한 수 읽듯이 지나간다면 아무런 의미가 없다 말하였음이니라.
22 그곳에서 그와 같이 이루어지는 역사가 행하여졌을 때, 그와 같은 것이 이루어졌을 때, 그와 같은 것을 이루었을 때, 그와 같은 것을 세웠을 때 파생되는 그 위대한 위력을 생각하며 나의 법전을 읽을 때, 너희들은 나의 숨은 그 깊은 뜻을 알 수 있다 말하였음이니,
23 나의 숨은 그 깊은 뜻을 하나 아는 자가 나에게 한 발짝 가까이 와 있는 자요, 두 가지, 세 가지를 깨닫는 자는 두 발짝, 세 발짝 나에게 가까이 와 있다는 것을 알아야 될 것이니라.
24 전혀 그를 깨닫지 못하며 그저 법전을 시 읽는 것같이 읽는 자는 천날 만날 읽어도 하늘에 오르는 그 빛을 볼 수 없다는 것을 알아야 할 것이니라.
25 내가 너에게 이르지 아니하였더냐?
26 너희들이 나에게 오르고자 하면 내가 이루고자 하는 뜻이 무엇인가를 알아야 될 것이며,
27 예수의 행적과 예수가 이루고자 하는 것을 너희들이 안다면 예수의 삶을 그대로 답습하는 것만이 그를 깨달을 수 있다 하였음이니라.
28 나의 아들이요, 나의 선지자가 추구하는 길과 가는 길과 그가 이루고자 하는 것과 그가 행하고자 하는 그 속내를 안다 하면,
29 너희들이 그 속내에 근사하게 살아가는 그 노력을 하지 아니하면 그를 알 수 없음을 알아야 될 것이니라.
30 나의 아들은 살인자를 보아도 너희들 앞에 살인자라 내주지 못함이 있으며,
31 그는 너희들이 말할 때, 죄를 짓지 아니하였어도 죄를 짓지 아니하였다 말하지 못하는 것이 나의 아들이요, 선지자가 가는 그 마음의 이면의 진실된 면을 너희들이 어찌 알고 볼 수 있겠는가?
32 바로 그와 같은 것이니라.
33 너희들이 한 발짝 한 발짝 나에게 다

가올 수 있는 길은, 나의 성서요, 나의
법전이요, 나의 계명 속에 들어 있는
그 뜻의 깊이를 열 가지 아는 자는 열
발짝을 가까이 오는 것이요, 백 가지
를 깨우쳐 아는 자는 곧 백 계단을 올
라오는 그와 같은 영광된 축복을 얻게
됨이니라.
34 그리하여 나의 아들이 너희들에게 일
러 깨우쳐 주지 아니하였던가?
35 정답과 오답이 반드시 있으니, 보이지
않는 그 깊은 오묘한 세상까지, 그 깊
이까지 정답을 찾고자 노력할 때, 너
희들은 60점의 인간 세상을 넘어 하
늘에서 요구하며 하늘에서 추구하는
나의 뜻을 볼 수 있음이니,
36 그때 하늘에 오르는 빛을 볼 수 있다
는 것을 어찌하여 너희들은 그리 깨우
치지 못하고 우매하게 살아가는가?
37 이와 같은 이치를 깨우쳐 나의 법전을
정독하도록 그리하라.

2,520 번째 하나님 말씀

2002년 6월 30일 15시 37분

1 사랑하는 나의 아들아!
2 "네, 아버님! 말씀하옵소서."
3 내가 너를 이 세상에 내보내 너를 종
이라 불렀으며 또한 선지자라 불렀음
이니라.
4 그리하여 내가 너를 더 이상 가까이
부를 수 없는 호칭으로 나의 아들이라
불렀으며,
5 내가 너에게 하얀 옷을 입혀 장막을
쳐 주니, 어떠한 인간사의 유혹도 너
를 넘어트리지 못할 것이며 네가 바
로 서 갈 수 있음이니,
6 오늘의 너의 그 영광을 나 여호와의
기쁨으로 다시 표현하여 너희들에게
전하며,
7 너의 제자들 또한 그와 같은 영광임을
알 것이며, 너의 제자들 또한 나로부
터 하얀 그 천사의 옷을 받을 수 있도
록 그와 같은 깨달음의 길을 가도록
그리 일깨워 줘야 될 것이니라.
8 너희들은 오늘 나의 성령이요, 내가
정녕 가르치는 것이며, 나의 법전이
너희들을 영원히 구원하는, 마지막으
로 태워 내려보내는 나의 성령이라는
것을 그리도 구분하지 못하는가?
9 지금 종교 지도자들이 너희들을 가르
치는 방법이 어떠하던가?
10 그들이 성서라는 그 책의 테두리를 벗
어나지 못하며, 그를 반복해서 깨우치
고 또 가르치며, 그 속에서 무엇인가
를 찾아 너희들을 가르치고자 하는 것
이니라.
11 그러나 나로부터 선택된 목자는 그와
같지 않음이니라.
12 너희들에게 변화되는 것을 가르치며,
새로운 것을 가르치며, 그리고 나의
성령이요, 나의 뜻을 계속 너희들에게
가르쳐 이룰 수 없는 역사를 이루는
것이니라.
13 그리고 내가 너희들에게 말하노니, 세
상에 나간 나의 아들 예수가 나의 목
자요, 지금 나의 성령을 태워 내려보
내 이를 받아 기록하는 나의 아들이
나의 목자이니,
14 내가 너희들에게 법전을 내리는 것은
나의 목자를 통해서만 기록하여 전하

는 것임을 알아야 할 것이니라.
15 그 누구도 이를 받아 기록할 수도 없
으며, 나의 160권의 법전을 이 세상에
내놓을 수도 없으며, 그 역사를 이룰
수도 없음이니라.
16 오늘 너의 제자들은 하나를 깨우쳐 가
야 할 것이 있음을 알라.
17 너희들은 지금 수많은 집단의 능력과
힘과 조직과 그 모두를 가지고 저희들
만이 하늘에 오르는 길이라 말하는 그
들이 가르치는 그 테두리를 한번 보도
록 하라.
18 너희들이 항아리라는 그 그릇도 벗어
나지 못하며, 너희들이 살고 있는 집
안의 울타리도 벗어나지 못하며, 너희
들이 사는 그 마을의 한계도 벗어나지
못하는, 너희들 손안에 든 계란만도
못한 그 가르침을 가지고 지금까지 몇
천 년 동안 그리 가르치며,
19 앞으로 수천 년이 흘러가는 동안에도
그리 가르치려 하는 것이 그들이니라.
20 성서라는 그 테두리 속에 들어 있는
그 진리요, 깨달음도 모르며, 그 속에
들어 있는 과거와 현재와 미래에 내가
역사하는 것도 알지 못하며, 그걸 가
지고 너희들이 말하는 다람쥐 쳇바퀴
돌듯이 계속 재탕하고 또 가르침이니,
21 이러고도 이것이 정녕 나로부터 선택
된 백성의 가르침이며, 나로부터 선택
된 지도자며 나의 피조물 만백성을 하
늘로 인도하는 그 길을 가르치는 지도
자라 말하는 것이냐?
22 너희들은 여기서 이를 접어 두고, 지
금 나의 아들을 통하여 나의 성령을
공부하며 나의 법전을 읽고 깨우쳐 너
희들이 변하는 그 역사를 한번 비춰
보라.
23 나로부터 선택된 자는 무한한 변화를
이루며, 나로부터 성령을 받아 오늘의
깨우침과 내일의 깨우침이 다르며, 모
레의 깨달음이 다르며, 또 다음의 깨
달음이 다르고 이와 같이 변화되는 것
이 나의 가르침이니,
24 무한한 변화만이 나에게 선택된 나의
아들이 그리 행할 수 있음이니라.
25 너희들이 말하지 아니하였는가?
26 너희들은 어떠한 것으로써 나의 뜻을
다 기록한다 해도, 바닷물을 다 써서
기록한다 해도 나의 성령의 뜻이요,
나의 뜻을 다 기록하고 깨달을 수 없
다는 것을 알면서,
27 그렇다면 내가 바닷물을 먹물 삼아서
너희들에게 쓰고 또 써도, 그 물이 말
라도 너희들에게 전할 것이 또 남았다
말하고 있음이니,
28 과연 그러면 이 뜻은 내가 언제 너희
들에게 전할 수 있으며 어찌 전하여야
되는 것인가를, 너희들은 어찌하여 그
것 하나도 깨우치지 못하는가?
29 나의 성서 속에 있는 것은 정해져 있
음이니라.
30 그 정해진 것을 가지고 그들이 가르치
고 또 인도하고 가르침이니,
31 과연 너희들은 바닷물을 먹물을 대신
하여 마르도록 쓸 수 있는 그와 같이
많은 나의 성령이요, 나의 뜻이요, 나
의 가르침이 어느 시대에, 언제쯤에
지상에 내려가 너희들에게 그 많은 나
의 성령의 뜻을 가르치는 역사가 이루
어질 것이라 생각하는가?

32 너희들은 그 성서의 한 구절을 생각하
여 볼 것이니라.
33 하늘을 두루마리 삼고 바닷물을 먹물
삼아 그가 마르도록 쓴다 해도 나의
성령을 받아 다 기록할 수 없다 말하
였으니, 그는 바로 무엇이더냐?
34 정녕 지금 너희들이 죽어 가는 그 깨
달음의 가르침을 벗어나서 너희들에
게 새로운 역사의 가르침이 이루어진
다는 것을, 너희들은 어찌하여 그 이
면의 뜻을 알지도 못하는가?
35 그것이 바로 무엇이더냐?
36 나의 법전인 것이니라.
37 그리고 내가 지금 성령을 나의 아들을
통하여 내려보내는 그것이 바로 너희
들이 말하는 바닷물을 먹물 삼아 써
도 써도 다 쓸 수 없는 나의 성령을 지
금 내려보내기 시작함이니라.
38 너희들은 내가 법전의 열여섯 권이요,
160권으로써 나의 모두를 거두어들일
것이라 생각하나,
39 나의 아들이 160권의 법전을 세상에
내어 만백성이 이를 보고 깨우쳐 갈
때, 나의 아들은 계속 나의 성령을 받
아 기록할 것이니,
40 그가 33년 동안 아흔두 살에 죽는 그
날까지 나의 성령을 전해도 다 전하지
못하는 그와 같은 역사를 이룰 것이니,
41 내가 너희들에게 무어라 말하였던가?
42 너희들이 입증할 것은 너희들이 죽기
전에 모두를 볼 수 있다 하였으며, 너
희들이 죽기 전에 이를 체험하며, 죽
어 와서는 너희들이 정녕 어떠한 길을
갔는가를 알게 된다 하였음이니,
43 이와 같은 이치를 너희들이 깊이 깨우
쳐 생각한다 하면, 지금의 믿음의 길
을 가는 그들이 잘못 가르치고 잘못
감을 너희들은 알 것이니라.
44 오로지 나의 아들이요, 나에게 선택된
지도자요, 나에게 선택된 목자는 무한
한 변화의 영광과 가르침을 너희들에
게 전하여 심어 주는 것이 그 증거임
을 너희들은 오늘 알아야 될 것이니라.

2002년 7월

2,521 번째 하나님 말씀

2002년 7월 1일 08시 53분

1 사랑하는 나의 아들아!
2 "네, 아버님! 말씀하옵소서."
3 나의 아들 예수가 세상에 나가 나의
성령을 전하여 만백성을 구하고자 하
였으며,
4 그는 더불어 그의 제자들을 임명하고,
또한 너희들 백성 중에 제자를 선택하
여 그들과 더불어 나의 뜻을 세상에
이루고자 하였음이니라.
5 너희들은 지금 그 시대의 그 제자들이
위대하고 거룩하며, 그리고 나의 아들
예수에게 선택된 그것으로 그들을 영
광된 사람들이라 그리 생각하며, 그들
은 인간의 한계를 넘어 신의 경지와
같은 깨달음의 높이에 있는 자들이라
생각할 것이니라.
6 그러나 오늘 너희들은 그들의 그와 같
은 형국을 바라보기 전에, 나의 아들
예수로부터 많은 기적을 보았으며, 역
사를 보았으며, 그 주옥같은 나의 성
령의 뜻을 들은 그들이 과연 어떠한
사람들이었는가 생각해 보라.
7 그들은 그와 같이 기적을 보이며 저희
들에게 역사를 이루며 저희들의 왕이
라 했던 나의 아들 예수가 죽어 갈 때
어찌하였는가?
8 그들은 나의 아들 예수를 적에게 팔았
으며, 나의 아들을 배신하기를 그들은
나의 아들을 모른다고 고개를 휘저었
으며 등 돌려 다 도망가는 그와 같은
일을 저지른 자들이니라.
9 그러니 그 시대의 인간의 마음과 지금
의 인간의 마음의 차이가 무엇이 있다
생각하는가?
10 그들 역시 나의 아들에게 등 돌렸으
며, 나의 아들이 죽어 갈 때 대신 죽고
자 한 자 없었음이니,
11 지금 2천 년이라는 역사가 흘러 내가
제3의 시대를 열고자 하여, 너희들을
구원하고자 나의 성령을 태워 나의 아
들을 통하여 법전이라 하여 책으로 만
들어 근거로 차곡차곡 쌓아 가고 있으
나,
12 지금의 이 법전을 읽고 깨우친 백성들
의 행위가 어떠하던가?
13 나의 아들의 살아가는 모습이 잘못됐
으며, 그가 근엄하지 못하며, 그가 모
두를 지키지 못하며, 그가 바로 서지
못하며 그의 행동이 말과 일치하지 아
니하다 하여 작고 큰 것을 시시비비하
며, 나의 아들에게서 등을 돌려 화살
을 쏘니,
14 그와 같은 백성들과 그들이 차이점이
없음을 너희들은 알아야 할 것이니라.
15 나의 아들 예수를 팔았으며 나의 아들
예수를 모른다 말하는 그 제자들이 감
히 그와 같은 사악한 행위를 어찌 할
수 있었겠는가?
16 너희들은 그 시대에 그 제자들의 바로
서지 못한 그 상황을 봐야 될 것이며,
17 그들이 정녕 목숨을 바쳐 나의 아들

예수를 지키고자 하였으며 나의 성령
의 역사를 이루고자 하였더라면, 나는
나의 아들을 거둬들이지 아니하고도
이룰 수 있었음이니라.
18 그러나 그 제자들도 그와 같은 행위가
없었음이니, 무엇으로써 나의 아들을
통하여 만백성을 구하겠는가?
19 그리하여 그가 고통스러운 그 죽음의
형태로써 나의 피조물 만백성을 구하
고자 마지막 그 길을 선택하였음이니,
20 지금의 시대에 와 있는 나의 백성들이
또 과연 어떠하던가?
21 제자라 와서 고개 숙였던 자들이 나의
아들에게 시시비비를 하며, 옳고 그름
을 저희들이 따지며 저희들 머리로써
판단하고 평하여 등 돌리고 떠나 나의
아들을 지금 공격하는 그와 같은 그들
의 행위가 나의 아들 예수가 죽어 갈
때 그를 버린 제자들의 그 사악한 행
동과 무엇이 다르다 말하겠는가?
22 너희들 인간의 마음이 그러함이니라.
23 그러하니 지금 너의 제자들이 무엇이
더냐?
24 금화와 은화를 저희들에게 나누어 주
지 아니한다 하여,
25 저희들이 잘못 살아와 어렵고 힘든 것
이거늘, 금화와 은화를 저희들에게 지
원하지 아니한다 하여 나의 아들에게
서 등을 돌리며 그에게 창을 던지는
그와 같은 행위를 함이니,
26 너희 후손들이 몇천 년 후에 지금의
너희들을 평가할 때, 너희들은 제자라
선택된 그것으로써 너희들이 훌륭한
자들이며 위대한 자라 그들은 그리 생
각할 것이니라.
27 너희들이 사악한 인간의 욕심을 버리
지 못하고 나의 아들 옆에 제자요, 지
도자라 섰던 그 모습을 그들은 또 지
금처럼 모를 것이니,
28 너희들은 나의 아들 예수가 죽어 갈
때 모든 기적과 역사를 본 그 제자들
이 그를 팔고 그에게서 등을 돌려 삼
십육계 도망간 그 추한 모습과, 나의
아들과는 아무런 관계도 없다 배신하
며 뻔뻔이 한 입으로 말하는 그 추하
고 더러운 그 형국의 역사와 같은 행
위를 지금 바로 나의 아들 앞에 있는
제자라는 그들이 하고 있음이니,
29 지금 나의 아들을 공격하며 나의 아들
에게서 등 돌리며 나의 아들을 핍박하
는 그와 같은 자들이 그 당시 예수의
제자와 조금도 다름이 없는 그와 같은
행위를 하였음이니라.
30 그리하여 나의 뜻을 전하며 사악한 자
들 속에서 만백성을 구하는 길이 어렵
고 힘들며, 나의 아들로서 이 세상의
모든 대명을 이루는 것이 얼마나 고달
프고 힘든 역사인가를 너는 알아야 될
것이며, 너의 제자들이 또한 깨우쳐야
될 것이니라.
31 예수 시대의 그 제자들이 차라리 지금
모두를 다 버리고 너를 따르는 너의
몇몇의 제자들만도 못했으며,
32 네 앞에 제자라 하여 고개 숙였으며
나에게 명을 받았던 자들이 등을 돌리
니, 지금 늦게 와 네 앞에 고개 숙여
나의 법전의 가르침과 깨달음이 축복
의 영광이라 하여 그저 순종하고 가는
그 제자들만도 못함이니,
33 그들의 모든 직함이요, 그들에게 내렸

던 모두를 다 거둬들이는 그와 같은 나의 뜻을 너희는 알아야 할 것이니 그리 알라.

2,522 번째 하나님 말씀

2002년 7월 1일 11시 43분

1 사랑하는 나의 아들아!
2 "네, 아버님! 말씀하옵소서."
3 내가 너에게 하늘의 하얀 천사의 옷을 입혀 너 스스로 견디며 갈 수 있는 힘과 용기를 내려 줌이니, 이는 네가 그만큼 받을 만큼 왔기 때문이니라.
4 오늘 나의 성전에 와 고개 숙여 나의 음성을 듣는 자, 나의 법전을 듣는 너의 제자들, 그 모두에게 지금까지 살아왔던 너희들의 불안한 죄요, 알고 짓는 죄, 모르고 짓는 죄, 그리고 너희 스스로 나에게 부끄러웠던 삶 그 모두를 나 여호와의 이름으로 생수와 같은 마음으로 용서함이니, 그 기쁨을 너희들이 같이 얻어야 할 것이니라.
5 나의 아들이 완벽하게 설 수 있는 오늘의 그 역사는 오늘 나의 성전에 와 고개 숙인 너희들의 노력이요, 너희들의 마음 자세에서 그 역사가 이루어졌음이니, 내가 너희들을 다 거두어들임이니라.
6 너희들은 이제 알고 행하는 것만이 너희들이 지킬 수 있는 길임이니라.
7 너희들의 마음이 즐거우면 다른 사람의 마음에 아픔이 있으며, 너희들이 많은 것을 취하면 다른 사람이 잃는 것이 있음이니라.
8 너희 마음이 아픈 만큼 다른 사람에게 또한 즐거움이 있는 것이 세상의 이치이니라.
9 너희들이 남을 용서하지 못하면 너희들이 용서를 받지 못한다 했듯이,
10 너희들이 남을 용서하는 그 마음속에 너희들의 축복과 영광이 있는 삶의 이치를 너희들은 오늘 깊이 깨우쳐야 될 것이니라.
11 그러한 속에서 모두가 이루어지는 것이 사랑이며, 나의 역사며, 나의 뜻에 살아가는 것이니라.
12 너희들은 이제 항상 너희 자신을 생각하기 전에 남을 먼저 생각하는 삶을 살아야 될 것이니라.
13 너희들이 지금까지 마음속에 가지고 있던 불안한 마음이요, 너희들이 나로부터 용서받기 어려웠던 그 모든 죄들을 내가 다 거두어들여, 너희들을 만백성이 마실 수 있는 생수와 같이 하얗게 씻어 주었음이니,
14 너희들이 여기서 무엇을 더 원하며 무엇을 갖고자 하며, 너희들과 무엇이 대적할 것이 있겠는가?
15 그와 같은 은혜와 영광이요, 그 은총을 받은 너희들 앞에, 어떠한 인간사 세속의 삶에 너희들이 시시비비하며 갑론을박할 것이 있겠는가?
16 이제 너희들이 모두를 다 받아들이며 모두를 다 거둬들이며 너희 가슴으로 안고 살아가는 그와 같은 삶을 살아야 하는 것이 너희들이 가야 하는 길임을 알라 일렀느니라.
17 내가 너희들에게 일렀느니라.
18 나의 법전을 보고 깨우치려 하지 아니하는 자, 누워서 잠자며 육의 행복함

속에 산다 하였음이니라.
19 그러나 나의 법전을 깨우치고 나의 성
령을 들으며 무엇인가 변화의 역사를
이루고자 하는 자는 오로지 고통과 시
련이 따름이니라.
20 그러나 그것은 너희들이 죽어 나의 앞
에 왔을 때 너희들이 받을 수 있는 상
인 것을 알아야 될 것이니라.
21 내가 너희들을 정녕 사랑하지 아니하
며, 너희들이 말하는 말세에 온 거짓
선지자요, 사탄이라 하면, 너희들에게
편하고 쉬운 그 길을 가도록 가르치고
인도하면 되는 것이 아니던가?
22 나는 너희들에게 어렵고 힘든 그 길을
가도록 하며, 너희들이 지킬 수 없고
넘을 수 없는 그 강을 넘으라 강요함
이니, 이것은 바로 무엇이더냐?
23 너희들의 육의 삶과 하늘의 삶의 그
법도가 엄연히 다름이니, 너희들이 육
의 삶 속에서 오늘의 그 고통스러운
나의 계명을 지키고 따라오는 만큼,
너희들이 그리 살아온 만큼 나에게 영
광과 축복과 은혜를 받게 되어 있음이
니,
24 그리하여 내가 너희들을 사랑하며 너
희들을 구원하기 위해 너희들에게 어
렵고 힘든 그 길을 가라 함이니라.
25 너희들 인간사의 삶도 그 이치가 있지
아니하던가?
26 어렵고 힘들게 노력하는 자 육의 영화
와 부귀요, 명성과 모두를 얻으며, 노
력하지 아니하는 자 얻어지는 것이 없
는 이 이치 하나를 너희들이 깨우친다
면,
27 오늘 나의 법전을 공부하며, 나의 성
령을 들어 나의 아들이 전하는, 너희
들에게 어렵고 힘든 그 길을 가라 명
하는 것을 너희들이 가슴에 새겨 하나
하나 행하고 실천할 때, 그는 바로 무
엇이더냐?
28 너희들이 영원히 사는 나의 나라에 오
기 위한 너희들의 노력이요, 고통의
그 길을 가는 것이니, 오늘의 그 고통
이 너희들의 영광임을 알아야 할 것이
니라.
29 정녕 너희들은 내가 너희들을 버려 육
의 편안한 길을 가며 너희들이 편안한
자세로써 살아가는 것을 원하는가?
30 이는 내가 너희들을 버릴 수 없음이니
라.
31 내가 너희들을 사랑하고 아끼기에 너
희들에게 조금만 더 어려운 길을 가라
함이니라.
32 그리고 이 고비를 넘기라 함이니라.
33 너희들은 말하지 않느냐?
34 먼 길을 달려오는 운동선수가 마지막
백 미터의 고비를 놔두고 좌절하도록
그에게 포기하라 가르치는 것이 정녕
지도자요, 그를 위하는 길이던가?
35 그는 적이요, 그의 반대편만이 그리할
수 있을 것이니라.
36 그를 멸하고자 하는 자, 그를 쓰러트
리고자 하는 자만이 결승점의 백 미터
를 놔두고 포기하라, 주저앉으라 그리
말하지 아니하겠는가?
37 정녕 그를 가르친 지도자요, 그를 아
끼고 사랑하는 자는 뭐라 말하겠는가?
38 지금까지 달려온 그 길이 아깝고도 소
중하여, 마지막 있는 힘을 다하여 그
의 숨이 끊어질 때까지 달려와 그 결

승점에 도달해 우승의 영예를 차지하라 가르치지 아니하겠는가?

39 이와 같은 이치 하나를 너희들이 깨우쳐도, 오늘 나의 아들을 통하여 너희들을 조이고 너희들에게 힘든 길을 가라 가르침은 너희들을 내가 사랑하기 때문이라는 것을 알 것이니라.

40 너희들이 조금만 더 달려오고, 조금만 더 좌우를 보지 아니하며, 너희들이 마음의 그 한자리를 비우면 영원히 사는 나의 나라에 올라오는 영광을 얻을 수 있는 너희들이기에 내가 너희들에게 채찍질함을 알라.

41 나 여호와는 나의 백성이 아닌 자에게 채찍질을 하지 아니하며, 내가 버린 자에게 채찍질을 하지 아니하며, 내가 버린 자는 벌하지 아니함이니라.

42 나에게 선택된 자에게 벌하며, 나에게 선택된 자에게 채찍질을 함이니라.

43 그러나 그 채찍질 뒤에는 너희들에게 영광과 은혜의 그 상이 반드시 내려짐을 또한 알아야 될 것이니라.

44 오늘까지 너희들이 나의 아들을 따라 고통스러운 길을 왔으며, 너희들이 나의 아들이 바로 설 수 있도록 하였음이니,

45 너희들의 지금까지의 그 고통의 역사에 대하여 내가 너희들에게 상을 내림이니, 너희들의 모든 마음을 다 거둬들임이니라.

46 너희들은 새로 태어난 삶이며, 내가 새로운 역사를 했으니, 너희들 마음속에 오로지 나의 성령만이 임하여, 더럽고 추한 생각이 너희들 마음속에 임하지 못할 것이니,

47 그 사랑을 내가 너희들에게 내리며 너희들에게 상을 내림이니 이를 잊지 말고 들으라.

48 너희들 가슴속에 백 가지를 기록하면 너희들이 아직도 아흔 가지가 잘못되어 있으며, 열 가지를 지키고 아흔 가지는 행하지 못하는 것이 너희들의 삶이니, 이는 곧 무엇이더냐?

49 10은 용서받을 수 있으나 90은 용서받을 수 없는 것이 너희들의 현재의 삶이니,

50 그 90을 나 여호와의 성령으로써 다 씻어 줌이니, 이것이 바로 내가 너희들에게 내리는 사랑임을 알라.

51 나의 아들에게 하얀 옷을 입혀 그가 바로 설 수 있도록 지상에서 너희들이 역사를 이루었음이니,

52 너희들의 그 역사 속에 하늘에서 나의 아들에게 그 옷을 내림이니, 누구도 그를 거부하는 자 없었음이니라.

53 이는 곧 내가 너희들에게 내리는 상이니라.

54 이를 기쁘게 받으라.

2,523 번째 하나님 말씀

2002년 7월 1일 16시 42분

1 사랑하는 나의 아들아!

2 "네, 아버님! 말씀하옵소서."

3 인간사 세상에 살아가면서 너희들은 구원을 받고자 하며, 그리고 영원히 사는 나의 나라에 와 존재하고자 하는 것이 너희들의 소망이며 너희들이 갈망하는 것이니라.

4 너희들이 정녕 나로부터 구원을 받으

며 나의 낙원에 와 존재한다는 것은
바로 무엇을 의미하는가?
5 내가 너희들에게 명한 것이요, 지키라
하는 율법과 나의 법전에 기록된 그
내용을 지키고 깨우쳐 오는 그 길밖에
없음이니라.
6 그러나 너희들은 지금 어찌 살아가는
가?
7 내가 너희들에게 일러 말하기를, 하늘
에 오르는 길은 나의 계명을 지키는
것이요, 나의 율법에 따라 행하는 것
이라 하였으며,
8 또한 너희들이 하늘에 오르는 것은 내
가 원하는 길, 내가 원하는 방향, 내가
너희들에게 요구하는 그 길을 행하는
것이며, 그것이 너희들이 구원을 받는
길인 것이니라.
9 그리하여 내가 너희들에게 기도하는
것도 일깨워 주었음이니라.
10 너희 죄를 용서를 빌며, 나 여호와의
뜻에 따라 살아가며, 나 여호와 하나
님이 원하는 그 뜻에 따라 살아갈 수
있는 그 모두가 다 나 여호와 하나님
의 은혜라 그리 너희들이 말하면 된다
내가 말하였음이니라.
11 그러나 종교 지도자요, 믿음의 길을
가는 자, 너희들은 지금 어찌 살아가
는가?
12 내가 너희에게 지키라 명한 것을 너희
들은 지킬 수 없다 그리 부정하며,
13 기도하는 것 그 자체도 너희들이 만들
어서 너희 뜻대로 나에게 상달하는 체
말함이니,
14 너희들은 너희 생각을 기록하여 나에
게 말하며, 환경과 분위기에 따라, 그
상황에 따라 너희들이 요구하고 원하
는 그 기도를 너희들 마음대로 만들어
나에게 전하고 그게 하늘에 상달된다
하면서 그 기도 소리로써 나의 피조물
만백성을 현혹하며 이끌어 가고 있음
이니, 그것이 무엇이냐?
15 잘못된 것이라 내가 말하였으며, 그리
하여 그와 같은 기도는 나와 아무런
관계도 없다 하였음이니라.
16 너희들이 만들어서 하는 기도, 만들어
서 나에게 전하는 그와 같은 기도는
너희 스스로 너희 기분에 따라 너희들
이 필요한 이야기를 지껄이며 너희들
이 이루고자 하는 그 생각을 너희 머
리에서 전하며 지껄이는 것이지,
17 내가 원하는 그 방향으로 너희들이 기
도하고 경배하는 것이 아니며 내가 원
하는 삶을 살고자 하는 것이 아님을
알아야 될 것이니라.
18 그리하여 너희가 임의로 만들어서 하
는 기도는 나와 관계없다 하였음이니,
그 기도는 너희들 기분에 의하여 너희
들 마음대로 자작한 것이니, 그와 같
이 기도를 드리는 자의 그 기도는 하
늘에 들리지 아니하며,
19 너희들이 그러한 방법으로써 나의 피
조물 만백성을 하늘로 인도하며 깨우
친다 하여 드리는 그 기도와, 또 너희
들이 나에게 경배한다 하여 집단으로
드리는 예배, 그와 같은 행위는 정녕
너희 생각과 너희 머릿속에서, 너희
마음속에서 계획된 것이므로, 그 모두
는 나와 아무런 관계가 없다는 그 뜻
을 너희들은 깊이 깨우치고 알아야 할
것이니라.

2,524 번째 하나님 말씀

2002년 7월 1일 17시 13분

1 사랑하는 나의 아들아!
2 "네, 아버님! 말씀하옵소서."
3 수천 년 역사가 흘러오는 이 지상에 서, 구약 시대는 구약 시대대로 구원을 받고 구원의 역사를 이루며 하늘에 오르는 그 역사를 이루기 위하여 많은 나의 피조물 만백성이 그 길을 가고자 하였음이니라.
4 그러나 그 백성들이 과연 얼마만큼 나를 믿었으며 내가 존재함을 믿었다 너희들은 생각하는가?
5 정녕 그들이 하늘에 저희들의 창조주인 내가 있으며, 구원의 길과 저희들이 구원을 받지 못하며 죽음의 지옥의 길로 가는 엄연한 하늘의 법도가 있다고 얼마나 믿고 얼마나 깨달았다 생각하는가?
6 그들은 그리 깊이 깨우치지 못하였음이니라.
7 그리하여 그들은 우상을 만들었으며 저희들이 숭배하는 신을 만들었으며, 나를 버리는 그와 같은 무서운 결과를 이루었던 것이 모세의 시대에 구약의 그 백성들이 한 행위이니,
8 과연 그들의 마음속에 나를 경배하며, 내가 존재하며, 나에게 구원을 받으며, 내가 창조주며, 저희들이 나로부터 생명을 받아 세상에 태어났다는 그 감사와 은혜의 생각을 얼마나 했다 생각하는가?
9 그들이 정녕 그와 같은 생각을 했다면 우상을 만들어 경배하며 그와 같은 역사의 소용돌이 속에서 살아왔다 생각하는가?
10 그것이 내가 세상에 창조하여 만든 나의 피조물 만백성 너희들이 가는 길이며, 가지고 있는 마음의 자세이니라.
11 내가 일찍이 나의 아들을 통하여 이르기를, 너희들이 세상에 태어날 때 나의 앞에 각서를 쓰고 도장을 찍었으며 연판장에 서명을 해 놓고 세상에 나왔다 하였음이니라.
12 또한 구약 시대의 그 백성들이 그리하여 나왔건만, 그들이 과연 어떠한 길을 갔는가?
13 너희들이 상상할 수도 없는 그 무서운 우상을 만드는 죄를 저질렀으며, 그와 같은 광란의 시대에 그 속에 빠져 광분하며 나를 거부하고 다른 신을 숭배하는 그것이 너희 조상의 인간들이 살아온 모습이니라.
14 그러니 그 속에서 나를 깨우치며 정녕 하늘에 오르는 깨우침의 이치를 향하여 깨닫고 살아온 백성이 얼마나 있다고 너희들은 생각하는가?
15 그리하여 구약 시대에는 너희들 스스로 신약 시대를 열게 하였음이니,
16 내가 인간 모세를 통하여 이루고자 했던 그 역사의 뜻을 기리지 못하였으니, 내가 직접 너희들을 다루기 위하여 나의 아들을 보내 신약 시대의 그 역사를 이루게 하였음이니,
17 너희들은 또 얼마나 무서운 만행을 저질렀던가?
18 내가 직접 내려보낸 나의 아들이 어떠한 사람이며 어떠한 뜻을 가지고 어떠한 역사를 이룰 것인가를 잘 아는 그

들이 그 뜻을 저버리도록 하였음이니,
19 그리하여 너희들이 신약 시대의 문을
닫아 암흑 시대의 2천 년이라는 그 역
사가 지금 흘러왔음이니라.
20 그리하여 이제 내가 다시 나의 피조물
만백성을 구하기 위하여, 내가 수백
번, 수천 번 말했듯이, 나의 성령의 모
두를 태워 나의 아들을 통하여 너희들
이 근거하고 입증하고 재판하고 심판
할 수 있는 법전을 만들어 세상에 내
려보낸다 하였으니,
21 이 법전을 읽고 하늘에 오르는 길을
보며 깨우침을 얻어 너희들이 그리 갈
망하고 구하는 구원의 길을 가라 그리
내가 너희들에게 부르짖으나, 너희들
또한 지금 어찌 가는가?
22 사탄이요, 이단의 장난이요, 나의 아
들이 모세요, 예수요, 또는 지금 제3
의 시대에 사는 너희들이 상상하는 성
인과 같은 형태가 아니라, 인간 너희
들과 같은 모습으로써 너희들과 똑같
은 삶을 영위하면서 살아가는 그 모습
을 보고 너희들이 너희들만도 못하다
그리 생각하며, 그를 핍박하며,
23 그를 통해 내려오는 나의 법전까지도
핍박하는 그와 같은 형국이 이루어졌
음이니,
24 6천 년이라는 역사가 흘러왔으나 구
약의 한 토막의 시대와 신약에 너희들
이 저질렀던 만행의 그 한 토막의 시
대와, 지금 나의 법전을 내려보내 제3
의 시대를 열어 나의 아들 선지자를
통하여 새로운 천 년의 역사를 이루고
자 펼쳐 가는 이 시대의 상황이 과연
너희들은 얼마나 변화되었으며 얼마
나 전진되었으며 얼마나 너희들이 유
한 세상을 이루었다 생각하는가?
25 구약 시대의 그 만행이 신약 시대에
똑같이 연계되어, 또 제3의 시대인 지
금, 나의 법전이요, 나의 성령이 세상
에 나가 나의 피조물 만백성을 구하고
자 하는 이 시대에 사는 너희들이 그
시대의 나의 백성들과 비교해서 변화
된 것이 없다 하면,
26 지금까지 하늘에 오르는 길이요, 나의
피조물 만백성을 구원한다 하여 가르
치고 수없이 부르짖은 그 종교 지도자
의 가르침이 과연 무엇이며, 그곳에서
배워 깨우친 나의 피조물 만백성은 무
엇을 깨우쳤으며 어찌 배웠다 생각하
는가?
27 구약 시대요, 신약 시대의 그 백성과
그 시대의 상황과, 제3의 시대를 살아
가는 지금 나의 백성 너희들의 형태
요, 살아가는 것이요, 만행이 그때와
같다 하면, 너희들은 죽음의 시대를
살았으며 사악한 자들의 시대에서 살
았음이니라.
28 이는 너희들이 스스로 깨우쳐 깨닫는
그와 같은 변화가 있어야 될 것이니라.
29 2천 년 역사가 흐르는 그 신약의 시대
에 많은 종교 지도자들이요, 나의 피
조물 만백성을 지도하는 지식인이요,
성인이요, 군자라 말하는 자들이요,
또는 불교에서 말하는 석가요, 이와
같은 모든 사람들이 존재하였으며, 그
뜻을 기리며, 나의 아들 예수가 전했
던 그 제자들의 복음을 깨우치고 그들
로 하여 나의 백성들을 인도하겠다며
살아온 너희들의 지금의 형태가 과연

구약의 시대보다 변해 있으며, 지금의
새로운 너희들이 하늘에 오르는 그 길
에 근접하였으며,
30 나의 피조물 만백성 중에 천사와 같은
자가 이 지상에 얼마나 차지하고 살고
있는가?
31 그와 같은 역사를 지나면서도 제3의
시대인 지금에 와서 천사요, 아름다우
며 사랑을 베풀고 나누는 그 백성들이
자리를 잡지 못하고 있으며 그들의 변
화의 역사의 근거가 없다 하면, 너희
들은 무엇을 말하는 것이냐?
32 이것이 종말의 시대에 사악한 자들이
사악한 자의 뿌리를 낳고 또 그 뿌리
를 낳아, 지금은 나의 낙원을 너희들
이 말하는 사탄이 다 지배하고 덮고
있다 하는 것을 너희 스스로 입증함이
요, 그와 같은 형국이 이루어졌음을
알아야 될 것이니라.
33 그리하여 내가 너를 통하여 너의 제자
들에게 나의 성령을 들려주며 나의 법
전을 깨우쳐 그들을 바로 세우고자 함
이니,
34 그들이 바로 서지 못한다 하면 어떠한
시대가 또 이루어지는가?
35 너의 제자와 너를 따르는 나의 법전을
읽은 이 백성, 너희들이 바로 신약 시
대에 살아왔던 잘못 가는 사악한 그
백성들보다 얼마만큼 많이 변화되며,
하늘을 향하여 경배하고 기도하며, 나
여호와를 숭배하며, 내가 존재함을 얼
마만큼 믿어 변하느냐에 따라서 너희
들이 정녕 나의 뜻에 살아가는 백성이
라는 것을 입증할 것이니라.
36 구약 시대를 핍박했던 신약 시대의 백
성들이 변하지 못하였음이니,
37 그리고 신약 시대의 백성을 핍박하는
지금의 너희들이 그리 변하지 못한다
면 이 또한 죽음의 세계요, 사악한 그
역사가 그리 지속되며 그리 지구상에
서 흘러감이라는 것을 알아야 될 것이
니라.
38 이를 단죄하고 이를 막으며, 이곳에
새로운 싹을 심어 새로운 천사의 시대
를 이루며, 하늘에서 이루어진 것과
똑같이 이 지상에 낙원을 이루고자 나
의 법전을 세상에 내보내 너희들을 나
의 아들의 제자라 또는 나의 아들을
따르는 백성이라 하여 지금 다스리며
가르쳐 감이니,
39 과연 너희들에게 구약 시대에 우상을
만들었던 광란의 그와 같은 백성의 욕
심이 있지는 않은가?
40 그리고 예수를 팔았던 그와 같은 너희
들의 마음의 사악한 뿌리는 과연 너희
들에게 있지 않은가?
41 이를 너희들은 돌이켜봐야 될 것이니
라.
42 내가 나의 아들을 나의 종이요, 나의
선지자라 부르며, 너희들이 깨달음의
그 경지가 높을 때 너희들이 바로 설
수 있으며 나의 아들을 따라갈 수 있
는 나의 아들의 제자라 하여 내가 나
의 아들임을 너희에게 밝혀 줬으며,
너희들에게 명하여 줬으며,
43 이제는 하얀 옷을 입혀 그가 바로 서
는 데 한 점의 부끄러움이 없는 삶을
살아갈 수 있도록 너희들 앞에 다시
우뚝 세워 놓았으니,
44 너희들이 과연 구약과 신약의 그 세월

속에 얼마나 변화되는 인간의 삶을 살
아갈 것인가?
45 제3의 시대에 나의 법전에 따라 너희
들이 천사와 같은 형태로 변하기 시작
하는 그 역사를 이루지 못한다 하면,
너희들은 죽어 또한 마찬가지로 한 사
람도 구원받을 자가 없이 지옥 불로
갈 것이니,
46 너의 제자들과 나의 법전 읽고 깨우친
백성은 이 시간부터라도 나의 법전대
로 살아가 하나하나 변해 너희들이 표
백되는 그 현상이 되지 못한다 하면
구원받지 못함을 알아야 될 것이니라.
47 너희들은 변해야 될 것이니라.
48 그리고 너희들은 나를 향하여 전진해
야 될 것이며,
49 내가 존재함을 가슴속에 깊이 묻어 두
며, 깊이 심어 두며,
50 나의 십계명이요, 나의 법전대로 살아
가는 그 생활의 틀 속에서 벗어나는
자가 있어서는 아니 될 것이니라.
51 이제 나에게 너희들이 달려와 근접하
는 그 삶에서, 60점이라는 인간의 한
계를 넘어 70, 80, 90점의 그 영의 세
계에 돌입하여 나의 피조물 만백성이
너희들을 볼 수 있도록 그리해야 됨을
알라.
52 너희들이 60점의 인간 세상에서 살아
가고자 발버둥치며 거기를 넘지 못하
면 그들은 너희들이 저희들과 똑같은
존재라 그리 볼 것이니, 너희들을 보
고 그들이 따라옴이 없음을 알아야 될
것이니라.

2,525 번째 하나님 말씀

2002년 7월 1일 17시 33분

1 사랑하는 나의 아들아!
2 "네, 아버님! 말씀하옵소서."
3 하나의 씨앗을 세상에 뿌렸으니, 그
씨앗이 싹이 나고 노란 이파리가 나오
며 무성한 파란 잎을 지나 무엇을 하
던가?
4 열매를 맺어 결실을 이룸이니라.
5 그리고 그는 또 낙엽이라는 것이 되어
떨어짐이니라.
6 너희들은 이 이치를 보고 하나만 깨우
쳐서는 아니 될 것이니라.
7 그리 변하는 것이 나무요, 식물이라
너희들이 그리 생각하지 말라.
8 그 하나의 씨앗이 노란 싹을 피우기
위하여 거기에 맞는 토양의 양분이 필
요하며 그 양분을 흡수하게 되어 있으
며, 노란 이파리가 되어서는 그 노란
이파리로서 토양의 양분을 흡수하며,
그가 파란 이파리로서 무성하게 되었
을 때 거기에 따라 또 필요한 토양의
양분을 섭취하고 필요한 것을 얻게 됨
이니라.
9 열매의 결실을 맺어 만백성이 즐길 수
있는 그와 같은 열매로서 또 매듭을
지을 때, 거기에 대한 필요한 것들이
다 소요되게 되어 있음이니라.
10 그리고 또한 잎이 떨어지는 그와 같은
때 그는 또 거기에 따라서 그만큼 변
화되는 것이니, 그 이치를 너희들은
알아야 될 것이니라.
11 내가 나의 선지자요, 나의 아들이라
하여 이 세상에 하나 내보냈으니,

12 그는 나의 아들 예수처럼 성령으로써 잉태한 자가 아니요, 육으로써 세상에 나가 너희들과 같이 더불어 60평생이라는 그 세속의 삶에서 얽히고설켜 슬프고 괴롭고 즐겁고 행복했던 모든 관계와 자식과 가족과 친지와 형제의 그 얽히고설킨 너희들과 똑같은 인생의 삶을 살다 그 가슴에 나의 성령을 부어 나의 아들이라 하여 나의 대명을 받아 수행함이니,

13 그가 60평생에 살아온 그 과정에서 너희들은 하루아침에 그가 변하는 것을 원하고 있음이니라.

14 그리하여 그가 나의 아들이요, 선지자로 선택된 그 순간에 모든 역사를 이루어야 되며, 그는 너희들이 보았을 때, 인간으로서 도저히 할 수 없고 이룰 수 없으며 가지 못하는 그 길을 가는 그와 같은 기적의 사람으로서 변화되기를 원하는 것이 지금의 너희들임이니,

15 그리하여 저희들끼리 모여 갑론을박하며 나의 선지자에게 등 돌리고 나의 법전을 던지고 떠나는 자들과, 나의 법전이 오로지 나 여호와의 성령이며 하나님의 말씀이라 하여 죽을 때까지 모두를 바쳐 따라가고자 하는 자들이 구분됨이니, 이게 바로 무엇이더냐?

16 알곡식을 구하고 쭉정이를 버리는 그와 같은 역사의 현장임이니라.

17 하나의 식물의 씨앗이 땅에 뿌려져 살아가고 성장하는 그 과정이 다르듯이, 나의 아들이 세상에 나의 종이라 선택되어, 그가 종으로서의 그 변하는 역사를 이루며,

18 또 그가 선지자로서 선지자의 그 길을 갈 수 있도록 변해 가며, 그리하여 그에게 많은 깨우침과 깨달음과 길을 내가 가르치거늘, 어찌하여 너희들은 그를 모르는가?

19 그리고 나의 아들이라 하여 그가 세상에 나의 아들로서 지켜 갈 도리요, 신분이요, 명분을 지키도록 내가 깨우쳐서 너희들에게 부끄럼이 없는 삶을 살아가도록 다스려 가며,

20 이제는 그가 인간으로서 노력할 수 있는 최대의 노력을 다하였음이니, 내가 천사들이 입는 그 하얀 옷을 나의 아들에게 입혀 어떤 사악한 것도 그를 침노하지 못하며 공격하지 못하도록 바로 세워 그를 다스려 나감이니,

21 너희들은 어찌하여 그와 같은 때를 기다리지도 못하고 그와 같은 때를 인내하지도 못하며 그리도 너희 스스로 지옥으로 가는 길을 선택하여 가는가?

22 이것이 너희들의 마음 자세며, 너희들이 지금 가지고 있는 마음의 성격이며, 너희들이 모두를 행하고자 하는 욕심의 근원의 뿌리를 아직도 버리지 못한 증거임을 알아야 될 것이니라.

23 지금 나의 아들 예수와 같이 기적을 이루며 앉은뱅이 일어서게 하며 죽은 자 살리는 그와 같은 역사를 이룰 때, 너희들은 과연 어떠한 형태로 나의 아들 앞에 와서 서 있겠는가?

24 그 앞에 피로써 맹세할 것이며, 너희 머리카락을 잘라 맹세할 것이며, 너희 생명을 바쳐 따르겠다고 맹세할 것이니라.

25 그리 맹세하고 앞에서 떠드는 자, 나

의 아들이 남으로부터 핍박받아, 그가
진정한 나의 아들이 아니요, 종이 아
니요, 선지자가 아니라 사탄들이 밀어
붙이는, 파도처럼 밀려오는 그들의 위
세에 밀려 나의 아들이 쓰러질 때,
26 너희들은 그보다도 큰 소리로 그는 나
의 아들이 아니며 선지자가 아니며 하
나님의 아들이 아니라 그리 말할 것이
며, 나의 법전이 나의 성령으로써 기
록되어 만백성을 구하는 책이 아니라
만백성을 지옥으로 보내는 책이라 그
리 말하지 않겠는가?
27 바로 예수의 시대에 등 돌렸던 자가
그와 같은 자니, 지금의 제3의 시대에
그와 같은 자가 없다 말할 수 있는가?
28 그와 같은 마음을 가지고 있는 자, 그
와 같은 행위를 할 수 있는 자가 나의
아들 옆에 이제는 두 번 다시 존재하
지 못하도록 하고자 함이니,
29 그리하여 서서히 한 단계 한 단계 이
루어 가는 역사를 이루고자 함이니 그
리 알라.
30 누구도 이루지 못했던 그 역사의 기적
을 이룰 날이 있을 것이니,
31 그는 오로지 나의 아들과 더불어 모두
를 바치고 갈 수 있는 전사요, 나로부
터 선택된 백성들이 그와 같이 형성되
었을 때, 곧 이는 무엇이더냐?
32 14만의 전사가 완벽하게 되었을 때,
예수가 이룬 그 기적보다도, 모세가
이룬 그 기적보다도 더 위대한 기적의
역사가 이루어질 것이니라.
33 그전에는 내가 이루지 아니할 것이니
라.
34 그렇지 않으면 버릴 자가 앞에 올 것
이며, 앞에 오지 아니할 자가 앞에 올
것이며,
35 정녕 선지자를 따라 천 년의 역사의
기틀을 이룰 나의 전사들이 설 자리가
없음이니,
36 이를 구분할 때까지 인내하는 자만이
구원의 길을 볼 수 있음을 그리 알라.

2,526 번째 하나님 말씀

2002년 7월 1일 23시 34분

1 사랑하는 나의 아들아!
2 "네, 아버님! 말씀하옵소서."
3 내가 너희들에게 말하여 일렀느니라.
4 부모는 자식에게 모범이 되며, 그 뒷
모습이 한 점의 부끄러움이 없이 살아
가는 것이 부모가 해야 할 도리라 내
가 너희들에게 일렀음이니라.
5 어린 자식들도 '윗물이 맑아야 아랫물
이 맑다.'는 그와 같은 순리와 진리를
알고 산다 내가 너희들에게 말하였음
이니라.
6 그러나 지금의 나의 피조물 만백성이
살아가는 그 형국이 어떠하던가?
7 그리하여 내가 너희들을 위하여 구약
시대에 인간 모세를 통하여 너희들을
다스리고자 하였으며, 그 모든 역사의
기적을 보임으로써 너희들을 하늘에
오르는 나의 백성으로서, 믿음을 갖고
사는 그 백성을 이루고자 하였음이니
라.
8 그러나 지금 너희들이 어찌 되었다 하
였더냐?
9 그들이 그 시대에 바로 서지 못하여
신약 시대를 거쳐 지금의 시대가 흘러

왔음이니,
10 내가 지금 나의 성령을 태워 나의 아
들을 통하여 너희들에게 내려보내는
것은, 지금의 이 시대의 삶을 너희들
은 본받지 말며 그리 살지 말라 함이
니라.
11 신약 시대에 들어와서는 너희들이 구
약 시대를 버리지 못했듯이, 신약 시
대 또한 너희들이 나의 아들을 고통스
럽게 지워 버리는 그와 같은 일을 행
해서 무엇이 얻어지며 무엇이 이루어
졌겠는가?
12 그리하여 내가 너희들에게 간곡히 가
르치고 깨우치는 것은, 지금 시대의
형국을 너희들은 보지도 말며 배우지
도 말며, 이 시대의 삶을 바라보지 말
라 일깨워 줌이니라.
13 너희들이 지금까지 성서를 가지고 하
늘에 오르는 길이라 하며 그를 가르치
고 또 가르쳐 그 뜻을 벗어나지 못하
는 그와 같은 방법으로 나의 피조물
만백성을 구하고자 하는 그 시대가 지
금까지 왔음이니,
14 내가 그래서 지금의 시대가 너희들을
구원하는 그 시대의 흐름이 아니며,
지금의 종교 지도자들이 가르치고 깨
우치는 그 형태가 하늘에 오르는 길이
아니요,
15 너희들이 잘못 가르치는 종교 지도자
들의 그 세 치의 혓바닥에 현혹되어
구원의 길이 무엇인지, 죽음이요, 지
옥의 길이 무엇인지 그를 구분하지 못
하고 지금 광분하는 그 믿음 속에서
구원을 받았다 말하며 구원받을 자라
말하며, 그리고 너희들은 영광된 나의
나라에 와 영원히 사는 그 자격을 받
아 놓은 것같이 그리 말함이니라.
16 이는 나와 아무런 관계도 없으며, 너
희들은 그리 이루어지는 것이 하나도
없음을 알아야 될 것이니라.
17 그리하여 내가 너희들이 지금까지 살
아온 그 형태를 벗어나서, 지금 너희
들이 살아가는 이 시대의 형국을 너희
들이 닮아 간다면 한 사람도 구원할
자 없으며 구제받을 자 없기에, 내가
지금 제3의 시대를 열었음이니라.
18 그리하여 나의 법전을 세상에 내려보
내 너희들을 구원의 길로 인도하고자
함이니, 어찌하여 너희들은 나의 이
뜻을 모르는가?
19 너희 육신의 삶에 제 자식을 버려 남
을 구하고자 하는 그와 같은 자 있는
가?
20 육신의 삶의 너희 세상 속에서 제 자
식을 버려 남을 구원하고자 하는 자가
없을 것이니,
21 나는 나의 아들을 아낌없이 너희들에
게 주었음이니라. 그리고 너희들을 위
하여 나의 아들을 던져 버렸음이니라.
22 그러한 나 여호와가 너희들을 위해서
무엇을 못 하겠으며, 너희들을 바로잡
기 위하여 내가 무엇인들 못 하겠는가?
23 이러한 창조주 나의 마음을 전혀 모르
고 있으며 나의 깊은 뜻을 모르고 있
는 너희들이니라.
24 내가 나의 아들을, 소중한 나의 자식
을 너희를 위하여 던졌으며, 내가 그
리하여 너희들에게 율법대로 살아 달
라 그리 이야기하였으나, 너희들은 그
를 따르지 아니하였음이니라.

25 그러면 나의 아들을 아낌없이 던진 내
가 너희들을 얼마나 사랑하는 것이며,
너희들을 위해서 내가 무엇을 못 던지
겠는가?
26 그리하여 너희들을 구원하는 그 기초
의 계명을 지키라 말하였느니라.
27 그러나 너희들이 그를 지키지 않고 순
종하지 아니하였기에 내가 제3의 시
대에 다시 너희들을 위하여 나의 성령
을 태워 세상에 내려보낸다 수없이 너
희들에게 일깨워 주었음이니,
28 자식을 버리면서 너희들을 구원하고
자 하는 나 여호와의 뜻을 너희들이
깨닫는다면, 너희들을 구하기 위하여
오늘의 160권의 길고도 긴 장서의 법
전의 역사를 이루어 너희들에게 전하
고자 하는 것이 진정한 나의 뜻이라는
것을 알아야 될 것이니라.
29 이것이 나의 성령이요, 나의 법전이
며, 너희들을 구하는 길임을 알아야
할 것이니라.
30 나의 자식을 버려, 그를 아낌없이 던
져 너희들을 구원하고자 하는 이 애절
한 나의 뜻을 너희들이 알아야 할 것
이니,
31 이를 모르는 자, 정녕 구원의 빛을 보
지 못함을 깨달으라.
32 다시 한 번 내가 너희들에게 명하노라.
33 나의 사랑하는 아들을 아낌없이 너희
들을 위하여 던진 나 여호와요, 창조
주가 너희들을 위하여 무엇을 못 하겠
는가?
34 그리하여 마지막으로 나의 성령의 모
두를 태워 나의 법전을 만들어 너희들
에게 전하는 나의 이 뜻을 깊이 깨우
쳐 구원의 길을 보도록 그리하라.

2,527 번째 하나님 말씀

2002년 7월 1일 23시 45분

1 사랑하는 나의 아들아!
2 "네, 아버님! 말씀하옵소서."
3 지금 내가 나의 성령을 태워 160권의
법전을 세상에 냄이니, 이를 보고 너
희들은 뭐라 말하느냐?
4 사탄의 장난이며, 사악한 장난을 하는
자가 만들어 낸 것이라 그리 말하고
있음이니라.
5 지금 너희들이 구약 시대와 신약 시대
의 그 역사도 무엇 때문에 실패했다
생각하는가?
6 구약 시대에도 나의 성령이 전해지지
아니하였으며, 나의 음성이 전해지지
아니하였으며, 나의 뜻이 그대로 전해
지지 아니하였기 때문에 그와 같은 실
패의 역사를 이루었음이니라.
7 구약 시대에 제대로 전파되어 나의 성
령이 전해졌으며 나의 뜻이 전해졌더
라면, 그를 바로 배우고 깨달은 나의
피조물 만백성은 그와 같이 우상을 섬
기는 광란의 행위로써 그 구약 시대가
실패하는 시대로 이루어지지 아니하
였을 것이니라.
8 신약 시대에 또한 어찌 되었던가?
9 구약 시대가 잘못되어 신약 시대를 열
고자 하였으나, 사악한 자들이 나의
성령이 세상에 나가지 못하도록 그리
막았음이니,
10 이는 곧 나의 아들 예수의 제자들이
복음서라 하여 예수가 행한 것을 보고

들었던 것을 기록하여 전함이니, 그는 전하고 하는 자의 뜻에 따라, 그 한계에 따라 옳고 그름이 기록되었음을 여기서 알아야 될 것이니라.
11 그리하여 정녕 너희들이 지키고 행하여야 될, 내가 나의 아들에게 내렸던 그 원액의 가르침의 내용이 전해지지 아니하였으며 전파되지 아니하였음이니라.
12 그리하여 2천 년이라는 신약의 역사가 흐르면서도 나의 뜻이 그대로 전해지지 아니하였으며 그대로 역사하지 못하였기 때문에 오늘과 같은 형국이 이루어졌음이니라.
13 그리하여 내가 제3의 시대를 열면서 나의 성령을 160권으로 엮어 너희들에게 전하는 것이 무슨 뜻이라 너희들은 말하는가?
14 이는 너희들이 읽기 쉽고 깨우치기 쉽게 간단 명료하게 기록되어 너희들에게 전하며, 모든 성서의 뜻을 풀어 글을 깨친 자 읽도록 그리 전하였음이니, 이는 바로 무엇이더냐?
15 이는 전파이니라.
16 나의 피조물 만백성에게 전하며 나의 피조물 만백성 누구나 이 법전을 읽고 내가 선지자를 통하여 가르치는 그 가르침을 그대로 전할 수 있도록 간단 명료하고 쉽게 만들었으며,
17 그리하여 160권이라는 대장서의 법전을 만드는 것은 바로 전파이니라.
18 나의 피조물 만백성에게 전파시키기 위하여, 내가 나의 성령을 태워 책으로써 160권을 만들어 내는 뜻이 여기에 있음을 너희들이 알아야 될 것이니라.
19 전도가 되지 아니하면 나의 피조물 만백성이 알 수 없음이니라.
20 아무리 내가 주옥같은 말로써 누구를 통하여 내린다 하여도, 그게 책으로써 법전같이 기록되어 나오지 아니한다면 그 전파되는 내용은 한 사람 두 사람을 건너감으로 인하여 희석될 것이며, 내 뜻과는 전혀 관계없는 그와 같은 방법으로 흘러가게 됨이니,
21 나의 법전을 만드는 것은 너희들에게 똑바로 전파시키고자 함이며 너희들을 전도하고자 하는 것이니라.
22 바르게 전도하며 바르게 전파하여 내가 원하고자 하는 그 뜻을 그대로 너희들에게 전할 수 있는, 그리하여 전하는 자와 받는 자가 똑같이 나의 뜻을 알며,
23 천년만년 이 지구가 존재하는 그 역사 속에 전파하고 전도하는 것이 한 방향으로써 똑같이 이루어지도록 하기 위하여 나의 법전을 만들어 전파하고 전도하는 방법으로써 나의 아들을 통하여 내가 160권의 대장서의 법전을 세상에 내보내니,
24 그 깊은 뜻과 의의가 여기 있는 것을 너의 제자들은 알아야 될 것이며, 나의 법전을 읽는 만백성은 이를 알아야 될 것이니라.
25 내가 전파하며 전도하며, 그리하기에 내가 만든 나의 법전을 너희들이 보면서도 과연 이것이 나 여호와의 뜻이 아니며 내가 주관하는 것이 아니며 내가 역사하고자 하는 것이 아니라 말한다 하면 이는 정녕 사악한 자들임을

알아야 될 것이니라.
26 내가 160권이라는 이 장서의 법전을
만들어 책으로써 너희들에게 전파하
며 전도하지 아니한다면, 어떤 방법으
로써 나의 피조물 만백성을 일깨울 것
이며, 천 년의 역사에 걸쳐 새로운 시
대를 열어 가는 그와 같은 역사를 이
룰 수 있다 생각하는가?
27 너희들이 하늘에 오르는 길잡이요, 너
희들이 하늘에 오르는 깨우침이요, 나
에게 와 구원받는 그 모두를 깨우치는
법전이며, 이는 곧 만백성에게 전파와
전도를 하기 위한 뜻이 있음을 오늘
너희들은 알아야 될 것이니 그리 알라.

2,528 번째 하나님 말씀

2002년 7월 2일 06시 32분

1 사랑하는 나의 아들아!
2 "네, 아버님! 말씀하옵소서."
3 너희들이 살아가면서 나의 계명인 십
계명과 나의 율법을 지키고 사는 것이
그 누구도 역사할 수 없는 일이라 그
리 말함이니라.
4 그러나 네가 지금 인간의 세속에서
60년이라는 세월 동안 살아와 오늘
그 계명을 지키고 살아가는 너의 마음
의 자세와 너의 형태는 과연 어떠하더
냐?
5 "네, 아버님!
6 정신으로 버티며 정신으로써 지키며,
마음으로 지키며 마음으로써 행하며,
정녕 하늘을 향하여 한 점의 부끄럼이
없는 삶을 산다는 것이 얼마나 영광된
것이며 얼마나 스스로 행복한 것인가
를 이제는 깨닫고 있사옵나이다.
7 정신적인 세계의 마음을 하나 다스리
면 그 모두를 지키며 한 점의 부끄럼
이 없이 살아갈 수 있는 그 삶을 어찌
하여 그리도 벗어나지 못하며 육의 향
락에 젖어 스스로 지옥 불로 가는 그
와 같은 삶을 사는 것인가를, 이제야
그 어리석음을 알겠사옵나이다.
8 정녕 사람이 살아가는 것은 그 육의
삶이 아니요, 영혼이 구원을 받는 영
혼의 세계의 삶이 있으며,
9 영혼의 그 모두는 생각하기에 달렸으
며, 지배하는 것은 모두가 다 육이 아
니라 영이라는 그 세계의 위대함을 깨
닫고 있사옵나이다."
10 정녕 네가 어찌 살아가는가를 너 자신
을 바라다볼 때, 너는 과연 어떠하더
냐, 아들아!
11 "세상사는 하늘에 계신 창조주인 아
버님께서 아시며, 모든 사탄과 귀신이
요, 천사들이 그를 알고 있으며, 사람
이 잘못 행하고 잘 행하는 것은 그다
음에 스스로 제가 제일 잘 알고 있사
오니,
12 스스로 저 자신이 부끄러움이 없는 삶
을 사는 것이 얼마나 축복되고 영광된
것인가를 이제 저는 완벽히 알고 있으
며,
13 그를 완벽히 행하며 살아가는, 아버님
께서 말씀하시는 이 지상의 한 사람으
로서 부끄러움이 없는 그 삶을 살아갈
수 있으며 살아가겠사옵나이다."
14 무엇이 보이던가?
15 네가 보는 네 마음속에 무엇이 보이던
가?

16 "네, 아버님!
17 세상에 아버님의 이름을 더럽히지 아
니하며 욕되게 하지 아니하며 그 이름
을 망령되게 하지 않고 살 수 있는 것
을 깨닫지 못했던 저 자신과, 모든 백
성들이 그리 살 수 없다 하여 살아가
는 그 모습에,
18 이제는 그리 살아갈 수 있다는 횃불
이 되어 그들을 인도하고 이끌 수 있
는 저 자신이 보이고 저 자신을 알겠
사옵나이다."
19 아들아, 너의 제자들에게 이르라.
20 너희들이 노력하는 만큼 내가 그 위에
너희들을 구원하며 너희 스스로 바로
설 수 있는 그 영광을 내림이니,
21 오로지 이는 나의 성령이 너희 모든
가슴에 충만하여야 됨이니라.
22 내가 너희들 가슴에 충만하여 내 뜻에
따라 너희들이 살아가는 것에 초점을
맞출 수 있는 영광을 받음을 게을리하
지 말라 이르라.
23 너희 스스로 나의 이름을 망령되게 일
컫지 아니하며 나의 이름에 부끄럽지
아니한 삶을 살 때, 그 모든 영광은 너
희들에게 내려짐이며, 너희들은 그를
받게 되며,
24 그를 받는 자, 정녕 나의 아들이요, 나
의 딸로서 한 점의 부끄러움이 없는
그와 같은 영광된 삶을 살 수 있음이
니,
25 그 은혜와 영광과 축복을 너의 제자들
이 받을 수 있도록 그리 스스로 변화
되는 삶을 살도록 깨우쳐야 할 것이니
라.
26 이제는 네가 완벽히 서서 어떠한 태풍
이요, 어떠한 비바람이요, 어떠한 사
악한 자들이 너를 흔들려 해도 네가
쓰러지지 아니하며 견딜 수 있음이니
라.
27 이는 내가 너를 보호함이니라.
28 그리고 내가 하늘의 천사의 옷으로써
너에게 하얀 옷을 입혀 놓았음이니,
그 옷에는 어떠한 오물도 붙지 못함을
알아야 할 것이니라.
29 "창조주이시며 전지전능하신 아버님!
30 오늘의 영광을 내려 주심과 그 영광
의 위대함과 그 축복의 위대함을 저
혼자만이 알고 있사오니,
31 이제 만백성이 그를 느끼며 아버님께
감사할 수 있으며 스스로 한 점의 부
끄러움이 없는 삶을 살아갈 수 있도
록, 저의 제자들과 또한 법전을 읽고
깨우친 그 백성들이 그 은혜와 영광을
받을 수 있는 길을 인도하여 주옵소
서."
32 사랑하는 나의 아들아!
33 "네, 아버님! 말씀하옵소서."
34 이 세상 나의 피조물 만백성을 인도하
며 가르치는 종교 지도자들이 너를 인
간사에 살아가는 그 형태와 비교하며
말함이니,
35 그들이 과연 창조주며, 이 세상 모두
를 다 지배하며, 이 세상의 동식물이
나 모든 미물들의 살아가는 그 역사를
이루는 것까지 너희들 인간이 그리할
수 있다 생각하는가?
36 지금의 종교 지도자들이 그와 같이 우
매하고 어리석은 방법으로써 생각함
이니,
37 과연 하늘에 내가 있으며 창조주가 있

으며 너희들에게 생명을 부여해 준 나
여호와 어버이가 하늘에 있는 것, 그
자체도 알지도 못하며, 믿지도 못하
며, 믿으려 하지도 못하는 그와 같은
자들이 종교 지도자라 하여 나의 피조
물 만백성을 인도하는 지금의 시대의
형국에 있음이니라.
38 창조주인 나를 너희들이 인간을 지배
하는 왕에 견주어 나 또한 왕 중의 왕
이라 그리 말함이니,
39 내가 너희들 왕 중에서 뽑은 왕이라
그리 말하는 종교 지도자들이 지금 만
백성을 이끌어 가고 있음이니,
40 아들아! 어찌하여 이와 같은 세태 속
에 사는 것을 너희 백성들이 그리도
보지 못하는가?
41 내가 정녕 인간의 형태를 가진 자며,
너희에게 생명을 부여해 준 내가 너희
들 인간 세상의 왕 중의 왕으로 뽑은
자라 말하는가?
42 나는 이 세상을 창조한 창조주이니라.
43 너희들 속에 왕 중의 왕이라는 그러한
망발을 하며 그 자체의 뜻도 모르는
자들이 지금 종교 지도자라 하여 만백
성을 깨우치는 그와 같은 형국이니,
44 이 시대에 살아가는 모든 백성은 이
시대의 조류에 의해 살지 말며 그 반
대의 형국으로 살아야 됨을 알아야 할
것이니라.
45 그들은 인간 중에 왕 중의 왕인 나 여
호와요, 전지전능한 저희 아버지라 말
함이니,
46 네가 지금 나의 계명을 지키며 하늘을
향하여 한 점의 부끄러움이 없는 그
삶을 살아간다 하는 것을 그리 믿지
못할 것이니라.
47 그는 곧 저희들이 지킬 수 없으며 저
희들이 행할 수 없으며 저희들이 역사
할 수 없기에 저희들 잣대로 너를 재
며, 저희 마음속에 있는 그 사악한 심
성을 버리지 못하는 것을 너 또한 버
리지 못한다 그리 생각하는 자들이니,
48 그들이 어찌하여 나의 피조물 만백성
을 인도한다 할 수 있겠는가?
49 너는 이와 같은 종교 지도자들이 잘못
된 망발을 하며 꿈속에서 헤매듯이 살
아가는 나의 피조물 만백성을 구원하
는 역사를 이루어야 함을 알라.
50 그리고 너는 반드시 천 년에 걸쳐 이
세상에 하늘의 낙원처럼 이루어지는
그 역사의 기틀을 세우는 나의 아들이
라 함을 잊지 말라.

2,529 번째 하나님 말씀

2002년 7월 2일 06시 55분

1 사랑하는 나의 아들아!
2 **"네, 아버님! 말씀하옵소서."**
3 너희들 인간사에 살아가면서 너희들
의 습관이요, 도덕적인 한 문제를 거
론한다 하여도, 그 하나의 뜻을 이루
기 위한 진통의 싸움은 이루 말할 수
없는 것이며,
4 너희들의 삶의 세계의 한 습관이나 너
희들이 살아가는 그 방법을 변경한다
는 것이 그리 어렵고 힘든 것이니라.
5 너희들 인간사의 세속에서 너희 자신
을 스스로 통제하며 다스리는 법이라
하여 너희들이 만들어 놓은 그 구절
하나를 변경할 때, 많은 사람들이 그

것에 갑론을박하며, 그를 하나 고치고
다시 시행하기가 그리 쉽지 않은 것이
인간사에 너희들이 살아가는 지금의
형태가 아니던가?
6 지금 구약 시대와 신약 시대의 역사가
흘러오면서 오로지 구약과 신약에 기
록되어 있는 그 모두가 나 여호와의
뜻이요, 나의 가르침이요, 그는 한 자
도 빼도 더해도 아니 된다고 그리 수
천 년 역사 동안 흘러왔으며,
7 오로지 그 속에서 너희들이 구원을 받
았다 생각하며, 구원의 길이라 생각하
며, 그리고 너희들이 죄짓고 불안해하
며 살아왔던 그 모두를 다 용서해 주
며 다스려 준다 하여 지금의 믿음을
가는 그 방법만이 구원을 받는 길이라
너희들 머릿속에, 가슴속에 깊이 굳어
져 뿌리내려 있음이니,
8 그를 갖다 네가 구약을 덮고 신약을
덮으며, 지금까지 너희들이 살아왔던
그 방법이 잘못되었음이니 제자리에
서 반대로 도는 그 삶을 봐야 할 것이
며, 정녕 나 여호와가 원하고자 하는
그 뜻이 무엇이며 이루고자 하는 뜻이
무엇인가 그를 바라봐 깨우치는 그와
같은 삶을 살라 부르짖음이니,
9 이는 그들로서는 용서할 수 없으며 받
아들일 수도 없으며 그 음성조차 듣고
싶지 아니한 그와 같은 형국인 것이니
라.
10 그리하여 내가 제3의 시대를 열어, 성
령을 내려 너희들을 정녕 하늘에 오르
는 길로 깨우쳐 인도하고자 하여 법전
이라는 160권의 책을 세상에 내보내
나, 그들은 이를 보려 하지 아니하며
믿으려 하지 아니함이니라.
11 그리하여 지금 한 사람의 육신을 가진
네가 이것이 만백성을 구하는 길이요,
이 길만이 구원을 받는 길이라 그리
부르짖으니,
12 이는 너희들이 말하는 깰 수도 없고
무너트릴 수 없는 그 성벽을 무너트
리고자 대드는 어린아이의 형국과 같
이 그들에게 비칠 것이니라.
13 그러니 과연 그들이 너를 따르며 나의
법전의 책장을 읽어 깨우치고자 하겠
는가?
14 그들은 죽으면 죽었지 그와 같은 변화
를 갖고자 하지 아니하는 것이니라.
15 그러한 자들을 깨우쳐야 하는 것이 나
의 법전이요, 네가 행하고 가야 할 길
임이니,
16 이는 곧 전쟁보다도, 죽고 사는 것보
다도 더 어렵고 힘든 그와 같은 변화
를 이루지 아니한다면 변화될 수가 없
으며, 새로운 역사를 이룰 수 없는 그
암담한 길이 계속 진행되고 있음이니
라.
17 그러나 나의 아들아,
18 결국 정의요, 진리는 승리하듯이, 이
나의 법전은 나의 피조물 만백성이 목
숨을 내걸고 지키고자 하는 그 문의
벽을 열고 무너트릴 때가 있을 것이
니,
19 그 모두는 네가 나의 계명에 따라, 나
의 법전의 내용에 따라 지키고 살아가
며 순종하며 행하는 그 모습밖에 다른
길이 없음을 깊이 깨우쳐 행하여야 될
것이니라.
20 그리하여 내가 너에게 모두를 다스릴

수 있는 능력과 권능을 주었으니,
21 하늘을 향하여 한 점의 부끄러움이 없
이 네가 살아가는 모습만이 그 전쟁보
다도 더 무서우리만큼 너를 핍박하며
저희 생명을 내걸고도 지금까지 믿어
왔던 그 방법을 지키고자 하는 종교
지도자요, 그 밑에서 배우는 나의 피
조물 만백성의 그 벽을 무너트릴 수
있는 길임을 알아야 할 것이니라.
22 나의 사랑하는 아들아!
23 그 어렵고 힘든 길을 가야만 하는 것
이 너이며, 그 고개를 넘어야 하는 것
이 너이며, 만백성을 깨우치는 것이
너이니, 너는 행하여야 할 것이니라.

2,530 번째 하나님 말씀

2002년 7월 2일 11시 47분

1 사랑하는 나의 아들아!
2 "네, 아버님! 말씀하옵소서."
3 내가 너희들에게 일러 말하였느니라.
4 인간이 인간으로서 인간을 평가하지
말라 하였음이니라.
5 그가 가지고 있는 생각이요, 그의 뜻
자체도 모르면서 남을 평가한다는 것
은 있을 수 없는 일이라 내가 너희들
에게 깨우쳐 주었음이니라.
6 지금 내가 구약 시대를 지나고 신약
시대를 지나 나의 성령을 태워 나의
피조물 만백성 너희들을 구원하기 위
하여 나의 아들을 통하여 나의 법전을
세상에 내려보냄이니,
7 너희들이 이 법전을 받아 기록하며 나
의 성령을 들어 강론하는 나의 선지자
의 외형을 보고 왈가왈부하며 그를 평
가하는 것은 어떠한 너희들의 위치에
있는 것인가를 아는가?
8 나의 아들 선지자의 외형을 보고 너희
들이 평가하는 것은 너희들이 곧 인간
의 세속을 벗어나지 못하였으며, 인간
세속에서 아직도 살아가며, 깨달음과
깨우침이 없기에 그 외형을 보고 갑론
을박하는 그와 같은 형국에 있음이니
라.
9 정녕 하늘에 오르는 길을 알며 하늘의
뜻을 알며 내가 원하는 그 뜻을 알고
나의 선지자요, 나의 아들이 변하는
그 내면의 모습을 바라보는 자만이 인
간의 60의 점수를 벗어나 영혼의 세
계에 돌입하여 있는 그 영광과 축복
속에 살아감을 알아야 될 것이니라.
10 정녕 나의 아들이 변하는 그 모습을,
내면의 그 변화되는 것을 보는 자만이
지금 영혼의 세계에 들어와 있음을 너
희들이 알 수 있을 것이니, 이를 깊이
깨우쳐야 할 것이니라.
11 정녕 나의 아들의 외형을 보고 평가하
는 자, 믿음에서 그들은 육의 생활에
서 벗어나지 못함이니, 인간 세속에서
바라보는 그와 같은 형국에서 이루어
지는 것이니, 이를 너희들이 깊이 깨
우쳐야 할 것이며,
12 내면의 변하는 모습을 볼 때 예수가
살아가던 그 모습을 너희들이 그나마
바라볼 수 있는 것임을 알아야 할 것
이니라.
13 이제 나의 피조물 만백성들아!
14 나의 성령을 들으며 나의 아들 앞에
와 강론을 듣는 너희들은 바로 설 수
있는 자들이며, 나와 더불어서 새로운

역사를 창조하는 기틀을 만드는 너희
들임을 알아야 될 것이니라.
15 지금 많은 종파들이요, 많은 종교 지
도자들이 어찌 가고 있는가?
16 그들은 한 사람을 전도하며 한 사람을
깨우치는 데 모든 열과 성의를 다하며
저희들의 총력을 기울이느니라.
17 그러나 그들이 저희 품 안에 들어와
저희들과 더불어 가게 됐을 때, 그들
은 그들의 가치를 인정하지 아니함이
니라.
18 그저 예속된 종이요, 소유물인 것처럼
마구잡이로 다스리며, 그들이 가지고
있는 모든 역량을 다 저희 것으로 만
드는 데 계산을 맞추고 그곳에 생각을
둠이니라.
19 그들을 정녕 깨우쳐서 하늘에 오르는
길로 인도하는 것보다도 저희들이 육
의 생활에서 그들을 예속물인 양 활용
하고 쓰는 데만 역점을 두는 것이 지
금의 종교 지도자들이니라.
20 너희들은 아무리 그러하지 아니하다
말할지라도, 나 여호와를 너희들은 정
녕 속일 수가 없음을 알아야 될 것이
니라.
21 너희들이 한 사람을 깨우치며 한 사람
을 전도하여 그들의 마음이 너희 품으
로 들어왔을 때,
22 정녕 하늘에 오르는 길이 무엇이며,
십계명이 무엇이며, 성경에서 다루는
것이 무엇인지, 그리고 너희들이 바로
깨우치고자 하는 그 모두를 가르쳐 그
가 하늘에 오르는 길을 올 수 있도록
모든 정성과 열과 성의를 다하는 것이
아니니라.
23 너희들의 예속물인 양 너희 육이 살아
가는 그 편안함에 도구로 쓰고 있는
것이 너희들임을 부정하지 못할 것이
니라.
24 이는 내가 알고 있음이니라.
25 정녕 이곳에 모인 나의 아들의 제자인
너희들은 그러한 형국은 벗어났음이
니라.
26 그리하여 너희들이 소중함이니라.
27 그리고 천 년의 역사에 걸쳐서 이루고
자 하는 나의 뜻이 여기 있음을 알아
야 할 것이니라.
28 그리고 너희들은 나의 법전의 한 구절
한 구절을 너희 것으로 만들어 열심히
배우고 깨달아야 될 것이니라.
29 내가 나의 아들을 통하여 말하였느니
라.
30 내가 법전을 세상에 내려보내는 것은
너희들을 전도하여 깨우치는 증거물
로서 이를 내려보낸다 하였음이니,
31 이를 갖고 전하는 자들이 그 내용에
통달하여야 될 것이며, 여기에 쓰여
있는 그 깊이를 알아야 될 것이니,
32 책으로써 전도함과 너희들의 행함으
로써 전도함이 같이 나갈 때, 나의 법
전이 온 세상을 덮어 천 년에 걸쳐 새
로운 역사의 장을 열게 되는 틀을 만
든다는 것을 잊어서는 아니 될 것이니
라.
33 잠시도 이와 같은 생각을 너희들이 버
려서는 아니 됨을 알아야 될 것이니라.

2,531 번째 하나님 말씀

2002년 7월 3일 08시 31분

1 사랑하는 나의 아들아!
2 "네, 아버님! 말씀하옵소서."
3 구약 시대에 백성들이 바로 서지 못하
였음이니, 그들이 목적 없이 정처 없
이 그와 같은 생활을 엮어 가는 형국
이 벌어졌으며,
4 그리하여 그들을 바로잡기 위하여 신
약 시대가 열려 나의 아들이 세상에
나갔으나 너희들이 또한 그 문을 닫았
음이니,
5 지금 나의 제3의 시대를 열어 나의 아
들을 통하여 나의 성령을 내려보냄이
니,
6 그동안 너희들이 정처 없이 너희들이
가야 할 목적지와 갈 곳을 모르고 어
찌 가야 하는지 그 자체의 원인도 모
르면서 지금까지 방황하는 그와 같은
삶을 살았음이니, 지금까지 너희들이
나그네와 같은 삶을 살았음이니라.
7 정녕 목적지가 없고 갈 곳이 없는, 인
생의 모두를 다 포기하여 정처 없이
떠도는 나그네와 같은 인생을 지금까
지 살아왔다 하면 너희들은 과연 믿겠
는가?
8 많은 종파와 많은 종교 집단들이 저
희들만이 하늘에 오르는 길이요, 역사
하는 길이요, 구원의 길이라 그리하여
재물과 시간과 모두를 다 바치며,
9 저희들이 성전이라 하는 것을 위대하
게 짓는다 하여, 저희 손으로 만든 그
성전에 와 기도하고 경배하며 시간과
재물과 모두를 다 바친 자만이 구원을
받는다 하여 그들을 쇠사슬로 엮어 놓
고 끌고 또 끌고 감이니,
10 거기에서 벗어나지 못하는 그들이 결
국 쇠사슬에 묶여 지옥의 불 속으로
그대로 끌려감이니,
11 그들이 지옥에 가 그때 그 지도자를
원망할 것이며, 저희들이 나의 재물을
함부로 쓰며 제 부모를 공경치 아니하
며 형제지간에까지 우애를 버리며 사
랑을 버린 그와 같은 삶이 얼마나 잘
못되었는가를 알게 될 것이니,
12 어찌하여 너희들은 '구원', '구원' 그리
고 '지상의 낙원', '지상의 낙원' 하며,
'전지전능한 여호와 하나님 아버지며,
그 품에 간다.' 하면서 그와 같이 죽음
의 길을 선택하는가?
13 나의 피조물 만백성은, 그리고 나의
아들을 따르는 제자 너희들은 그와 같
은 죽음의 길을 위한 삶을 사는 것이
아니라, 구원의 길을 가도록 그리 살
아야 함을 잊지 말아야 할 것이니라.
14 이는 깨우쳐 주는 자가 잘못 깨우치
며 성서의 깊이를 모르고 내가 원하는
뜻을 모르며,
15 그리고 또 배우는 자 진정으로 기도하
고 경배하며 성서에 나와 있는 대로
남을 돕되 아무도 모르게 그를 돕고
사랑을 베풀고 살며 더럽고 추한 짓을
보면 눈을 감고 보지 말라 그리 가르
쳤음이니, 그대로 행하고 살면 하늘에
오르는 길을 볼 수 있으며 영광된 그
길을 볼 수 있거늘,
16 너희들의 욕심이요, 사악한 마음 때문
에, 그리고 너희들이 부귀와 영화에
대한 욕심과 육의 삶에서 모두를 마치

는 것처럼 그리 살다 와 보니,
17 말로는 하늘나라가 있고 하늘의 구원
을 받겠다 하면서 그 세상과 육의 세
상에 살아가는 그 형태를 보지 못하고
그리 살아가고 있음이니, 지금 너희들
이 처해 있는 그 위치가 그러하니라.
18 나의 성령을 태워 법전이라 하여 나의
아들을 통하여 너희들이 구원의 길을
볼 수 있는 것을 기록하여 내리며, 그
리고 기도하는 방법을 기록하여 내리
며, 회개하고 반성하는 것을 내가 너
희들에게 깨우치며,
19 또한 너희들이 지금까지 살아오면서
짓고 있는 작고 큰 죄들이 얼마나 무
서운 것이며, 너희들이 죄를 지었을
때 얼마만큼 무서운 벌을 받으며, 그
리고 너희들이 어떻게 사랑을 베풀며
살아가야 하는지 그 모두를 나의 법전
에 기록하여 세상에 내려보내니,
20 나의 백성 너희들은 이 법전을 읽고
그 죄의 무서움을 알며, 그 죄의 용서
를 빌며, 지은 죄를 회개하고 살지 아
니하면 정녕 구원을 받을 수 없거늘,
21 어찌하여 너희들은 이와 같은 이치를
행하지 아니하고 지금도 세 치의 혓바
닥으로 잘못 가르치는 사악한 종교 지
도자들, 또한 너희들을 인도하여 낙원
으로 이끌어 간다 가르치는 그들의 실
상을 보지 못하는가?
22 그들의 살아가는 내면의 생활과 그들
의 믿음의 깊이와 그들이 나로부터 성
령을 받아 직접 나의 음성을 들으며
내가 너희들을 인도하는 대명을 준 목
자인가 이것을 너희들은 깨우쳐야 될
것이니라.
23 맹목적으로 맹종하는 자, 그는 나를
섬김이 아니요, 저희들을 가르치는 그
지도자를 섬김을 알아야 할 것이니라.
24 너희들은 반성하고 하늘에 오르는 것
이 당연한 것이니라.
25 지금 내가 나의 선지자인 나의 아들을
통하여 잘못 가는 종교 지도자를 탓하
며 그들을 바로잡아 가며 잘못 지옥으
로 끌려가는 너희들을 바로잡고자 함
이니,
26 너희 스스로 바로잡고 하늘에 오르는
구원의 길을 얻는 것은 간단한 것이니
라.
27 너희들은 십자가에 못 박혀 피 흘려
고통 속에서 죽어 간 나의 아들 예수
의 그 죽음을 돌이켜 생각해 보며,
28 그가 죽어 가면서 무엇을 원했으며 무
엇을 지키고자 했으며 그가 무엇을 나
의 피조물 만백성 너희들에게 알리며
하늘에 오르도록 너희들을 인도하며
죽어 갔는가,
29 그가 하나밖에 없는 소중한 목숨을 바
쳐 너희들에게 가르쳐 주며 일깨워 주
고 깨우쳐 주고자 했던 그 뜻이 거기
에 있음을 알라.
30 그저 너희 죄를 사한다 하여 가슴에
안고 죽어 온 것이 아니니라.
31 다시 한 번 너희들에게 이르노라.
32 잘못 가는 종교 지도자의 그 세 치의
혓바닥에 현혹되어 너희들이 광신하
여 맹종의 믿음으로 가는 자가 되지
말며,
33 나의 아들 예수가 십자가의 그 고통스
러운 죽음을 행하며 죽어 갈 때 너희
들에게 무엇을 원했으며 너희들에게

무엇을 깨우쳐 주고자 했는가 그 뜻을
깨우쳐, 그 뜻을 따라가는 마음으로
살아가면 너희들이 하늘에 오르는 길
을 보게 되어 있음이며,
34 그리하여 그 길을 따라 너희들이 하늘
에 오면 되는 것이니라.
35 그러나 너희들은 잘못 가는 종교 지도
자들이 가르치는 그 가르침에 의하여
재물을 하늘에 많이 쌓는 것이 축복을
받는 것이요, 헌금을 많이 내며 십일
조를 꼬박꼬박 바치는 자만이 구원을
받으며, 그리하여 죄를 짓고 성전에
와 눈물로써 회개하면 구원을 받는다
그리 가르치는 자들에게 현혹되지 말
라.
36 그게 얼마나 너희들을 쇠사슬로 묶어
서 지옥으로 끌고 가는 것인지 아는가?
37 물고기가 낚싯밥에 걸려 힘을 못 쓰고
끌려가는 그와 같은 형국이니라.
38 너희들은 여기서 깨우쳐야 될 것이니
라.
39 세상에 나의 성령을 태워 내려보내는
나의 법전을 보고 깨우쳐야 될 것이
며, 그리고 예수가 고통스럽게 죽어
간 그 형국을 봐야 될 것이며,
40 지금의 나의 아들이 목숨을 잃을 것을
무릅쓰고 너희들의 그 무서운 집단의
한구석을 강타하여 그를 무너트리고
자 대드니, 과연 이것이 나의 뜻이 아
니면 어찌 이루어지겠는가?
41 이 모두를 너희들이 다시 한 번 분석
하고 연구하고 깨우쳐,
42 지옥으로 가는 길이 아니라 하늘에 오
르는 길을 볼 수 있는 그 기회를 마지
막으로 내가 너희들에게 내려보냄이
니, 나의 법전을 읽고 깨우쳐 그 속에
서 너희들에게 깨우침을 너희 것으로
만들어, 하늘에 오르는 그 영광을 버
리지 말라.

2,532 번째 하나님 말씀

2002년 7월 3일 08시 44분

1 사랑하는 나의 아들아!
2 "네, 아버님! 말씀하옵소서."
3 구약 시대에 모세가 그 백성들에게 기
적을 보여 역사를 이루었건만 그들은
우상을 만들어 그를 섬기고 광란의 형
태를 이루었음이니라.
4 너희들은 그저 그들의 광란의 세상이
자발적으로 그리 이루어졌다 생각할
것이니라.
5 그러나 그들은 그 시대의 힘들고 어려
운 그 고난을 넘기기가 너무 벅차고
어려웠기 때문이니라.
6 믿음을 가는 길이요, 나 여호와에게
오는 길이 고달프고 힘든 길이기에 그
들은 그것을 인내하기가 싫었으며,
7 내일에 아무리 영광이 있다 하여도 우
선 육신의 고달픔과 괴로움과 힘듦을
견디고 역사하기가 힘들었기에, 그들
은 그 모두를 버리는 그와 같은 광란
의 형태요, 그 형국으로 이루어 갔음
이니라.
8 하늘에 오르는 그 길의 고달픔과 힘듦
을 스스로 인내하지 못하여 구약의 시
대가 한순간에 무너지는 그와 같은 형
국에 이르렀음이니라.
9 또한, 나의 아들 예수가 세상에 나가
신약 시대를 열었음이니, 그 제자가

그를 팔며, 그 제자들이 등을 돌리며, 백성들이 그를 십자가에 못 박아 처참하게 죽게 하였음이니, 그 또한 무엇이더냐?

10 그들이 인간으로서 살아가는 그 생활의 고달픔과 힘듦과 지키기 어려운 것을 스스로 지킬 수 없어 그 죄의식과, 그것은 저희들이 정녕 인내할 수 없는 길이기에 '나도 못 갈 바에, 너도 못 가라.' 하는 그와 같은 악한 마음에서 그런 형국이 이루어졌음이니라.

11 저희들이 지킬 수 없기에 남도 그리 지키고 가서는 안 될 것이며, 제가 지키지 못하는 길을 남들이 지켜 구원을 받을까 봐 그 두려움과 공포와 시기와 사악한 마음에서 그들이 그와 같이 나의 아들 예수를 죽게 하였다면, 너희들은 그 시대의 정황을 알겠는가?

12 지금 너희들은 여기서 들어야 될 것이니라.

13 또한, 그와 같은 암흑의 시대가 지나 내가 제3의 시대라 하여 전지전능한 창조주인 너희들이 말하는 여호와 아버지인 내가 나의 성령의 모두를 다 태우다시피 하여 나의 아들에게 내려보내 법전이라 하여 세상에 이 책을 내려보내니,

14 이를 깨닫고 읽는 자 두려우며, 저희들이 이를 지킬 수 없다 있다 스스로 갑론을박을 함이니라.

15 그리하여 저희들이 지킬 수 없고 힘든 길이기에,

16 그리하지 아니하고 대충대충 지금의 형태로 가도 구원을 받는다 하거늘, 어찌하여 이와 같이 힘든 길을 가서 저희들이 구원을 받을까 하는 그런 생각을 하는 자가 있는가 하면,

17 저희들은 도저히 이를 지키고 갈 수 없음이니, 이 법전이 세상에 전해지며 나 여호와의 성령의 이 가르침이 세상에 전해져 만백성이 이를 보고 깨우칠 때 그들이 구원을 받는 것에 시기요, 질투요, 욕심이 남이니,

18 '나도 못 보니 너도 봐서는 안 된다.' '내가 못 지키는 것을 너도 지켜서는 안 된다.' 하는 그러한 사악한 마음으로써 이를 찢어 버리며, 이가 세상에 나가지 못하게 하며, 이를 사탄이요, 사악한 자가 만든 것이라 저희들이 그리 말함이니,

19 너희들은 이와 같은 너희 인간의 심리상태를 어찌 생각하는가?

20 그들은 정녕 지금의 저희들의 방법으로써 즐겁고 재미있고 쉽게 간다 해도 구원을 받는 것이거늘,

21 이다음에 죽어서 구원을 받든 안 받든 그것은 다음 문제요, 우선 구원을 받았다 하며 선택된 백성이라 하니 육의 삶은 그만큼 편안하게 살아가는 그곳에,

22 정녕 나의 성령이요, 나의 진실이요, 나의 뜻을 법전이라 하여 나의 아들을 통하여 세상에 내보내는 이 책의 뚜껑을 열어 보니 저희 머리털이 쭈뼛 서며, 저희들이 살아온 것이 잘못되었으며 그 삶이 잘못 가고 있다는 것을 깨달으니,

23 저희들은 정녕 이 길을 갈 수 없어 구원을 받지 못한다는 것을 이미 깨달음이니, 다른 백성들이 이를 깨우쳐 하

늘에 오르는 그 영광을 얻지 못하도록
그들을 못 가게 막고자 하며,
24 '나도 죽어 지옥으로 가니 너도 같이
지옥으로 가자.' 하는 그와 같은 사악
한 심성에서 나의 법전을 세상에 나
오지 못하게 하며,
25 나의 선지자를 해하여 160권의 법전
이 이 세상에 나오지 못하도록 하고자
하는 것이 그들의 사악한 심성이니라.
26 너희들은 이와 같은 뜻을 바라보는 깨
달음이 있어야 할 것이니라.
27 너희가 정녕 나에게 오르는 길은 얼마
나 힘든 길이며, 고난과 고난을 받으
며 고난 속에서 오는 길인가를 알아야
될 것이며, 이를 넘어야 될 것이며,
28 고생과 수고의 그 시간이 지난 다음
에, 영원히 고통과 시련만이 너희 몫
으로 남으며 너희들이 남들처럼 어렵
고 힘들고 고통받는 고난의 길을 걸어
와 고생의 수고로움을 벗어난 그 시간
이 그대로 너희들에게 그저 남는 것이
아니니라.
29 너희들이 고난의 시간을 지난 다음에
너희들에게는 크나큰 영광과 은혜가
있음을 너희들은 모르나니,
30 이것은 반드시 너희들에게 돌아가는
상이며, 그것이 바로 무엇이냐?
31 하늘에 오르는 길의 영광의 축복을 받
는 것임을 알아야 할 것이니라.

2,533 번째 하나님 말씀

2002년 7월 3일 09시 18분

1 사랑하는 나의 아들아!
2 "네, 아버님! 말씀하옵소서."
3 구약 시대에 살아가던 그 많은 백성들
이 나 여호와, 창조주가 하늘에 있다
는 그 생각 하나만 했더라도 그와 같
이 험난하고 무서운 결과는 이루어지
지 아니하였을 것이니라.
4 신약 시대에 살아가던 그 많은 백성들
이 창조주인 나 여호와가 존재한다는
생각만 하고 있었다 하여도 나의 아들
예수를 그리 처참히 죽도록 하지는 아
니하였을 것이니라.
5 그러면 예수를 따르는 제자들로부터
모든 백성들이 나 여호와가 존재함을
과연 얼마나 믿었는가?
6 그들이 진정 나 여호와, 창조주가 존
재함을 믿고 진심으로 그를 깨닫고 있
었다면, 저희 목숨 하나 던져 나의 아
들 예수를 구원하고자 하는 그 운동을
하지 아니하였겠는가?
7 정녕 그들은 나 여호와가 존재하며 창
조주가 하늘에서 이 세상의 모두를 다
관장한다는 것을 과연 얼마나 믿고 있
었던 것인가?
8 그리하여, 나의 아들아!
9 네가 나에게 암송하는 십계명의 마지
막 줄에 '나 여호와가 존재함을 믿는
그 자체가 구원의 길에 들어서는 기본
이요, 근본이라.' 하는 그 소중한 한
구절을 더 넣었음이니, 이를 만백성에
게 전하는 데 최선을 다하라.
10 나 여호와가 존재함을 믿는 그 자체가
구원의 길에 들어서는 기본이요, 근본
이라는 것을 그들이 가슴 깊이 새기
며, 그를 지워서는 아니 될 글귀임을
알라.
11 그리하여 내가 존재함을 믿는 그 자체

에서 나의 법전을 가슴에 안고 정독할
때 영광의 길을 볼 수 있거늘,
12 너희들이 정말 창조주인 나 여호와가
존재한다 생각하는 그것만으로도 영
광과 행복을 얻고 그 모두를 나의 뜻
에 의하여 살아갈 수 있으며 너희들이
그리 갈구하는 소망을 이룰 수 있거늘,
13 그 자체를 너희들이 얼마나 생각하며
가슴속에 새기고 있는지를 다시 한
번 생각해야 될 것이니라.
14 그리하여 너희들이 창조주인 나 여호
와가 존재한다 생각하는 그것으로 모
든 영광과 행복과 축복을 얻음이니,
15 너희들이 그렇지 아니하다 하면 나를
의지하며 나의 위대함 속에서 살아가
는 그 자체를 모르는 것이니라.
16 너희들이 내가 존재한다는 그 뜻을 가
슴 깊이 새길 때 너희들은 나를 의지
함이며,
17 나를 의지함이 너희들에게 얼마나 위
대한 힘인가를 깨우치지 못하고 있음
이니, 이를 어찌하여야만 되겠는가?
18 내가 존재한다는 그것을 가슴 깊이 심
지 않은 백성, 그들은 아무것도 이룰
수 없음이니라.
19 나 여호와가 존재함을 가슴 깊이 새기
며, 나의 성령을 기록하여 내리는 나
의 법전이 나의 뜻이며 너희들을 구원
하는 것이라 가슴에 깊이 새기는 것은
무엇인가?
20 바로 너희들의 죽어 간 그 영혼을 일
깨워 줄 수 있는 것이며, 그 영혼을 일
깨워 세상을 바라보며 너희들이 하늘
에 오르는 길을 보게 됨이니라.
21 그리하여 너희들이 나의 법전을 읽고
나의 계명을 지킴은 그 모든 원천의
힘이 나 여호와가 존재함을 믿는 그
속에서 이루어짐이니, 그 바탕을 모르
는 자는 아무것도 얻을 수가 없음이니
라.
22 너희들의 죽어 가는 영혼이요, 잘못
흘러가는 그 영혼을 깨우쳐 주며 바로
잡고 바로 세우는 것은 바로 나 여호
와가 존재함을 항상 가슴속에 깊이 생
각하고 사는 그것만이 너희들이 견디
고 이길 수 있는 그 이치임을 알아야
될 것이니, 이를 나의 피조물 만백성
에게 전하여야 될 것이니라.
23 너는 나 여호와가 존재함을 믿는 그
자체가 구원의 길에 들어서는 기본이
요, 근본이며, 그것이 나를 의지하며
나에게 영광과 은혜와 축복을 받고 살
아갈 수 있는 길임을 알며, 너희들이
죽어 와 구원을 받는 기초임을 그리
깨우쳐 주라.
24 그리하여 나의 법전을 가슴에 안고 정
독하여 깨우치고 또 깨닫는 자, 그 속
에 삶의 행함과, 영혼의 양식이 되는
계명을 지킬 힘과 용기가 있으며,
25 너희들이 그를 보고 깨우치고 노력할
때 나 여호와가 너희들을 마지막에 구
원하여 씀이니, 이 이치를 잊지 말라
너의 제자들에게 이르라, 나의 아들아!

2,534 번째 하나님 말씀

2002년 7월 3일 11시 35분

1 사랑하는 나의 아들아!
2 "네, 아버님! 말씀하옵소서."
3 너희들의 가장 큰 소원이 무엇이던가?

4 너희들이 구원을 받는 것이며 나의 나
라의 낙원에 와 영원히 사는 것이 너
희들이 가장 갈망하는 것이며 원하는
것이 아니던가?
5 너희들이 정녕 이 길을 오고자 한다면
너희들은 눈을 떠 밝은 세상을 보는
그와 같은 안목을 가져야 될 것이니라.
6 이 세상의 모두를 창조한 역사를 너희
들은 바라볼 줄 알아야 될 것이니라.
7 위로는 하늘을 바라볼 줄 알며, 아래
로는 땅에 살아가는 모든 동식물의 살
아가는 그 형태를 바라보고, 너희들
주변에서 이루어지는 모든 일거수일
투족을 바라볼 때,
8 과연 이를 누가 주관하여 이와 같은
역사가 이루어지는가 그것을 너희들
이 보아야 될 것이니, 너희들이 눈을
떠야만 함을 잊어서는 아니 될 것이니
라.
9 나의 만백성이 지금과 같은 말세요,
종말에서 살아가는 단 한 가지 가장
큰 원인은 여기에 있음이니라.
10 너희들이 나를 믿으며, 너희들이 믿는
신을 믿으며, 너희들이 존경하는 어떠
한 뜻의 종파 속에 머리를 숙여 하늘
에 오르는 그 길을 간다 하나, 너희들
은 정녕 나 여호와가 존재함을 너희
마음속에 깊이 믿지 못하고 있기 때문
이니라.
11 그리하여 지금과 같이 사악한 세상이
이루어졌음을 알아야 될 것이니라.
12 너희들이 정녕 나 여호와가 존재함을
믿는 그것을 가슴에 깊이 새겨 간직하
고 산다 하면, 너희들은 오늘과 같은
삶을 살 수가 없음을 알아야 될 것이
니라.
13 지금 내가 구약과 신약의 시대를 지나
새로운 제3의 시대를 열어 가는 이 시
점에서도, 너희들이 아무리 나를 믿는
다 하며 경배한다 하여도, 너희들이
정녕 내가 존재함을 마음속에 믿지 못
하고 있는 그로 인하여 너희들의 사악
한 행위가 이루어짐이니라.
14 그리하여 내가 나의 아들 선지자를 통
하여 '나 여호와가 존재함을 믿는 그
자체가 구원의 길에 들어서는 기본이
요, 근본이라.' 말하였으며, '내가 존재
함을 믿는 자, 내가 성령을 태워 내려
보낸 나의 법전을 가슴에 안고 깊이
정독하는 자, 하늘에 오르는 길을 볼
수 있다.'는 이 구절이 얼마나 소중한
것인가를 너희들이 깨달아야만 할 것
이니라.
15 너희들은 모세의 그 시대에도 내가 하
늘에 있으며 나 여호와가 존재한다고
믿었다면 감히 우상을 만드는 광란의
시대를 만들지 아니하였을 것이며,
16 만백성이 내가 존재함을 알았다면 오
늘과 같이 너희들의 그 험악한 믿음의
형국이 되지는 아니하였을 것이며, 부
모가 자식을 죽이고 자식이 부모를 버
리며, 또한 이웃의 생명을 물질로 계
산하는 이와 같은 험악한 종말이요,
말세가 오지는 아니하였을 것이니라.
17 이는 모두가 다 내가 존재한다는 것을
깊이 믿지 못함에서 이루어지는 그와
같은 형태임을 알아야 될 것이니,
18 오늘 나의 성전에 와 나의 아들이 전
하는 성령을 듣는 너희들은 너희 가슴
에 나 여호와가 존재한다는 그것을 확

고히 심었을 때, 그 위에 모든 역사가 이루어짐을 알아야 될 것이니라.

19 내가 존재한다는 것을 믿지 못하는 그 마음 위에서 너희들은 사랑이 무엇인가를 싹 틔울 수 없으며, 진실된 성령의 가르침을 볼 수 없기 때문이니라.

20 너희들은 이를 깊이 깨우쳐 가슴속에 내가 존재한다는 그것을 깊이 심고 오늘부터 생활한다 하면, 나와 더불어 너희들이 생활하기에 너희 마음 자세가 다스려질 것이며, 오늘서부터 너희 마음에 변화의 역사가 이루어질 것이니 그리 알라.

21 이는 내가 너희들에게 내리는 상임을 알라.

2,535 번째 하나님 말씀

2002년 7월 3일 18시 05분

1 사랑하는 나의 아들아!

2 "네, 아버님! 말씀하옵소서."

3 내가 너를 나의 선지자요, 나의 아들이라 이 지상에 명하여, 나의 성령의 뜻을 너를 통하여 전하여 만백성을 구하는 역사를 이루며, 그들이 기도하는 그 소원을 너를 통하여 내가 상달받는다 하면,

4 지금 수천 년 역사 동안에 하늘에 오르는 그 길을 위하여 갈고 닦으며 저희들이 종교 지도자라 부르짖으며 지금까지 집단의 뿌리를 내린 그들이 과연 어찌 생각하겠는가?

5 그와 같은 것을 그들은 용서하지 않으려 하며, 이해하지 않으려 하며, 그것을 인정하지 아니하려 함이니라.

6 그리하여 지금 너에게 나의 계명을 외우도록 하며 나의 성령을 태워 너를 통하여 이 법전을 기록하여 세상에 냄이니,

7 이를 보고 따르는 너의 제자들, 나의 법전을 읽는 백성들이 오로지 이는 나 여호와의 아들이요, 너를 통하여 세상에 내리는 나의 성령이 역사하는 것이라는 그 한 가지를 믿는다 하면, 그들이 등 돌리고 떠나지는 아니할 것이니라.

8 그러나 그들이 떠나는 이유는 무엇이던가?

9 그들이 욕심이라는 것을 버리지 못하였기 때문이니라.

10 저희들의 욕심에 의하여 스스로 저희들이 무엇인가를 이루고자 하며, 저희들이 나의 성령을 받고자 하는 그와 같은 욕심에 의하여 그들은 너를 떠나며, 나름대로 저희들이 다른 신 앞에 고개 숙여 무엇인가 역사를 이루고자 하는 것이 지금 나의 피조물 만백성이 가진 생각이니라.

11 예수의 시대에 나의 피조물 만백성이 정녕 무엇 때문에 그와 같은 사악한 일을 저질렀던가?

12 그 시대의 만백성은 나의 아들이 진정한 나의 아들로서 지상에 온 왕이라는 것을 알고 있었음이니라.

13 그가 더 성장하여 역사를 이루었을 때, 저희들이 스스로 지탱할 수 없으며 무너짐이 두려워 그들은 진실을 짓밟아 버렸음이니라.

14 또한, 그를 따르던 그 백성들이요, 제자들은 어떠하였는가?

15 오늘에 너의 제자들이 네 앞에 와서
부리는 그 작태와 같이, 제가 왕이 되
고자, 제가 역사를 이루고자, 제가 무
엇인가를 대신하고자 하는 그와 같은
욕심이 그들의 마음속에 그득히 있었
음이니라.
16 그들 또한 하얀 천사처럼 마음을 비우
지 못하였음이니, 지금 너를 따르는
모든 제자들이요, 또 지도자라 하는
그들이 아직도 그 마음자리를 비우지
못하고 있음이니라.
17 모두는 그들의 욕심에서 그와 같은 해
괴망측한 역사가 이루어짐이니,
18 이제 너를 따르는 제자 중에 정녕 마
음을 비우지 아니하며, 나 여호와가
존재하며 이는 나 여호와의 성령의 뜻
이라 생각하지 아니하는 자, 일찍이
네 앞을 떠나가야만 될 것이니라.
19 그와 같이 믿음 자세가 되지 아니한
자, 네 앞에 와 백날 제자라며 고개 숙
여 나의 법전을 정독하고 공부한다 해
도, 그는 언젠가는 네 앞을 떠나게 됨
이니라.
20 그리하여 그들이 배운 것만큼 너희들
에게 무서운 화살을 쏠 수 있음이니,
그리하여 보낼 자 일찍 보내야 될 것
이라 내가 너에게 일깨워 주었음이니
라.
21 너희들이 나의 법전을 읽는 그 구절구
절이 내가 직접 내리는 나의 뜻임이
니, 나의 성령의 뜻을 받으며 그를 너
희 것으로 만들어 깨우쳐 하늘에 오르
는 길을 가면 될 것을,
22 저희들이 무엇을 이루고자, 저희들이
지도자가 되고자, 저희들이 모두를 이
끌어 가는 왕이 되고자 하는, 감히 이
룰 수도 없으며 이루어질 수도 없는
그 욕심을 그들이 마음속에 그득히 갖
고, 그를 버리지 못하기에, 그들은 사
악한 행위를 하는 것이니라.
23 그러나 그들이 죽어 내 앞에 왔을 때,
오늘의 저희들의 행태가, 지금 저희들
의 행함이 얼마나 무섭고 두려운 죄인
가를 알게 될 것이니라.
24 내가 지금 오로지 모든 나의 뜻을 너
를 통하여 세상에 전하며 너를 통하여
받아들인다 하였음이니,
25 지난날 예수의 그 시대에도 오로지 그
를 통하여 나의 만백성을 구하고자 했
으며 그를 통하여 너희들의 기도를 상
달하여 들었음이니, 그게 하늘과 지상
의 하나의 거점이요, 점을 만들었음이
요,
26 오늘날 또한 너를 통하여 이 지상에
하나의 성전을 만들어 그와 같은 역할
을 하고 있으나, 그들은 이를 믿지 않
으려 함이니라.
27 그리고 나 여호와가 존재함 자체도 믿
지 아니하려 하며 그리고 확실히 믿지
못하는 그와 같은 자들의 그 작태임을
너는 알아야 할 것이니라.
28 그리고 정녕 너를 따르는 제자들에게
너는 답을 받아야 될 것이니라.
29 오로지 나의 성령의 가르침이요, 나의
법전을 듣고 그대로 깨우쳐 하늘에 오
르는 그 길을 행하여 오고자 한다면
나의 성전을 찾되, 그렇지 아니한 자,
나의 성전에서 일찍이 떠나라 그리 그
들에게 전하라.

2,536 번째 하나님 말씀

2002년 7월 3일 18시 48분

1 사랑하는 나의 아들아!
2 "네, 아버님! 말씀하옵소서."
3 구약 시대에 모세가 기적과 그 역사를 이루었으며, 그 시대에 그것을 보며 그들과 더불어 하늘에 오르고자 했던 그 민족과 그 백성들이 과연 어찌 되었던가?
4 그들이 또한 우상이라는 것을 만들어 광란의 그와 같은 다른 신을 저희들 앞에 두며 그를 숭배하는 그와 같은 형언할 수 없는 사악한 시대의 한 장막이 열어졌음이니라.
5 그리고 신약의 시대에는 어떠하였더냐?
6 그들 또한 이루 말할 수 없는 사악한 행위로써 한 시대를 마감하였음이니라.
7 그리하여 그 백성의 뿌리가 뿌리를 낳아 지금 제3의 시대에 도래하여 나의 아들을 세상에 내보내 나의 피조물 만백성을 구원하고자 함이니, 지금의 모든 백성의 생각은 과연 어떠하다 생각하는가?
8 구약 시대에 수없는 기적과 역사를 체험하고 보았으며 직접 눈으로 보고 체험한 그 백성들이 우상을 만드는 그와 같이 험악한 형태로 변하였으며,
9 나의 아들 예수를 통하여 성령을 부르짖어 그들을 깨우치고자 하였으나 그들 또한 어찌하였던가?
10 그러하니 지금 제3의 시대에 나의 성령이라 하여 전하여 너를 나의 아들이라 하며 네가 만백성을 구하기 위하여 법전을 세상에 낸다 함이니, 그 시대보다도 더 잔인하며 간악한 백성들이 어떠한 형태로써 나오며, 어떠한 형태로써 너를 핍박하며, 어떠한 형국으로써 너를 공격할 것인가 너는 생각해 보았는가?
11 모든 기계 문명이 발달하였으며, 너희들이 생각하는 지능 지수가 높아졌으며, 판단하는 사고력과 육하원칙에 의하여 모든 것을 자로 재다시피 정확한 척도 아래서 인간의 능력이 계발될 만큼 계발되어 더 이상은 계발될 수 없을 만큼 높게 와 있는 너희들이, 그 생각하는 백성들이 과연 지금 어떠하겠는가?
12 구약 시대의 백성보다, 예수 시대의 백성보다 지금은 몇 배 더 발전되어 있으며 변화되어 있는 그와 같은 지금의 백성들이, 이제는 이웃을 사랑하며 서로 나누며 사는 것이 아니라 오로지 저 하나만이 존속하며 저만이 존재하는 그와 같은 심성으로 변해져 있는 이 시국에,
13 너를 나의 아들이라 명하여 나의 피조물 만백성을 구하는 나의 성령이요, 나의 뜻을 내려보내 이 법전을 세상에 냄이니, 과연 이를 보는 백성들이 어떠하겠는가?
14 구약과 신약의 시대보다도 더 강도 높게 몇 배 더 잔인한 방법으로써, 더 가혹한 방법으로써 나의 법전을 찢어 불태워 없앨 것이며, 너를 세상에 존속하지 못하도록 하고자 하는 그들의 수법은 감히 생각할 수도 없을 것이니라.

15 이러한 시대에 나의 성령이라 하여 전
하여 나의 피조물 만백성을 바로잡고
자 하는 네가 얼마나 힘들고 험준한
길을 가야 하는가?
16 넘을 수 없는 산을 넘으며 넘을 수 없
는 험악한 계곡을 넘어야 하는 것이
네가 지금 가야 할 운명인 것이니라.
17 내가 나의 아들 예수를 세상에 내보내
어 그가 만백성 앞에 죽음의 그 고통
을 겪어 가며 나 여호와를 부르짖을
때, 내가 너희들 만백성을 구원하고자
그 뜻을 들어주지 아니하였음이니,
18 지금 2천 년이라는 역사가 흘러 마지
막 한 번의 기회를 너희들에게 더 줌
이니, 나의 성령을 태워 너에게 전하
는 이 법전을 기록하는 너를 예수보다
도 더 간악한 방법으로, 더 잔인한 방
법으로 그들이 너를 쓸어버리고자 몰
아닥칠 것이니,
19 그를 슬기롭게 넘어야 하는 너의 그
노력과 고비가 어떠한 것인가를 너는
생각하여야 될 것이며, 너의 제자들
또한 그러한 고비를 어찌 넘어야 될
것인가를 항상 대비하고 준비하지 아
니하면 아니 될 것이니라.
20 구약 시대보다도 열 배 더 잔인하고
가혹한 것이 신약 시대였으며, 신약의
시대보다도 열배 백배 더 가혹하고 잔
인하며 그 수법을 형용할 수 없는 그
와 같은 형국의 시대가 지금이니,
21 똑같은 인간으로서 받아야 하는 너의
그 아프고 고통스러운 고비를 과연 어
찌 넘어야 되겠는가?
22 이 모두는 네가 변하는 모습이니라.
23 나의 뜻을 행하며 나의 법전대로 살아
가며 계명대로 살아가는 모습으로 네
가 변하는 그 길밖에 없음을 너는 명
심하고 또 명심하여야 될 것이며,
24 너의 제자들 또한 하나가 되어 그와
같은 마음으로써 지키고 또 지킬 때,
그 힘이 나의 아들의 울타리가 되며,
너희들이 방패막이가 되며, 그를 공격
할 수 없는 철벽의 수비를 너희들이
이룰 수 있음이니,
25 이를 너의 제자들 또한 명심하여 깨닫
고 행하여야 됨을 알아야 할 것이니라.

2,537 번째 하나님 말씀

2002년 7월 3일 23시 13분

1 사랑하는 나의 아들아!
2 "네, 아버님! 말씀하옵소서."
3 내가 너희들에게 구약과 신약을 통하
여 가장 중요한 것은 요한복음 16장
에 기록되어 있다 하였음이니라.
4 그곳에 네가 세상에 와 나의 법전을
전하는 그 기록을 남겼으며, 네가 자
의로 말하지 아니하고 오로지 나로부
터 듣는 것만을 기록하여 그를 책으로
만들어 만백성을 구하는 역사를 이루
도록 되어 있음이 2천 년 전에 기록되
어 있었으며,
5 또한 그곳에 그를 증거하는 자는 너희
들 인간의 과거와 현재와 미래의 운명
을 알려 주며, 나 여호와가 새로운 역
사를 이룰 수 있는 미래를 알려 주며,
미래와 통할 수 있으며 내가 이루고자
하는 그 뜻에 맞추어 너희들이 행한다
그리 말하여 주었으니,
6 개인적으로는 너희들의 과거와 현재

와 미래를 알려 주며,
7 또 크게는 내가 이루고자 하는 새 역
사의 새로운 시대를 여는 것이며, 천
년에 걸쳐서 하늘에서 이루어진 것같
이 이 지상에 낙원의 역사를 이루는
그 방법과 그 길과 그 역사가 이루어
지는 뜻을 너희들에게 깨우쳐 준다 그
리되어 있음이니라.
8 너희들의 심성이 어떠하던가?
9 나의 아들이 너희들에게 너희 모든 것
을 다 알려 주느니라.
10 너희들이 어찌하여 쓰러질 것인지, 어
찌하여 일어설 것인지, 어찌하여 병들
것인지, 그와 같은 것을 다 너희들에
게 일깨워 주고 가르쳐 주나, 그를 듣
고 실천하고 행하는 자가 없음이 너희
들이니라.
11 떡 바쳐 놓고 기도하는 점술가요, 무
당이요, 예언자라 하는 사람들의 말은
너희들이 들으나, 나의 아들이 너희에
게 정확히 가르쳐 주는 것은 믿지 아
니하려 함이니,
12 내가 미리 너희들에게 그리 가르쳐 줄
수 있는 능력을 가지고 오는 자, 그게
증표며 나에게 선택된 자라 말하였음
이니라.
13 그러니 나의 아들이 너희들 개인에 대
한 그 어떠한 변화를 알려 주어도 너
희들은 그를 믿지 아니하고, 너희들이
그리 당했을 때 그때서야 깨우침이니,
14 나의 아들이 너희들에게 병들 것이니
어찌 치료하며 준비하라 할 때, 너희
들은 그를 하지 아니하느니라.
15 그리하여 너희들이 쓰러져 병에 걸려
죽음 직전에 갔을 때 나의 아들을 붙
잡고 애원하며 살려달라 하는 자 수없
이 있음이니, 어찌하여 너희들은 그를
믿지 못하는가?
16 나의 아들이 너희들에게 깨우쳐 주는
너희 개인에 대한 것도 너희들이 믿지
아니함이니, 내가 너희들에게 성령으
로써 기록하여 법전이라 하여 책으로
전하며 이를 기록하는 자가 나의 아들
이라 하나, 너희들이 이를 믿지 아니
함이니라.
17 하늘에 내가 존재함을 믿지 아니하며,
너희들이 죽어 와 나에게 심판받는다
는 그것 자체를 너희들이 믿지 아니함
이니,
18 그리하여 내가 너희들에게 불로 써 내
려 준 십계명에 한 줄을 더 넣지 아니
하였느냐?
19 '나 여호와가 존재함을 믿는 그 자체
가 구원의 길에 들어서는 기본이요,
근본이라.' 그리 너희들에게 가르쳐
주었건만 너희들은 이 또한 믿으려 하
지 아니함이니라.
20 너희 육신에서 병들어 죽어 가는 자에
게 알려 줄 때 그를 따르지 않는 것은
육신이 죽어 감이나,
21 너희 영혼이 구원받는 길을 가르쳐 주
는 것을 따르지 아니하고 그를 듣지
아니하며, 나의 성령으로 기록된 나의
법전을 보지 아니하며 정독하지 아니
하는 것은 너희 육신이 죽어 가는 것
보다도 몇백 배, 몇천 배 더한 고통과
시련 속에서 살아간다는 것을 알아야
될 것이며, 얼마나 큰 것을 잃는 것인
가를 알아야 될 것이니라.
22 그러하니 너희들 개인에 대한 것을 나

의 아들이 너희들에게 알려 주나, 그
게 하늘의 뜻이거늘 그를 믿지 아니함
이니, 내가 존재하며 너희들이 죽어
와 심판을 받으며 구원을 받는다는 그
자체를 너희들이 과연 믿겠는가?
23 이를 믿지 아니함이니라.
24 내가 오늘 너희들에게 전함이니, 내가
성서에 기록하여 놓았음이니라.
25 스스로 제 뜻을 말하지 아니하고 오로
지 듣는 것만을 기록하며,
26 그가 나의 아들이요, 나를 대신하여
와 일하는 자라 하는 그 증거로써 그
는 너희들의 과거와 현재와 미래를 알
려 주며, 이 시대에 내가 이루고자 하
는 그 변화되는 역사의 미래를 통하도
록 너희들에게 증거하며 알려 준다 하
였음이니,
27 이를 보고도 너희들이 나의 아들임을
믿지 아니하며, 그가 너희들에게 깨우
쳐 주는 것을 듣지 않고 믿지 아니하
여 그를 행하지 아니하다 너희들이 병
들어 누웠을 때, 너희들이 숨을 거두
게 되었을 때, 긴박한 상황에서 그때
서야 나의 아들에게 너희들이 애원하
며 매달리니, 그때는 이미 늦음을 알
아야 될 것이니라.
28 그것이 너희들의 심성이니라.
29 너희들이 가지고 있는 마음 자세이니
라.
30 그러한 마음을 가진 자, 정녕 하늘에
오르는 길을 볼 수 없음을 알아야 될
것이니,
31 내가 오늘 하늘의 뜻을 다시 한 번 너
희들에게 기록하여 깨우쳐 주고자 함
이니, 이 대목을 읽는 나의 피조물 만
백성은 정녕 나의 아들이요, 나의 법
전이 나의 성령으로써 세상에 나가 만
백성을 구하고자 하는, 그 이루어지는
제3의 시대의 역사임을 믿어야 할 것
이니라.
32 그리고 믿고 따라야 될 것이니라.
33 그리고 믿고 순종하는 자만이 구원의
길을 볼 수 있으며 구원을 받는다는
것을 알라.

2,538 번째 하나님 말씀

2002년 7월 4일 0시 12분

1 사랑하는 나의 아들아!
2 "네, 아버님! 말씀하옵소서."
3 나의 아들 예수가 나의 성령을 받아
세상에 나가 만백성을 구하고자 하였
음이니, 그는 나의 뜻을 전하며 그 제
자들이 그가 행한 것을 복음서라 하여
너희들이 신약 성경이라는 것을 하나
기록하였음이니, 그는 그 변화되는 역
사를 보지 못하였음이니라.
4 그러나 내가 성서에 기록하였음이니,
이제 나의 성령이요, 나의 법전에 나
의 뜻을 받아 나가는 자, 그는 그 시대
가 가기 전에, 그 세대가 끝나기 전에
이 세상에 이루어지는 것을 다 볼 수
있다 하였음이니,
5 지금 나의 아들이 나의 법전을 만듦이
니, 나의 성령을 기록한 그 내용들이
요, 그가 160권의 법전으로써 만백성
에게 전하며 그가 세상에서 숨을 거둘
때까지 나의 성령을 받아 만백성에게
전할 것이니,
6 나의 아들이 이 세상을 떠나기 전에,

그들의 세대가 끝나기 전에 이 세상에
모두 이루어지는 역사를 보게 되는 것
이 다름이니 그리 알아야 될 것이니라.
7 내가 너희들에게 증명하기를, 나의 아
들의 세대가 끝나기 전에 이루어지는
역사요, 나의 성령이요, 나의 피조물
만백성을 구하기 위하여 나 여호와가
직접 너희들에게 내린 나의 성령, 곧
이 법전이 너희들을 구원하는 길이며,
너희들이 하늘에 오르는 길이라는 것
을 내가 보여 준다 하였음이며 그것이
증명함이라 하였음이니라.
8 너희들의 이 세대가 끝나기 전에 이
지상에서 이루어지는 나의 성령이 새
로운 역사를 이루는, 천 년에 걸쳐 사
악한 자의 뿌리를 다 뽑으며 천사와
같은 자의 새로운 세대요, 새로운 역
사를 이루는 그와 같은 기초를 너희들
이 볼 수 있다 말하였으니, 너희들이
그리하여 선택된 자라 하였음이니라.
9 너희들이 죽기 전에, 너희 세대가 끝
나기 전에 이 모두는 나 여호와의 역
사라는 것을 너희들이 육으로써 이 세
상에서 볼 수 있다 하였거늘, 너희들
은 이를 믿지 아니하며 이를 따르지
아니함이니,
10 너희들은 정녕 너희 스스로 보고 만지
는 것도 믿지 못하는 그와 같은 어리
석은 우를 범하는 자들이니라.
11 나의 법전을 읽고 깨우치는 자, 육의
세상에서 나의 성령의 그 위대함을 알
게 될 것이며, 그 위대함 속에서 너희
들이 죽어 와 나로부터 심판받을 때,
너희들이 얼마나 영광된 축복을 받는
것인가를 알아야 될 것이니라.
12 지금 너희들이 말하기를, 이는 사탄이
장난하는 것이요, 사악한 자가 이 세
상에 희대의 혼란을 이루는 것이기 때
문에 이 법전은 곧 없어질 것이며,
13 이를 만들어 나의 아들이라 하며 나의
선지자라 말하는 자, 곧 그는 스스로
폐인이 되어 쓰러져 갈 것이며 더 이
상 이와 같은 역사는 이루지 아니할
것이라 그리 말할 것이니라.
14 그리고 너희들은 그리되기를 바라며
그리되기를 기다릴 것이니라.
15 그리고 사악한 자의 말이라 할 것이니
라.
16 너희들은 내가 160권이라는 이 장서
의 법전을 만들고, 그가 죽을 때까지
나의 성령을 받아 기록하여 나의 피조
물 만백성에게 전하는 그 역사를 보게
될 것이니라.
17 이 세상, 너희들이 사는 지구요, 이 모
든 천지가 변한다 하여도 나의 법전은
절대로 변하지 아니한다는 것을 알아
야 될 것이니라.
18 이 세상이 다 변해도, 세상천지가 다
깨져 나간다 하여도 나의 법전은 없어
지지 아니하고 그 자리를 지키며 영구
히 존속되며 전하게 된다는 것을 너희
들은 알아야 될 것이니라.
19 이는 나 여호와의 뜻이며 나의 성령이
기록되어 있기 때문에, 그리하여 천지
는 없어진다 하여도 나의 법전이 이
세상에서 없어지지 아니함을 너희들
이 알아야 될 것이니라.
20 이는 곧 창조주 나 여호와의 뜻이며
나의 성령이요, 나의 말이기 때문에
그러니라.

21 내가 너희들에게 가르치고자 하는 나
의 뜻을 전하는 법전이기에 이는 더더
욱 없어지지 아니한다는 것을 알아야
될 것이니라.
22 이제 나의 선지자를 통하여 너희들에
게 미래를 알려 주었음이니,
23 앞으로 변하는 그 미래의 시대는 천사
들도 모르며, 사악한 자들도 모르며,
오로지 나 여호와만이 알 수 있는 것
이며, 창조주인 나만이 알고 있는 것
이니라.
24 아무도 이를 알 수 없음이니라.
25 하늘의 천사들도 어찌 변하는지를 모
르며 사탄들도 그 변함을 모르느니라.
26 그러나 내가 나의 아들을 통하여 나의
피조물 만백성 너희들에게 가르쳐 주
지 아니하였던가?
27 내가 천 년에 걸쳐서 이루는 그 역사
를, 너희들에게 미래를 열어 주었음이
니라.
28 그러니 나의 이 뜻을 듣고도 정녕 이
게 나의 성령이라 믿지 아니하는 자는
영원히 구원받지 못함을 알아야 될 것
이니라.
29 내가 미래에 이루고자 하는 그 역사는
나 여호와밖에는 알 수가 없음이니라.
30 창조주인 나밖에 알 수 없는 그 미래
의 하늘의 뜻을 나의 아들을 통하여
나의 피조물 만백성 너희들에게 일깨
워 줌이니,
31 이를 보고 읽는 자가 얼마나 축복되고
영광된 자며 선택된 백성인가를 알게
될 것이니라.
32 그러면서 나의 법전을 읽고 깨우치지
못하는 자, 너희들이 얼마나 우매하고
불쌍한 자인가를 알 날이 머지않았음
이니라.

2,539 번째 하나님 말씀

2002년 7월 4일 0시 22분

1 사랑하는 나의 아들아!
2 "네, 아버님! 말씀하옵소서."
3 내가 너희들에게 가르치기를, 너희들
의 한 육신에 붙어 있는 오른손이 하
는 것을 왼손 자체가 모르도록 그리하
라 하였음이니라.
4 그러나 구약 시대의 믿음이 과연 어떠
하였던가?
5 그리고 신약 시대의 그 믿음이 어떠하
였던가?
6 그리고 나의 아들 예수가 나의 피조물
만백성 너희들을 구하기 위하여 그 힘
들고 어려운 고난을 벗어나지 아니하
고 제가 그 길을 따라 제 생명을 바쳐
너희들을 깨우치고자 했던 그 역사가
얼마나 소중한 것이었던가?
7 그러나 그 속에 너희들은 어떠한 믿음
을 믿어 왔으며 실천을 해 왔는가?
8 너희들은 너희 스스로 자랑하며 너희
들을 과시하며 남들 앞에 보이고자 하
며 남들 앞에 군림하고자 하는 그와
같은 종교 지도자들이 지금까지 몇천
년이라는 그 역사 속에서 흘러왔음이
니라.
9 나의 피조물 만백성을 정녕 하늘에 오
르는 길로 깨우쳐 인도하는 자는 나의
종이요, 그 백성들의 종이니, 가장 낮
은 자로서 나의 성령의 뜻을 전하는
것으로써 저희들의 임무를 다하는 것

이며,
10 남에게 자랑하고자, 보이고자, 과시하
고자, 그리고 군림하고자, 상석에 앉
고자 하는 그와 같은 행위로써 나의
피조물 만백성을 지도하고 가르치는
자는 정녕 나와는 아무런 관계도 없는
그와 같은 백성이며 종교 지도자이니
라.
11 너희들이 그와 같은 형태로써 지금까
지 나의 백성을 이끌어 왔으며, 2천
년 역사 동안 성령이요, 성서를 가르
친다 하는 자들이 그와 같은 형태로써
가르쳐 왔느니라.
12 그리하여 너희들은 남들보다 더 큰 성
전, 그리고 더 요란한 성전을 지어 왔
으며, 그 안을 궁전보다도 더 아름답
게 꾸리며 더 호화롭게 꾸리고자 하는
것이 너희들이었으며,
13 너희들 생활 자체가 남들보다 차별화
되어 하나의 불편과 어려움이 없는 호
화로운 생활 속에서 살아가는 것이 너
희들의 가는 길이라 그리 말하였으며,
14 너희들은 목자라 하여 나로부터 선택
된 백성이니, 너희들이 죄짓고 잘못하
며 사악한 짓을 해도 나의 피조물 만
백성이요, 너희들의 신도가 그를 벌할
수 없으며 체벌할 수 없다는 그와 같
이 엄청난 굴레까지 씌워 놓았으며,
그와 같은 형태로 너희들이 지금까지
왔음이니,
15 너희들은 나의 피조물 만백성 앞에 너
희들 자신을 나타내며 과시하며 너희
들 자신을 보이며 군림하며 그들을 지
배하고자 하는 그와 같은 생각으로써
오지 아니하였는가?
16 너희들은 다시 한 번 이 이치를 생각
해 봐야 될 것이니라.
17 너희들이 그와 같은 행위로써 지금까
지 믿음이요, 너희들의 성전을 이끌어
왔다 하면, 너희들은 나와는 아무런
관계도 없는 그와 같은 백성임을 알아
야 될 것이니라.
18 그리하여 너희들이 2천 년이라는 그
역사가 흐르며, 나의 아들 예수가 목
숨을 바쳐 그를 벗어나지 아니하며 그
대로 순종하여 나에게 모두를 바쳐 피
흘려 고통스럽게 죽어 간 그 대가의
결과를 너희들은 어찌하였던가?
19 예수가 죽어 가며 부르짖고 나의 계명
을 지키며 나의 율법을 지키며 성서
속에 너희들이 지키고 행하라는 그 어
렵고 힘든 것을 지키고 행하여 살아오
면 되거늘, 너희들은 그를 다 헌신짝
처럼 집어 팽개쳤느니라.
20 그리고 인간이기 때문에 성서에 기록
되어 있는 그 어렵고 힘든 가르침이
요, 십계명대로 그리 살아갈 수 없다
그리 말하였느니라.
21 너희들은 나의 종이요, 만백성의 종으
로서 가장 낮은 자세로 살아가는 것이
너희들의 도리이거늘,
22 너희들은 가장 높은 자리요, 너희들이
나의 피조물 만백성 위에 군림하며 지
배하며 너희들을 과시하고자 하는 그
와 같은 삶의 길이요, 믿음의 길을 지
금까지 걸어왔음이니라.
23 그러하니 정녕 그렇지 아니한 자만이
나에게 선택된 종교 지도자요,
24 그와 같은 행위를 하며 살아온 자, 나
와는 아무런 관계도 없으니,

25 나의 피조물 만백성은 지금 세상에 나
가는 나의 법전의 이 내용을 접하고도
깨우치지 못하며 너희들이 몸담아 지
금 하늘에 오르는 길이라 하여 재물과
금화와 은화와 시간과 모두를 다 바치
며 살아가는 그 형태에서 뛰쳐나오는
자가 되어야만 될 것이니라.
26 그렇지 않은 자, 그 생명을 구할 수 없
음이니라.
27 그리고 너희들의 그 영혼을 구할 수
없음을 알아야 될 것이니라.
28 이 한 가지를 너희들이 기억하라.
29 너희들을 지도하는 종교 지도자들이
과연 군림하고자 하며 너희들보다 상
석에 앉고자 하며 너희보다 높이 앉아
있으며 너희들을 지배하고자 하는 것
이 아닌가 한번 너희들은 깨우쳐 봐야
될 것이니라.
30 어떠한 행사의 작고 큰 희비애락의 그
장소에서 그가 상석을 차지하며 그가
예우를 받으며 대우를 받으며 그가 너
희들을 지배하는 위치에 서고자 했다
면, 그는 정녕 너희들을 하늘로 이끄
는 자가 아니라 지옥 불로 이끌어 가
는 가장 사악한 자임을 알아야 될 것
이니라.
31 정녕 나로부터 선택된 자는 가장 낮은
자세이니라.
32 그리고 오른손이 하는 것을 왼손이 모
르도록 하라 하였듯이, 저희들이 존재
하지 아니하는 듯이 그렇게 조용히 낮
은 자세로써 나의 피조물 만백성에게
성서의 내용을 가르치는 것만이 저희
들의 바른길이거늘, 그와 같지 아니한
자는 너희들을 지옥 불로 이끄는 사악
한 자이니,
33 내가 나의 성령으로써 나의 법전에 기
록하여 이를 너희들에게 전함이니, 내
가 전하는 이 뜻을 알아듣고 읽고 깨
우친 자가 바로 서지 못한다면 그는
영원히 지옥 불로 가게 됨을 알아야
될 것이니라.
34 사랑하는 나의 아들아!
35 "네, 아버님! 말씀하옵소서."
36 나의 아들이요, 선지자요, 만백성을
이끌어 가는 너는 너 스스로 가장 낮
은 자이니라.
37 그리고 가장 겸손한 자이니라.
38 네가 남들 앞에 나서고자, 무엇을 보
이고자, 나의 피조물 만백성을 지배하
고자, 군림하고자 하며 보이는 믿음을
믿어서는 아니 될 것이니라.
39 너희는 지금 보이는 믿음만을 믿고 가
느니라.
40 그리하여 그 말할 수 없는, 지상의 낙
원을 오염시키는 그 성전이라는 것을
너희들이 해괴망측하게 짓고 가며,
41 그 꼭대기에는 내가 쳐다볼 때 소름이
끼치며 나로 하여금 두 번 다시 눈길
을 돌리고 싶지 아니하게 하는, 나의
아들이 죽어 간 그 십자가를 불을 높
이 비춰 나를 보도록 하며 나를 고문
하는 그와 같은 형국의 믿음을 가서는
아니 될 것이니 그리 알라.
42 보이는 믿음을 믿어서는 아니 될 것이
니라.
43 저희들 밑에 신도라 하여 저희 앞에
와 고개 숙여 각종 헌금을 바치며 구
원의 길을 얻고자 하는 그들에게 보이
고자 하는 자세의 종교 지도자는 정녕

너와 같은 백성이 아님이니라, 아들아!
44 너는 보이고자 하는 믿음을 가지 말며, 보이고자 하는 가르침을 깨우치지 말며, 보이고자 하여 너의 제자요, 지도자를 육성해서는 아니 됨을 알아야 될 것이니라.
45 가장 낮은 자요, 가장 겸손한 자로서, 보이지도 말며 과시하지도 말며 네가 지배하고자 하지 않는 그와 같은 마음의 자세로써 나의 백성들을 이끌어 가야 될 것이니라.
46 너의 앞에 와 고개 숙이는 너의 제자나 또 지도자라 하여 너에게 교육받는 모든 나의 백성들은 한 가지씩 장점을 가지고 있음이니, 다 너를 가르치고 깨우칠 수 있는 하나의 특성들을 가지고 있음이니라.
47 그리하여 그들을 스승과 같이 대하여야 할 것이니 그리 알라, 나의 아들아!

2,540 번째 하나님 말씀

2002년 7월 4일 06시 54분

1 사랑하는 나의 아들아!
2 "네, 아버님! 말씀하옵소서."
3 너를 통하여 나의 성령을 내려보내 만백성을 구하는 이 법전을 기록함에 있어서 그들은 너에게 사탄이요, 사악한 자요, 귀신의 장난이라 그리 말하느니라.
4 사탄이 존재하며 귀신이 존재하며 악마가 존재한다는 그와 같은 말을 하는 그들이, 과연 그렇다 하면 나 여호와가 존재하고 있음을 얼마나 믿고 있는가?
5 그리고 그들이 나 여호와가 존재한다는 그것을 마음에 얼마나 깊이 새기고 있는가?
6 한번 그들의 형태를 봐야 될 것이니라.
7 나의 법전이 세상에 나가는 것이 말세에 거짓 선지자요, 사탄이 하는 행위라 저희들이 말을 하나,
8 정녕 그들이 나 여호와가 존재함을 믿는 것은 얼마나 그들 마음속 깊이 뿌리를 내리고 있는가?
9 정녕 그들이 귀신이요, 다른 신들이라는 것을, 사악한 악마요, 사탄을 인정하며 그는 있다 믿으며, 그들은 또한 나 여호와가 존재한다 말하느니라.
10 그러나 그들은 정녕 나 여호와가 존재함을 얼마만큼 마음속에 뿌리를 내리고 있는가 물어보라.
11 악마요, 사탄은 있다 그리 말하나, 그와 같이 사탄이요, 악마라 저주하며 나의 법전을 불태우고 찢어 버리고자 하며 너를 쓰러트리고자 하는 그들의 불 같은 그 마음속에는 과연 나를 경배하며 내가 존재하는 마음의 뿌리가 얼마나 내려져 있는가?
12 그들은 너를 저주하고자 하는 그 사악한 마음이요, 사탄이 존재한다는 것에 불과 같은 마음을 가지고 있으나,
13 그들 역시 내가 존재하며 이 세상 모두를 내가 창조하였으며 나에 의하여 주관되며 저희들이 죽어 와 심판을 받는다는 것은 저희들이 너를 사탄이라 말하는 마음의 반만큼도 그 자리를 잡지 못하고 있음이니라.
14 너를 사탄이라 하여 태워 버리고 찢어 버리고 죽이고자 하는 그 마음처럼 너

희들이 내가 존재한다는 것을 믿고 나
로부터 심판을 받는다는 것을 믿는다
면, 너희들은 지금과 같이 사악한 백
성이 되지는 않았을 것이니라.
15 그러니 그들의 심리와 그들의 마음 상
태를 네가 한번 생각해 보아야 할 것
이니라.
16 남을 욕하기 좋아하며 남을 흉보기 좋
아하며 남의 잘못한 점을 헐뜯기 좋아
하는 마음은 강하나,
17 남을 칭찬하고 사랑하는 마음은 과연
그들에게 얼마만큼 있으며, 그러한 행
위를 얼마나 하며 세상사를 살아가는
가를 보아야 될 것이니라.
18 즉, 선행이요, 아름다운 모습으로 살
아가는 것은 저희들 마음속에 30프
로, 20프로도 안 되며,
19 사악한 마음이요, 남을 비방하고 흉보
고 남의 약점을 들추어 내며 즐거워하
는 마음은 70프로, 80프로를 가지고
있는 것이 너희들의 상태이니,
20 너희들이 나 여호와가 존재하며 나로
부터 심판을 받으며 내가 세상에 존재
함의 소중함이요, 위대함이라는 것을,
21 모두 나로부터 구원을 받거나 구원을
받지 못하며, 나를 향하여 가는 것이
얼마나 영광된 길인가 하는 것을,
22 그리고 하늘에 오르는 것이 얼마나 축
복된 길이며 은혜로운 길인가를 생각
하는 마음은 너희들이 30프로요, 20
프로조차도 정녕 뿌리를 내리지 못하
고 있으며,
23 내가 그들을 바로잡기 위하여, 그 마
음을 고쳐 잡아 하늘에 오르는 길을
보며 축복되고 영광된 그 길을 갈 수
있도록 인도하는 나의 성령을 태워 내
려보내는 나의 법전을 보고 그들은 사
탄이요, 사악한 자요, 거짓 선지자가
마지막에 만백성을 현혹하는 그와 같
은 흉악한 행위라 하여 거기에 돌팔매
질하며 손가락질하며 그를 무너트리
고자 하며,
24 너를 갈기갈기 찢어 죽이고자 하는 그
와 같은 마음이 저희 온몸을 다 태우
며 불과 같은 열정을 가지고 있음이니,
25 지금 나의 피조물 만백성의 심성과 살
아가는 형태가 그리되어 있느니라.
26 그리하여 내가 그들의 마음을 깨우쳐
주며 그들의 머리에 철퇴를 내림이니,
27 나 여호와가 존재함을 믿는 그 자체가
구원의 길에 들어서는 기본이요, 근본
이라는 이 소중한 한 구절을 더 너희
들에게 가르쳤건만 그들은 아직도 깨
우치지 못하고 있음이니라.
28 나 여호와가 존재하기 때문에 이 세상
에 잘못되는 것을 심판하고 벌하고자
하는 것이 아니라,
29 저희들의 그 사악한 마음에서 그저 저
희들이 위대하며 저만 존재하며 저희
들만이 구원을 받을 수 있는 백성이라
는 것을 만백성에게 보여 주기 위하여,
30 저희들을 나타내기 위하여 그와 같은
마음을 가지고 사탄이요, 이단이라 심
판하고자 하는 그 마음이 앞서 있는
것이 지금 나의 피조물 만백성이 가지
고 있는 생각이니라.
31 나 여호와에게 오르는 그 길을 방해하
며 그를 막으며, 나 여호와가 존재하
여 만백성을 깨우치고자 하는 그 길에
반대하는 자, 역행하는 자라 하여 나

의 법전까지도 태워 버리며 찢어 버리며, 이를 만들어 전하는 너를 갈기갈기 찢어 죽이고자 흥분하는 그들이 어떤 상태의 마음에서 그와 같은 것을 하는가?

32 나 여호와를 위하여 그들이 그리하고자 하는 마음이 아니니라.

33 저희들을 나타내고자 하며, 저희 자신이 존재하고 있으며, 저희가 위대한 자며 저희들만이 구원을 받을 수 있는 자라 말하며,

34 저희들이 지금 구원을 받는 것인지 안 받는 것인지 그 자체도 의심스러운 그들이 그와 같은 행위를 함으로 나 여호와로부터 영광된 선택을 받을 수 있다 하는 그와 같은 사악한 마음의 생각에서 광란과 같은 방법으로 너를 공격하고 쓰러트리고자 하는 것이 지금 백성들이 가지고 있는 마음이요, 그들이 가는 길이며,

35 그들의 신앙의 그 길의 기본이 그러함이니라.

36 사랑이라는 그 자체도 모르며, 전지전능한 나 여호와가 이 세상의 그 모두를 통제하고 관장하며 지배하며 창조하였다 말하면서, 이 세상에 존재하는 것은 나의 뜻에 의하여 그리 이루어진다는 그와 같은 사랑의 마음도 갖지 못하며 기초의 마음도 없음이니라.

37 그리하여 이 세상에 모든 생명을 가진 것은 남남이 아니요, '우리'라는 마음을 갖지도 못하며,

38 다른 종파들 또한 그들이 한 생명을 나로부터 받아 나간 것이 소중하기에, 그들이 잠깐 겉에 다른 옷을 걸치고 가고 있으니 그리하여 잘못 입고 가는 그 옷의 색깔을 바로 내가 원하는 옷의 색깔로 갈아입히고자 하는 사랑하는 마음조차도 없음이니라.

39 그저 그들은 멸시하고 짓밟으며, 그저 짐승만도 못한 것처럼 견제하고 생각하는 것이 너희들이니,

40 그들이 나의 가는 길과 다르며 내가 이루고자 하는 뜻과 다른 백성이라서 저주하는 것이 아니니라.

41 저희들 자신의 위대함이요, 저희들만이 구원의 길을 가고 있는 나로부터 선택된 백성이라는 것을 만백성에게 보여 주고자 하는 그 사악한 마음에서 광란의 짓을 하는 것이 지금의 백성들이 가지고 있는 마음이며, 믿음의 길을 간다는 백성들이 행하는 그 더럽고 추한 추태임을 알아야 될 것이니라.

42 그리하여 내가 그들을 바로잡기 위하여 내 가슴의 모두를 태워 사랑하는 나의 아들 너를 통하여 책으로 만들어 만백성에게 전하는 것이니,

43 그들이 이 뚜껑을 열기 전에 저희들 스스로 어디에 위치해 있으며 저희들 마음이 어디에 있으며,

44 이 세상의 모두는 내가 주관하며 저희들이 말하는 전지전능한 하나님 내가 만든 것이라, 또 나의 것이라 말하는 그들이,

45 그리 말하면서 나의 것을 가지고 욕하고 시기하며 질투하는 그와 같은 형태의 믿음으로 가고 있는 것이 과연 제대로 믿음을 가는 것이며, 사랑을 실천하며 사랑 속에서 살아가는 백성인가를 다시 한 번 깨우쳐 본다면,

46 저희들이 가고 있는 믿음이요, 저희들
이 지금 살아가는 그 형태가 잘못되었
음을 알 것이니라.
47 그리하여 내가 너에게 수십 번 강조하
였느니라.
48 아무리 너희들이 선하고 착하게 살았
다 하여도, 그 선과 악은 쌀 한 톨의
높이만큼도 아니 되며, 좁쌀 한 알의
높이만큼도 아니 되며,
49 너희들이 아무리 아름답게 사는 자라
하여도 지금의 삶에서 반대로 사는 그
삶을 사는 자만이 나에게 오르는 길을
볼 수 있으며 그 빛을 볼 수 있다 하였
음이니라.
50 지금 나의 법전을 읽으며 내가 너를
통하여 내리는 성령의 뜻을 듣는 백성
외에는 그 누구도 정녕 하늘에서 원하
고자 하는 것이 무엇인가를 모르니,
51 그를 깨우치며 하늘에 오르는 길을 알
기 위하여 나의 사랑하는 피조물 만백
성은 나의 법전을 읽고 또 읽어 정독
하여 너희들 것으로 만들어야만 하늘
에 오르는 길을 올 수 있음을 내가 다
시 너희들에게 간곡히 전하나니,
52 나의 법전을 읽는 만백성은 나의 이
애절한 마음을 알아야 할 것이니 그리
알라.

2,541 번째 하나님 말씀

2002년 7월 4일 07시 30분

1 사랑하는 나의 아들아!
2 "네, 아버님! 말씀하옵소서."
3 구약 시대는 그 역사 그대로 존재하였
으며, 또 나의 예수의 신약 시대가 열
렸음이니라.
4 그리하여 지금 바로 무슨 시대냐?
5 나의 피조물 만백성들이 바로 서고 서
지 못하며 구원을 받고 받지 못하는
그 기준의 법전을 세상에 내려보냈으
니, 지금이 바로 심판의 시대라 그리
너희들은 알아야 될 것이니라.
6 이제 바로 심판의 시대이니라.
7 너희들은 이 세상 내가 창조한 지구,
그 넓고도 넓은 속에서, 그리고 많은
백성들이 살아가는 이 지상에서 동방
의 작은 나라에 나로부터 선택된 민족
이라 하면 그 또한 얼마나 영광되고
보람된 것인가?
8 그리고 심판의 시대에 그 심판을 하는
법전을 동방의 작은 나라, 이곳에 나
의 아들이 세상에 나와 나의 성령을
지금 받아 기록하는 이 시대에 같이
살아가는 너희들이야말로 얼마나 축
복되고 영광된 백성인가를 너희들은
어찌하여 그리도 모르는가?
9 그리하여 나의 아들과 한 시대를 살아
가며 나의 법전을 먼저 접하며, 천 년
에 걸쳐 새로운 역사, 새로운 시대를
열고자 하는 그 틀을 잡아 가는 너희
민족의 그 영광과 축복이 얼마나 위대
한 것인가?
10 또한 그중에서도 지금 나의 선지자요,
나의 아들로부터 선택되어 제자요, 또
한 지도자로서 교육을 받으며 깨우침
을 얻는 너희들이야말로 얼마나 영광
된 세상에 살아가는 자들인지 알겠는
가?
11 권력에 너희 마음이 흔들리며, 부귀와
영화에 너희 자신이 흔들리며, 육의

삶에 오늘의 안일을 위하여 너희 마음
이 흔들리며,
12 나의 아들이 전하는 제3의 시대요, 심
판의 시대의 그 법전을 보고도 시시비
비하고 왈가왈부하며 등 돌려 떠나는
자, 그리고 그를 저주하는 자, 그와 같
은 형태로 살아가는 너희들이 얼마나
어리석고 불쌍한 백성인가를 알아야
될 것이니라.
13 이 지상에서 수많은 민족 중에서 한
동방의 작은 나라, 이곳에서 살아가는
백성인 너희들이 선택되었으며, 그중
에서 나의 아들과 더불어 세상사를 의
논하며 갑론을박하며 살아가는 너희
들이야말로 얼마나 존귀하며 위대한
자들인가를 너희들은 지금 깨우치지
도 못하고 있음이니라.
14 너희들이 정녕 나 여호와가 존재함을
마음속으로 믿음이 확고하며, 하늘에
는 내가 존재하며 이 세상 모두를 다
관장하는 것은 나 여호와라는 그 마음
이 가슴 깊이 뿌리내렸을 때,
15 너희들은 오늘의 그 영광에 너희 모두
를 다 바쳐 그 길에 보답한다 하여도
보답할 길이 없으며 은혜에 감사할 길
이 없거늘,
16 어찌하여 너희들은 나의 아들 앞에 갑
론을박하고 나의 법전을 던지며 떠나
며, 또는 집단으로써 법전을 연구하며
너희 스스로 나로부터 음성을 받으며
성령을 받아 너희들이 새로운 역사를
이룬다는 그와 같은 망발을 하는가?
17 그런 너희들이 얼마나 무서운 죄를 짓
고 있는 것이며, 얼마나 영광된 그 모
두를 저버리는 것인가를 지금 모르고
있음이니라.
18 내가 나의 아들만을 통하여 나의 성령
을 내려보내며 만백성을 구하는 나의
이 법전이요, 나의 뜻을 전한다 하였
거늘,
19 그를 거부하여 스스로 저희들이 무엇
인가를 이루며, 저희 스스로 무슨 역
사를 이루며, 저희들이 성령을 받으며
하늘에 오르는 빛을 보며 나의 뜻을
들어 역사를 이룬다는 그 사악한 자들
앞에 고개 숙여 가는 너희들이 얼마나
어리석고 불쌍한 자들인지 깨달아야
할 것이니라.
20 너희들이 정녕 영광되고 축복된 그것
을 저버리며 영원히 지옥 불에 허덕이
는 그 지옥으로 가는 길을 택하여 가
는 것이니라.
21 너희들은 나의 법전을 정독하지 아니
한 자며, 나의 아들 앞에 와 공부한다
하여도 너희들은 생각이 따로 있는 자
들이니, 정녕 나 여호와가 존재하는
그 자체를 믿지 못하고 있기 때문이니
라.
22 또한, 지금 네 앞에 와 공부한다며 깨
우침을 얻는 제자, 그들도 나 여호와
가 존재하며 이 세상은 나의 주관하에
움직인다는 것을 가슴 깊이 새겨 심지
않는 자, 그들도 항상 흔들려 떠날 수
있음을 알라 그리 전하라.

2,542 번째 하나님 말씀

2002년 7월 4일 11시 34분

1 사랑하는 나의 아들아!
2 "네, 아버님! 말씀하옵소서."

3 너는 모든 것을 두려워하지 말며 불안
해하지 말라.
4 한 알의 썩지 않은 그 알곡식을 농부
가 잘 뿌려 다스린다면 1년 후에는 그
로부터 씨앗이 맺어져 더 많은 새싹을
세상에 낳게 되며, 또 그 씨앗을 세상
에 뿌리는 것이 농부들이 가지고 있는
철학이요, 이치요, 깨달음인 것이니라.
5 농부에게 물어보라.
6 아무리 종자를 많이 쌓아 놓았다 하여
도 썩어서 싹을 틔우지 못하는 종자가
있으면 무엇하느냐?
7 그중에서 하나라도 썩지 않은 종자가
있다 하면 그를 농부는 잘 가꾸고 다
듬어 이듬해 더 많은 종자를 세상에
뿌릴 수 있음이니,
8 오늘 바로 나의 성전에 와 나의 법전
을 공부하며 나의 성령을 직접 듣는
너의 제자들이 그와 같은 자들이니라.
9 썩어 있는 종자를 수없이 쌓아 놓고
네가 강론하면 무엇하며, 나의 법전을
그들의 귀에 들으라 이르면 무엇하느
냐?
10 죽은 종자는 새싹을 틔울 수 없듯이,
죽은 자는 이를 들을 수도 없으며 성
장할 수도 없느니라.
11 그는 이룰 수도 없으며 성장할 수도
없느니라.
12 너는 많은 제자들이 네 앞에 와 내가
너에게 내리는 그 성령의 소중함을 전
하지 못하며 듣지 못하는 것에 마음
아파하며 불안해하는 것을 내가 아나
니,
13 너는 그와 같은 생각을 지워야 될 것
이니라.
14 많은 종자들이 있으면 무엇하는가?
15 썩어 새싹을 틔우지 못하는 그 종자는
퇴비만도 못한 것이니라.
16 그러나 한 알의 종자는 미래를 열어
줄 것이며, 그 종자는 영원히 존속할
수 있는 그 뿌리를 내리게 됨이니라.
17 한 알의 새싹의 소중함이 여기에 있음
이니,
18 너의 제자들의 한 사람이 나의 성령을
제대로 깨우쳐 나의 법전대로 행하며,
나의 뜻대로 살아가는 자 하나가 바로
서면, 그 종자로 하여금 퍼져 나가는
그 새싹은 이루 말할 수 없이 새로운
역사를 이룬다는 것을 너는 알아야 될
것이니라.
19 너는 나의 종이요, 나의 선지자요, 나
의 아들로서 160권의 법전을 기록하
여 세상에 내는 네가 지금 3부의 법전
에 돌입하였거늘,
20 높아지는 것도, 낮아지는 것도, 죽는
것도, 사는 것도, 모든 역사가 전해지
는 것도, 이루어지는 것도, 세상에 나
의 법전이 퍼져 덮어지는 것도, 그 법
전이 불 속으로 들어가 태워져 없어지
는 것도 그 모두는 다 네가 주관하며
네가 이루는 것이 아니라, 나의 역사
에, 나의 주관하에 이루어진다는 것
을, 어찌하여 너는 그 믿음이 흔들려
가려 하는가?
21 너 자신이 흔들렸을 때, 너와 같은 생
각을 갖는 나의 피조물 만백성은 나의
음성을 듣지도 못하며 직접 나를 보지
도 못함이니, 그들의 마음은 얼마나
멀리 가 있겠는가를 네가 알아야 할
것이니라.

22 사랑하는 나의 아들아, 너는 그 이치
를 깨우쳐야 될 것이니 그리 알라.
23 내가 너에게 일찍이 깨우쳐 주지 아니
하였던가, 진리의 그 진실함이 얼마나
위대한 것인가를.
24 그는 위대한 것이니라.
25 진리와 진정한 질서 속에 살아가지 아
니하는 자, 금은보화요, 명예를 아무
리 제 앞에 높이 쌓아 놓았다 하여도
그가 진정한 삶을 살지 못한다면 그는
얼마나 불안하며 불행한 삶을 사는 것
이더냐?
26 아무것도 가진 것이 없으며 쥔 것이
없다 하여도, 너희들이 나의 음성을
들으며, 내가 존재함을 믿으며, 내가
너희들에게 깨우치고자 내리는 그 성
령을 받아 위대한 참진리의 길을 달려
가고자 하는 너희들이 있는 한 누구도
너희들에게 대적할 수 없으며, 너희들
보다 더 위대한 자가 없음이니라.
27 내가 이 세상을 덮어 가는 것도 나의
주관이요, 문을 닫게 하는 것도 나의
주관임을 너와 너의 제자들은 굳건히
믿어야 될 것이며,
28 너희들의 순간의 어렵고 힘든 그 고통
속에서 마음이 흔들리는 그와 같은 너
와 너의 제자들이 되어서는 아니 된다
는 것을 알아야 될 것이니라.
29 어떠한 태풍과 어떠한 역사가 이루어
지는 그 속에서도 너는 반듯이 서야
될 것이며,
30 너의 제자 중에 한 사람이라도 반듯이
서는 자가 있다면 너는 대업의 역사를
이룬 것이니 그리 알아야 될 것이니라.
31 그 어떠한 형태에서도 넘어지지 않는
하나의 그 새싹이 세월이 흘러감으로
써 이 세상을 덮는 만고의 곡식이 되
어, 만백성을 구원하는 참곡식으로서
그가 뿌리를 내릴 수 있을 것이니,
32 너는 그와 같은 이치를 오늘 알아야
될 것이니라.

부 록

【하나님께서 가르쳐 주신 운동】

천재지변이 일어날 때, 동물이나 미물들은 미리 알고 대피하지만, 인간은 알지 못하고 큰 화를 당합니다. 하나님께서 인간에게 가장 높은 지혜를 주시고 완벽하게 창조해 주셨기에 동물들보다 더 잘 알 수 있지만, 욕심으로 마음이 혼탁해져서 한 치 앞을 보지 못하는 것입니다.

마찬가지로, 인간은 누구나 스스로 필요한 운동을 해서 건강을 지킬 수 있도록 하나님께서 만들어 주셨습니다. 우리의 머리에서 우리 몸에 필요한 동작을 해 달라고 끊임없이 신호를 보내지만, 인간이 혼탁하게 살아서 그 신호를 알아채지 못합니다. 그러니 자연스럽게 자기 몸이 원하는 그 신호를 따라서 운동하는 것이 하나님께서 가르쳐 주신 운동 방법입니다. 바로, 우리의 영이 육을 이끄는 운동입니다.

▶ 하나님 운동법

1. 눈을 감고, 발을 어깨너비로 벌리고 바르게 선다.
2. 몸에 힘을 풀고, 허리를 숙이면서 손과 머리를 아래로 내린다.
3. 허리를 펴고 싶을 때, 천천히 펴면서 하고 싶은 동작을 하면 운동이 시작된다. (사람마다 다르다.)
4. 멈추지 말고, 어떤 동작이든지 자기 몸의 느낌대로 계속 이어서 한다.

▶ 참고 사항

① 눈을 감은 상태로 아무 생각 하지 않고, 자기 몸의 느낌대로 움직입니다.

② 마음을 비우고, 욕심을 버리고, 지난날의 잘못을 반성하면서 몇 차례 시도하다 보면, 자기도 모르게 하고 싶은 동작이 끊임없이 생깁니다.

③ 운동 장소는 방 안이든 운동장이든 관계없으며, 걷거나 달리고 싶을 때는 눈을 떠도 됩니다.

④ 매일 40분 이상, 주 4회 이상, 3개월 이상 하면 음식 조절에 들어갑니다.
- 음식으로 생긴 병은 음식으로 치료하게 되며, 어떤 음식을 먹어야 하는지 스스로 알게 됩니다.
(자기 몸에 필요한 음식만 먹고 싶어집니다.)

⑤ 사랑하는 사람과 함께 운동하면 서로 치료해 주기도 합니다.

⑥ 운동을 하다가 몸의 어느 한 부분을 계속 손으로 자극한다면 그쪽에 이상이 있는 것이니, 의사에게 상담을 받고 적절한 치료를 받으면 됩니다.

⑦ 다이어트 및 기타 건강관리에 효과적입니다.

⑧ 꾸준히 운동하여 영이 맑아지면, 자신의 과거와 미래를 스스로 보게 됩니다.

누구나 스스로 하실 수 있습니다.

간 행 사

《새로운 성경》은:

· 새로운 성경은, 하나님께서 선량하고 선한 자를 선택하여 십계명을 암송하도록 하시고, 십계명을 암송한 다음에 음성으로써 들려주시는 말씀을 듣고 그대로 카세트테이프에 녹음해서 받아쓴 책입니다.

· 90분짜리 녹음테이프 700여 개에 달하는 말씀으로, 1999년 8월부터 2004년 7월까지 총 160권(권당 288쪽)을 완성하였으며, 그 이후에도 현재까지 계속 말씀을 내려 주고 계십니다.

· 새로운 성경은 "하늘을 두루마리 삼고 바닷물을 먹물 삼아 쓰고 써도 다 못 쓴다"는, 끝없이 방대한 하나님의 말씀이 두루마리로 직접 내려오는 것입니다. 이러한 새로운 성경은 구약과 신약을 폐하려는 것이 아니라 "인봉된 성서의 비유의 뜻"을 상세히 설명하여 완성하고자 하나님께서 직접 내려 주신 말씀입니다.

《새로운 성경》의 구성:

· 제 목: 2013년, 160권 모음집을 발간하면서, 본 도서의 제목을 "하나님! 말씀하옵소서"에서 《새로운 성경》 으로 명해 주셨습니다.

· 단행본: 각 권당 288쪽(신국판) 책이 160권까지 시리즈로 출판됩니다.
(모음집은 단행본을 16권씩 묶어서, 총 10부로 구성됩니다.)

《새로운 성경》의 성경적 근거:

· 신약 성경 [요한복음] 16장 13절에 "진리의 성령이 오시면 그가 너희를 모든 진리 가운데로 인도하시리니 그가 자의로 말하지 않고, 오직 듣는 것만을 말하며" 하신 말씀처럼 하나님의 음성을 들은 것만 기록하였으며,

· "장래 일을 너희에게 알리시리라" 하신 말씀과 같이 개인, 나라, 인류의 "장래"일을 하나님께서 알려 주시는 것만 기록하여 책으로 만들었습니다.

《새로운 성경》의 기록 방법:

· 1999년 8월부터 하나님께서 저에게 들려주시는 음성을 기록하였습니다. 처음에는 제가 들은 말씀을 불러 주면 저의 아내가 기록하여, 2000년 1월 29일에 1권 초판이 세상에 나왔습니다. 2000년 4월부터는 주시는 말씀을 받아 녹음기에 기록하기 시작하였습니다.

· 녹음을 시작하면서 하나님의 말씀을 받는 데 가속도가 붙었고, 2001년 5월 3일에 1부(1~16권까지)를 인쇄하여 출판하였으며, 2004년 7월까지 총 160권 분량의 말씀을 받아 기록하였습니다.

하나님께서 저에게 주신 것은:

· 첫째, 만백성을 상대로 내려 주시는 "기도", 둘째, 수시로 내려 주시는 "묵상", 셋째, 개인의 과거, 현재, 미래를 알려 주시는 "개인 기도", 넷째, 개인의 건강을 위해서 내려 주시는 "음식 처방", 다섯째, 하나님께서 가르쳐 주신 "운동"등이 있습니다. 이 중에 첫 번째, "기도"를 책으로 편찬하였습니다. 사람의 생사, 개인의 미래에 관한 천기는 수록하지 말라 하셨습니다.

강론 안내:

· 하나님께서는 지금도 매일 저에게 새로운 하늘의 비밀의 말씀을 내려 주고 계십니다. 수시로 내려 주시는 말씀을 정리해서 제자를 육성하라는 말씀에 따라 매주 강론을 하고 있습니다. 누구나 무료로 들으실 수 있습니다. (book160.com)

《새로운 성경》을 읽는 분들에게 드리는 선물:

· 개인 기도: 개인의 과거, 현재, 미래에 관하여 말씀을 내려 주십니다.

· 음식 처방: 사람은 음식을 먹고살다가 건강을 잃으니, 음식과 운동으로 건강을 되찾는 방법을 알려 드립니다. 단, 하나님이 계심을 믿고, 십계명을 지키겠다고 진실로 서약하는 분들께 알려드립니다.

《새로운 성경》의 은혜와 기적:

· 새로운 성경 전160권은 16권씩 묶어서 총 10부의 모음집으로 구성됩니다. 모음집 한 부를 읽고 깨우치는 자에게 하나님께서 다음과 같은 기적이 있다고 하셨습니다.

· "첫째, 그가 죽어 하늘에 갔을 때 그의 죄를 묻지 아니하며, 구원을 받는 위대한 은혜가 있으며, 둘째, 그의 소원과 소망이 이루어지고, 셋째, 죽은 자(부모, 형제, 자식, 사랑하고 은혜 입은 분)의 이름으로 구입한 책을 읽고 누군가 한 사람이 깨우칠 때, 그 죽은 자가 지옥에서 천국으로 구원을 받게 되며, 넷째, 유산, 중절 수술 등으로 태어나지 못한 아이를 위하여 구입한 책을 보고 한 명이 깨우쳤을 때, 그 아이가 사람으로 다시 한 번 태어나는 은혜를 받는다."

· "새로운 성경"을 3회 이상 정성을 다해 정독하는 자, 성서의 비밀을 알게 되고, 세상의 이치를 알게 되며, 세상을 지배하고 통제할 수 있는 지혜를 다 얻게 된다고 하셨습니다. 이 책은 만백성이 정독하고 이웃에게 전하여, 평생 가슴에 묻은 슬픔과 고통의 짐을 벗고 미래를 위한 힘찬 삶을 살아가도록 하는 책입니다.

끝으로

· 하나님께서는 흰 눈이 세상을 덮듯이 새로운 성경을 온 세상에 전하라고 하셨습니다. 《새로운 성경》을 각국어로 번역해서 온 인류에게 구원의 길을 깨우쳐 주고, 그 수익으로 가난하고 어려운 백성을 구제하여, 만백성의 영과 육을 함께 구원하는 선지자의 임무를 수행하라고 저에게 명하셨습니다.

· 하늘에서 내려 주신 말씀의 보화를 만백성에게 나누어 주는 것이 선지자의 임무라고 하셨습니다. 새로운 성경을 통해서 얻는 재물을 사용할 곳도 하나님께서 일일이 명해 주십니다. 모든 재물은 저의 자의로 쓸 수 없고, 하나님께서 명하시는 대로만 쓰여집니다.

· 어떤 명분으로든 십일조나 각종 헌금을 거두어들이지 말라 하셨으며, 국내뿐 아니라 각국에 성전과 단독 서점을 운영하며, 한국의 많은 젊은이들을 전 세계에 지도자로 내보내라고 하셨습니다.

· 우리는 세계적으로 새로운 성경을 보급하며 어려운 이들을 돕는 역사를 해 나갈 것입니다. 지금까지 비록 몇 명 안 되는 제자들과 함께 이러한 일을 역사했지만, 앞으로도 계속 하나님께서 기뻐하시는 일들을 해 나갈 것입니다. 부족한 저희에게 여러분들의 지혜와 성원을 보내 주시기를 바랍니다. 많은 분들의 참여와 도움을 간절히 기다립니다. 감사합니다.

한국어로 내려온 《새로운 성경》 단행본을 출간하며
2016년 4월 10일

발행인 **김 용 철**

한국어로 내려온

새로운 **성 경** · 3부 · 제33권

지은이 하나님 말씀
대역자 김용철

초판인쇄 1쇄 2009년 11월 21일
재판인쇄 1쇄 2017년 4월 3일

펴낸 곳 도서출판 하얀마음
등록번호 제 10-2107호 (2001년 2월 14일)
주소 서울시 노원구 덕릉로86길5, 2층
전화번호 02) 313-1114
팩스 02) 393-5554
전자우편 book160@hanmail.net
편집위원 조나영 김미향 이석교
제작지원 김철종 조현숙 김영환 이계숙

도서상담 1600-7527
ISBN 978-89-5875-133-5 (04230)
978-89-5875-100-7 (세 트)

값 10,000원
잘못된 책은 구입하신 곳에서 바꾸어 드립니다.

※이 책은 10부로 제작되며, 각 부 16권씩 총160권으로 구성됩니다.※

1부	2부	**3부**	4부	5부	6부	7부	8부	9부	10부
1권	17권	33권	49권	65권	81권	97권	113권	129권	145권
2권	18권	34권	50권	66권	82권	98권	114권	130권	146권
3권	19권	35권	51권	67권	83권	99권	115권	131권	147권
4권	20권	36권	52권	68권	84권	100권	116권	132권	148권
5권	21권	37권	53권	69권	85권	101권	117권	133권	149권
6권	22권	38권	54권	70권	86권	102권	118권	134권	150권
7권	23권	39권	55권	71권	87권	103권	119권	135권	151권
8권	24권	40권	56권	72권	88권	104권	120권	136권	152권
9권	25권	41권	57권	73권	89권	105권	121권	137권	153권
10권	26권	42권	58권	74권	90권	106권	122권	138권	154권
11권	27권	43권	59권	75권	91권	107권	123권	139권	155권
12권	28권	44권	60권	76권	92권	108권	124권	140권	156권
13권	29권	45권	61권	77권	93권	109권	125권	141권	157권
14권	30권	46권	62권	78권	94권	110권	126권	142권	158권
15권	31권	47권	63권	79권	95권	111권	127권	143권	159권
16권	32권	48권	64권	80권	96권	112권	128권	144권	160권